北京地区艺术体育类院校大学英语教学研讨会

探索与创新

2010～2014年大学英语教学研究与实践

主　编　王新奇

副主编　张桂萍　田　慧

南开大学出版社

天　津

图书在版编目(CIP)数据

探索与创新 ：2010～2014 年大学英语教学研究与实践 / 王新奇主编．—天津：南开大学出版社，2014.12

ISBN 978-7-310-04723-9

Ⅰ．①探… Ⅱ．①王… Ⅲ．①英语－教学研究－高等学校－文集 Ⅳ．①H319.3－53

中国版本图书馆 CIP 数据核字(2014)第 276611 号

南开大学出版社出版发行

出版人:孙克强

地址:天津市南开区卫津路 94 号　　邮政编码:300071

营销部电话:(022)23508339　23500755

营销部传真:(022)23508542　　邮购部电话:(022)23502200

*

北京楠海印刷厂印刷

全国各地新华书店经销

*

2014 年 12 月第 1 版　　2014 年 12 月第 1 次印刷

260×185 毫米　16 开本　16 印张　308 千字

定价:45.00 元

如遇图书印装质量问题,请与本社营销部联系调换,电话:(022)23507125

序　言

承蒙中央美术学院人文学院外语教学中心王新奇主任代表北京地区艺术、体育类院校大学英语教学协作组邀请我为北京地区艺体类大学英语教学研讨会论文集写序，我深感荣幸。

自2009年底担任北京市高教学会大学英语研究会理事长以来，我多次受邀参加艺体类院校的教学研讨会或其他相关活动，尤其通过这次参加艺体类院校比较集中的东片区的教学研讨会，使我在对北京地区艺体类院校大学英语课程设置和教学特点有了一定了解的基础上，更对艺体类院校的大学英语一线教师有了一份特别的关注和感情。老师们积极思考和探究艺体类学生英语运用能力的培养和提高，勇于尝试和实践针对此类学生的教学模式和方法，乐于分享探讨一线教学中有效的教学经验以及面临的挑战，这一切都令我深受感染。

我国大学英语教学正处于改革深化阶段，教育部高教司文科处刘向虹处长在2014年4月"高等学校大学英语教学改革与发展学术研讨会"上指出，推动高校大学英语教学改革过程中应把握的四项重点：建立大学英语教育质量标准体系；改进大学英语教学方法；建设优质教学资源共享体系；提高大学英语教师的教学能力。她还表示，教育部正在探索建立大学教育质量分类体系，推动不同层次、不同类型、不同区域的高校，根据国家教育指南和本校办学定位，提升办学质量和人才培养规格，自主确定学分学时，力争做到大学英语教学与各学科英语教学相衔接。

艺体类院校的大学英语教学无论是教学对象还是教学方法都具有非常鲜明的特点和规律。这本论文集收录的论文反映了北京地区艺体类院校大学英语教师近年来在教学理论、教学方法、教学实践等方面的探索和思考，凝聚了这些院校一线教师的宝贵教学经验和辛勤收获，或许有些论文就其内容组织和写作手法还称不上是严格意义上的学术研究论文，但却体现了教师们的真实教学情况及相关思考，写作表达风格正好体现了艺体类院校的特点：鲜活，自由，率真！相信这本论文集的出版会为我国正在实践的大学英语分类指导教学改革提供一些范例，为北京地区乃至全国的艺体类院校大学英语教学带来积极的启示。

祝愿北京地区艺术、体育类院校大学英语教学取得更加辉煌的成绩！

张文霞
清华大学外国语言文学系教授、博士生导师
北京市高教学会大学英语研究会理事长
教育部大学外语教学指导委员会副主任委员

2014年6月30日

前　言

艺术、体育类学生是一个特色鲜明的群体。艺术、体育类院校的大学英语教学在教学理念、课程大纲、课程设置、教学模式、教材、教学方法、测试等诸多教学体系方面有着与普通文理科院校不同的特色。北京地区艺术、体育类院校大学英语教学协作组成立以来，一直在带领相关院校的教师们进行这方面的探索，鼓励教学研究和改革，组织交流教学经验，充分调动艺术、体育类学生的学习积极性，因材施教，因势利导，提高大学英语教学质量。

第三届北京地区艺术、体育类院校英语教学协作组由中国音乐学院和中央美术学院牵头，秉承了前两届协作组的优秀传统，坚持每年组织形式多样的研讨和交流活动，努力推动艺术、体育类大学英语教学的进一步改革。在本届协作组的工作过程中，北京市教委高教处和北京市高教学会大学英语研究会给予了大力支持、指导和帮助。

本论文集是由北京市教委高教处、北京市高教学会大学英语研究会主办，中央美术学院承办的第三届北京地区艺术、体育类大学英语教学研讨会进行的教学改革研讨、科研经验交流的成果。这些论文体现了近几年此类院校大学英语教学的教学研究成果、教学现状、教师队伍教学科研水平。过去的五年是我国的英语教学深化改革的一个重要阶段，很多学校经历了英语教学课时变动和英语新课程的开设等，课程设置、教材选编和测试更加贴近各自学校学生的具体情况；教师的教学研究能力也在不断提高，研究方法更加多样化。尤其值得高兴的是，涌现出一批致力于艺术、体育类大学英语教学的年轻教师，他们积极探索艺体类学生的英语教学，踊跃为本届研讨会投稿。相信本论文集的出版对于北京地区乃至全国艺术、体育类院校大学英语教学改革的深化和教学科学管理具有一定的参考意义。

本研讨会教学研究论文集得以出版，承蒙北京市教委高教处、南开大学出版社的大力支持和帮助，在此向北京市教委高教处金红莲处长表示诚挚的谢意！向北京市高教学会大学英语研究会张文霞理事长深表谢意！向为本论文集的出版付出辛勤努力的同仁们深表谢意！

张桂萍（中国音乐学院）
王新奇（中央美术学院）
2014年6月23日

目　录

形成性评价方式对体育类大学生英语口语学习态度及学习效果的影响

尹红蕾　魏惠琳

（北京体育大学外语系）

摘要： 学习态度是影响学习者学习效果的重要因素，它能调动学习者的学习积极性，调节学习者的学习行为。教学评价是教师获取教学反馈信息、保证教学质量的重要依据，也是学生调整学习策略并取得良好学习效果的有效手段。适当的评价方式对端正学生的学习态度有促进作用。本研究展开教学实验，考察形成性评价方式以及终结性评价方式对体育类学生的学习态度及学习效果的影响。结果显示，形成性评价方式对体育类大学生英语口语学习效果的影响不明显，但有利于减轻学生学习的疲惫、焦虑心理，促进其保持良好的学习态度和学习策略。

关键词： 形成性评价　体育类大学生　英语口语学习态度

Abstract: Learning attitude is an important factor that affects learners' initiative and learning outcome. Assessment is an essential approach for teaching, and also an effective way for students to adjust their learning attitude and strategies achieve better performances. In order to explore an appropriate method to assess the sports majors' spoken English learning, an experiment was carried out to investigate the influence of formative assessment on students' attitude toward spoken English learning and learning effect. The research result shows that compared with summative assessment, formative assessment does not have significant influence on sports majors' spoken English learning outcomes, while it helps alleviate students' strain and anxiety when learning spoken English and develop a positive attitude towards English learning.

Key words: formative assessment sports majors attitude towards spoken English learning

近年来，随着大学英语课程教学改革的发展，英语教学越来越重视对学生的口语交际能力的培养。然而，在大学英语口语教学中，大多数学校仍采用传统的评价模式，运用比较单一的方式考察学生的语音语调及词汇语法的应用能力，而忽视对学生口语交际能力的综合评价。教师常常用终结性评价的同一把尺子衡量所有的学生，重视学生最终取得的成绩，而忽略学生在学习过程中的行为表现、情感态度，因此不能对学生的学习积极性和认真程度等学习态度产生实质性的影响；而学生也是只关注成绩，平时不努力，期末考试临时突击复习，随之产生焦虑的消极情绪，影响英语口语能力的发展。因此，如何对学生的英语口语进行全面而有效的评价以促进学生的英语学习是大学英语口语教学中一个亟待研究和解决的问题。

一、研究背景

维斯（Weiss，1972）认为，"评价（assessment）是指为作出某种决策而收集资料，并对资料进行分析、作出解释的系统过程"；也有人认为，评价是指对人和人的活动过程和成效的价值判断，如：对学生学习表现的评定，对教师教学能力和表现的评定等。与测试相比，评价的含义更广、综合性更强。巴赫曼（Bachman，1990）指出，决策的正确与否，一方面取决于决策者本身的能力；另一方面则取决于收集到的信息的质量。在其他条件等同的情况下，收集到的信息越可靠，相关性越强，作出正确决策的可能性就越大。所以，评价的方式很重要。根据评价在教学过程中的作用和功能，可分为形成性评价（formative assessment）和终结性评价（summative assessment）。这两种评价方式之间的关系是教育评价有效运行的一个基本要求。

《大学英语课程教学要求》中指出："教学评价既是教师获取教学反馈信息、改进教学管理、保证教学质量的重要依据，又是学生调整学习策略、改进学习方法、提高学习效率和取得良好学习效果的有效手段。"大学外语的教学评价应包含形成性评价和终结性评价。

形成性评价是相对于传统的终结性评价而言的。美国教育学家布鲁姆（Bloom）指出，"终结性评价是在一个学期、一个教程或者一个学程结束的时候"，为了"进行分等、鉴定、进步评价，或者对课程、学程以及教育计划的效力（有效性）进行研究"而进行的评价。斯里克文（Scriven）认为，"形成性评价是通过诊断教育方案、教育计划以及教育活动过程中存在的各种问题，为正在进行的教育活动提供反馈信息，为修改教学方法提供建议，以提高教学质量和教学效益的一种评价方式”。它是对学生日常学习过程中的表现、所取得的成绩以及所反映出的情感、态度、策略等方面的发展作出的评价，是基于对学生学习的全过程的持续观察、记录、反思而作出的发展性评价。形成性评价与传统的终结性评价的区别之一就在于它是为了“整体改进”而进行的评价，而不是一味地依据成绩评判优劣。形成性评价的目的是“激励学生学习，帮助学生有效调控自己的学习过程，使学生获得成就感，增强自信心，培养合作精神”。形成性评价使学生“从被动接受评价转变成为评价的主体和积极参与者”。

学习态度“是学习者对学习有选择性的反应倾向，它是一种在学习活动中获得内部心理状态，由认知、情感、意志三个因素组成。教师可以从学习者对学习目标的认识程度、对学习活动的坚持程度以及对学习对象的喜爱程度等方面判断这个学习者的学习态度”。认知成分是指学生对学习活动或所学课程的一种带有评价意义的认识和理解，它反映了学生对学习的价值的认识，它是学习态度的基础。情感成分是指学生伴随认识而产生的情绪或情感体验，如对学习的喜欢或厌恶等，由于情感本身就反映出学生的学习态度，因此，情感成分是态度的核心。行为意向成分是指学生对学习的反应倾向，即行为的准备状态，即对学习作出某种反应。学习态度的上述三种成分是相互协调一致的。

学习态度是影响学习者学习效果的重要因素，它能调动学习者的学习积极性，调节学习者的学习行为。学习态度的端正与否直接影响到学习者的学习效果。影响学习态度的因素有很多，如：学习动机、兴趣、经验、期望、老师和同龄人的态度、课程和教学大纲、考试评价的体制等。国内的一些实证研究结果表明课堂的评估方式在某些方面对学习英语的态度有着较大的影响，多元化的评价方式更能使学生提高学习兴趣，增强自信心，促进积极学习态度的养成。

目前关于形成性评价在大学英语口语学习中应用的研究虽然不少，但它们大多探讨的是形成性评价对学生口语能力影响的问题，对于学生在学习态度、学习策略等方面所受的影响提及较少。为探索适应体育类学生特点的英语口语教学方式和测试评价方式，切实提高学生的口语应用能力和学习效果，本研究在大学一年级新生中开展了教学实验，通过组织各种课堂活动和课外活动，采取形成性评价方式，研究其对体育类学生的学习态度和学习效果的影响。

本研究从大学一年级新生中选取了两个自然班作为研究对象，并对其英语成绩等相关因素进行了匹配和控制，通过口语测试和访谈等形式，考察形成性评价方式和传统的终结性评价方式对体育类学生英语口语教学效果的影响。同时，通过发放英语学习情况调查问卷，具体考察了这两种评价方式对学生学习态度等方面的影响。

二、形成性评价方式对英语口语学习效果的影响

1. 研究目的

本研究的目的旨在考察形成性评价方式对英语口语学习是否具有促进作用，通过与阶段性评价方式和终结性评价方式进行对比来说明不同的评价方式对口语学习效果的影响。研究对象选取了竞技体育学院2011级两个班的学生，一个是采用形成性评价方式的实验班，另一个是采用终结性评价方式的对照班。

本研究采用单因素组间实验设计的方法来考察评价方式对口语学习效果的影响。评价方式作为自变量分为两个水平：形成性评价结合终结性测试评价的方式、终结性测试的评价方式（传统模式）；因变量为期末口语测试中的得分。研究材料是期末英语口语考试的试卷。

2. 研究步骤

选取竞技体育学院2011级的两个英语教学班，分别实行形成性结合终结性测试评价方式、终结性测试的评价方式。实验中的因变量只考虑两个班均进行的期末口语考试得分来考察习得效果。在处理方面，尽量减少其他因素对实验结果的影响，如，匹配三个组的被试，保持口语教学方法的一致等。

以实验前实验班和对照班学生上学期期末口语成绩作为前测成绩；在实验活动后，将受试学生上学期期末口语测试成绩与本学期期末口语测试成绩进行比较，两次测试方式、测试标准和参加测试的教员完全相同，以保证测试成绩最大限度地接近客观。

实验班中形成性评价方式占口语总成绩的70%，包括：课堂活动（class report, group discussion）、平时测试（reading the text, answering the questions, role-play）、学生口语学习状况自评互评（self-assessment & peer assessment）（只作为教师的参考，不计入总成绩）；终结性评价方式占 30%。形式为期末口语统一测试。期末口语成绩为形成性评价成绩和终结性评价成绩的累加分数。

对照班实施终结性的期末口语统一测试评价方式。具体方式为：期末口语考试时，每个班级分成20多个小组，每组2～3人，与监考老师面对面地进行口语测试，包括朗读课文、回答问题、情景对话三部分，各占 1/3。期末口语成绩为三部分所得分数的累加，总分为30分。

3. 研究结果

表 1 实验前后期末口语考试成绩平均分

	对照班（终结性评价）		实验班（形成性评价）	
	前测	后测	前测	后测
学习效果平均分	22.3077	23.6154	26.5227	25.5909

如表 1 所示，与研究的预期结果不同的是，采用终结性评价方式的对照班学生的口语成绩较之上个学期有所提高（平均分提高 1.3077），而且提高较为显著（sig<0.005）；采用形成性评价与终结性评价结合方式的实验班成绩下降（平均分下降 0.9318），而且下降明显（sig<0.005）。

与终结性评价方式相比，形成性评价方式对体育类大学生口语习得的效果并不明显。造成这样的结果，原因可能是多方面的：第一，不同学期的期末口语考试内容不同、难度不同，可能会造成学习效果的效度降低。第二，由于大部分体育类学生学习英语的动力不足、兴趣不浓，好的学习习惯没有养成，长时间的口语学习会使他们产生疲惫和懈怠心理。此外，体育类学生除参加一般文化课学习之外，还要进行体育专项训练，常常造成身体疲惫，课余时间相对较少，使他们无法真正实现课后的小组合作学习；并且，他们的自主学习能力较差，平时练习口语的机会不多，因此张口说英语时有明显的焦虑情绪。第三，由于考试的形式和内容的有限，不完全能够考察出学生的真实语言应用能力，一些学生喜欢临时抱佛脚，靠着考前的短暂记忆死记硬背，也能考出不低的分数。因此，终结性评价的分数并不完全能够显示出学生的真实口语水平，但从某种程度上说明体育类学生的特点比较适合采取突击性的复习方式以应付考试。

三、形成性评价方式对英语口语学习态度的影响

1. 本研究的目的旨在考察两种不同的评价方式对口语学习态度的影响

研究材料为《学生英语口语学习情况调查问卷》。研究方法采用重复测量均值比较的方法进行，分为前测和后测两个水平。因变量为调查问卷中涉及学生英语口语学习态度部分题目的总分。

2. 研究步骤

选取竞技体育学院 2011 级两个英语教学班分别作为实验班与对照班，在学期初和学期末发放《学生英语口语学习情况调查问卷》。通过统计调查表的数据比较，来

考察采用不同评价方式班级的学生在学期前、学期后两次问卷的得分是否均有显著性差异。关于学习态度方面的问题主要涉及：受试者的学习态度（学习动机、信心、恒心等）、专注程度（学习兴趣、激情等）、自我监控（学习计划、学习情绪、反省等）、自主学习（自我评价、自我教育、自我学习）。

3. 研究结果

表2 实验前后学生学习态度平均分

	对照班（终结性评价）		实验班（形成性评价）	
	前测	后测	前测	后测
学习态度平均分	3.352	3.341	3.190	3.275

如表2所示，对照班采用了传统的终结性评价方式，虽然平时的口语学习模式和其他实验班基本保持一致。但配对样本统计结果及相关性数据显示，在后测时，学生的口语学习态度有下降趋势，而且下降明显（p=0.002）。实验班是采用形成性评价方式的班级，对这个班级学生调查表的统计数据显示，形成性评价方式有利于促进学生学习态度的良性发展。学生学习英语口语的积极态度，不但没有下降反而呈明显上升趋势（p=0.019）；进而学生在学习时间、学习频率和方式上都有明显的改观。

由于终结性评价方式只注重最后的结果，对学生学习过程中的行为表现、情感态度没有进行一定的监督、评价、反馈与调控，加上体育类学生的学习主动性较差，随着学习时间的增加，学生学习口语的积极态度呈下降趋势，最终不会对学习者的学习积极性和认真程度等态度起到促进作用。

形成性评价有利于促进学生学习态度的改善，学习英语口语的积极态度能够保持一个学期，不但没有下降而且呈明显上升趋势。

四、结论与思考

第一，终结性评价多局限于对事实性知识的考查，不能在学习过程中及时发现问题和解决问题，不利于激发学生学习的主体性和能动性，也不利于教师调整教学策略。但对于短时记忆能力强、善于突击式复习的体育类学生而言，终结性评价方式在某种程度上能激发他们的学习动力，促使他们认真准备、复习所学内容。然而一次性的打分并不能帮助学生维持其长期对口语学习的积极态度，也无法帮助他们调整、改善自己的口语学习策略。

第二，在实施形成性评价后，实验班的学生对英语口语学习保持了良好的态度，变得更感兴趣、更加自信了。

学期初，他们在教师的帮助下进行了英语学习情况自我分析，使他们对自己在英语口语学习方面的问题及需求有了一个较清晰的认识，并且建立了自己的学习目标。在形成性评价的口语课堂上，教师注意观察、记录和评价学生使用英语过程中的表现、兴趣、态度、情感、学习策略等，并设计各种交流活动，如英文小组讨论、情景剧表演、演讲等。这些融入交流功能的口语活动，不仅使学生运用英语口语的能力得到锻炼，也帮助了教师通过课堂观察找出学生的强项和弱点，并给予有效反馈。同学间的自评互评活动促进和维护了学生的学习积极性；教师的指导和监督又促进了学生对口语学习的反思，增强了他们的自信心。

形成性评价还有助于提高学生的自主学习能力。以学生为主体的形成性评价口语教学，使学生能够采取较积极的态度，并根据自己的实际情况、现有水平和潜力，主动地制定学习目标，自主调控学习过程。在评价过程中养成了良好的学习习惯并积累了适合自己的口语学习策略，在活动中获得了成就感，增强了自信心，进而提高了口语交流能力。

第三，但实施形成性评价方式的班级同样也反映出一些问题，比如：对于教师而言，实施形成性评价所耗费的时间和精力都比较大；在形成性评价中，教师、学生都要作为评价主体参与到评价中去，而体育类学生的学习主动性与自主学习的能力有限，在进行一些课堂活动或自我评价时就存在马虎、流于形式的现象。形成性评价在大学英语口语课堂的应用研究还不是很多，仍存在许多问题需要继续探索，比如，形成性评价的信度和效度问题，如何与现行的评价制度相结合的问题，如何在50～60人的大班有效实施形成性评价的问题，等等。

参考文献

1. Bachman ,L. F. Fundamental Considerations in Language Testing [M]. Oxford : Oxford University Press, 1990

2. 教育部高等教育司．大学英语课程教学要求（修订版）[M]．北京：清华大学出版社，2007

3. 曾用强．英语语言测试基础[M]．广州：华南理工大学出版社，2011

4. 布鲁姆著．邱渊等译．教育评价[M]．上海：华东师范大学，1987

5. Scriven. Evaluation thesaurus. 4th ed. Newbury Park, CA: Sage Publications, 1991.

6. 车文博．心理咨询大百科全书[M]．杭州：浙江科学技术出版社，2001

7. 谢新观．远距离开放教育词典[M]．北京：中央广播电视大学出版社，1999

8. 郝永华．形成性评价在大学英语口语教学中的应用研究[D]．上海：华东师范大学，2008

9. 王龙静．基于任务的形成性评价对大学生学习态度的影响研究[D]．长春：东北师范大学，2013

10. 邓晓佳．形成性评价在大学英语口语教学中的实施[J]．重庆：西南农业大学学报（社会科学版），2013

11. 李跃等．大学英语口语教学形成性评价的实验性研究[J]．武汉：海军工程大学学报（综合版），2010

作者联系方式：

尹红蕾，北京体育大学外语系大学外语教研室（100084），yhl917@163.com，电话：15810994016。

魏惠琳，北京体育大学外语系大学外语教研室（100084），wei_hui_lin@sina.com，电话：18710075320。

大学英语情景小品与戏剧项目教学模式改革行动研究

黄金葵

（首都体育学院）

摘要：大学英语情景小品与戏剧项目教学模式改革实验是针对笔者所在的高校大学英语两个教学层次的9个行政班的学生，所采用的两种听说课教学模式的行动研究。主要研究任课教师如何设计情景小品任务、编写话剧剧本、组织学生彩排表演，有效地激发学生的学习积极性，降低口语训练的焦虑程度，提升他们对目的语社交规范的适应性。结论表明，上述教学改革措施能够弥补我校统编教材中以叙述体课文为主的背诵任务教材交际性、实用性语料不足，以及自主学习听说教材长语篇、精确性训练教材资源有限的弱点。

关键词：大学英语　情景小品　戏剧项目　教学模式　行动研究

Abstract: This action research is based on the teaching methods of role play and drama project for 9 pilot classes of Chinese college English learners in the author's school. It aims to explore how the teacher designs appropriate role play tasks, writes appropriate drama scripts and organizes the students to rehearse and perform effectively so as to stimulate the students' learning motivation, reduce their anxiety in speaking training, and help them adapt to the social norm reflected in the target language. In conclusion, the foregoing teaching methods can effectively supplement the current teaching materials in the author's school, where narrative texts lack communicative and practical tasks, and the self-access listening and speaking materials are inadequate in length and accuracy training.

Key words: action research　teaching methods　role play　drama project　College English

一、引言

大学英语情景小品与戏剧项目教学模式改革实验针对本人所任教过的两类不同教学层次的听说课教学模式展开，分别是C级教学层次（相当于普通高校大学英语预备级）背诵新概念课文，以及A级教学层次（相当于普通高校大学英语1～4级）无引导无监控类的自由对话口语训练模式。

二、文献综述

根据英国语言学家McCarthy（2006: 67-68）的研究，学习者对复杂口语交流中的回合跟进、语段界限和打断等特征是无法简单地通过“呈现—练习—产出”（presentation-practice-production）3P口语教学模式习得的，他另外建议采纳3I口语教学模式，即“实例—交互—归纳”（illustration-interaction-induction），弥补传统教学模式的不足。其中，“实例”的主要思想是尽可能为学习者提供真实口语场景的语料；“交互”环节强调学习者的学习过程不再是单向的个体行为，而是含有师生互动、生生互动的互助、合作学习过程，目标是在这个环节中克服文化障碍和固化观念，形成语感；“归纳”是指学习者通过上述环节最终能够得出在特定的词汇—语法语料中解码的语篇模型、文体特征和语义。而学习者的这种归纳总结能力是实现有效二语习得的关键。这主要取决于语料输入的质量，如果语料贫乏或者严重失真，则学习者大部分的归纳活动也是无价值的。McCarthy的研究成果无疑为情景小品和戏剧教学模式在语言学习的有效性上提供了强有力的理论支持。关于小品和戏剧教学模式，迪宾等在《课程设计》（Dubin & Olstain，2002: 135-136）中提出角色扮演类任务要在语言教学中对学习者产生积极的影响，关键在于脚本创作与角色设计。脚本创作应基于对社会文化范畴的整体性认识，即将语言教学中孤立的功能性语句融入逻辑连贯的剧情中。从社会学角度看，人的社会身份分为先赋型和获致型两类，因此在角色设计上不仅要从性别、年龄、家庭背景、民族等个体的先赋身份进行取材，也需要从职业、社会地位等获致身份上进行参考，这样创作出的小品与戏剧类的语言练习脚本才会更全面、更深入地贴近真实生活的交际场景，从而提高口语技能训练的表面效度与内容效度。从心理学角度看，角色扮演类教学活动的实质是学习者通过扮演与自己先赋地位以及获致地位有差异的个体去亲身体验他者的情感与思维方式，逐步形成对“非我”个体社会实践与思维方式的共情观，这有助于在课堂教学上实现除语言熟练度训练以外的人格塑造功效。从迪宾等的理论中不难看出，在语言教学中，情境、角色和功能句型是角色扮演类教学任务设计的三项重要检测指标。

因为戏剧的对白与场景比情景小品要复杂，情景小品教学中简单的辅导、监控模式已经无法保证教学活动的顺利进行。为此，戏剧项目教学改革实验特别引入了小组项目（group project）的课程设计思想。特里西娅（Tricia Hedge，2000）在其专著《语言课堂教学》中指出，“小组项目是一种将各种英语技能（如听、说、读、写、译）整合为具体的拓展性任务的教学模式，学习者通过执行具体的流程型项目任务学习语言，而项目任务经常会联系到学习者在其他领域的先验知识。由于戏剧教学对学习者英语语言技能的训练并不单纯局限在口语技能，往往需要将听、说、读、写、译的分项技能进行综合运用”。从这个角度看，小组项目模式无疑对在班级规模较大的情况下进行戏剧教学的教师课堂管理工作提供了良好的监控模型。此外，Via（2000）也特别强调，时间因素是制约课堂戏剧教学的最大障碍。大多数语言课堂没有足够的条件在有限的教学时间内排演整部作品，往往需要通过课外活动来协助完成。他建议持续一学期的作品可以采用戏剧项目（drama project）教学模式，比如利用每节课的开始和最后的5～10分钟内进行排练。

斯莱文（Slavin）则从教育心理学的角度指出，至少有三种学习效果评价方式通常被用于项目教学的学习效果评价。第一，同学评价（peer-evaluation）（Slavin，2004）主要是针对小组合作学习模式进行，通常用于集体写作任务的评价。第二，档案式评估（Portfolio assessment）（Slavin，2004）是指将学生在一定时期内的作业收集起来进行综合评价。第三，表演式评估（performance assessment）（Slavin，2004）主要指测试中包含对真实生活的知识、技能的实际展示。国内近十年来有关英语戏剧表演的教学实践研究初步认识到英语戏剧表演是一种既能提高学生英语表达能力及表演技能，又能提升学生的跨文化交际水平的非常有效的英语学习方式（刘美兰，2004）。该模式有利于激发学生学习兴趣，培养学生的团队合作精神（邵旭，2011）。钟健儿（2008）就学生剧本编写和表演两方面的技能指导进行了初步探析，并提出了英语短剧作为潜在课程的观点。曹新宇、王宏林（2010）则从超音段音位语音教学的角度入手研究并发现，在语音教学过程中“学习材料的选择是关键一环，戏剧表演从学习形式、学习材料、学习环境等层面都符合学生的需求和心理，在训练重点及方法上符合语音教学的原理，是一种有效的语音教学手段”。可见，近十年来，国内学者的英语戏剧表演类教学实践研究已由针对该教学模式的宏观层面的可行性研究与积极意义的探讨，逐步进入到针对口语这种产出型技能训练内容的本体研究上。

三、行动研究方案与实施过程

1. 重要概念界定

（1）情景小品。学习者按照事先给定的、具体的、仿真的情境与角色，在教师的有效引导与积极监控下，以小组为单位进行合作编剧创作与表演彩排，通过完成规定的真实生活交际任务，实现语言熟练度训练为主、精确度训练为辅的教学模式。

（2）戏剧项目。学习者按照事先给定的、具体的、仿真的情境、角色与表演脚本，在教师的系统指导与积极监控下，以小组为单位按照项目流程管理的方式进行表演彩排，通过完成对真实生活交际情景的复原性，呈现实现语言熟练度和精确度训练并举的教学模式。

2. 行动研究方案概述

（1）教师辅导型八人制情景小品。实验内容：《认亲》、《迷途》、《应聘》、《邀友》、《迎客》、《预算》、《赶场》、《避雨》等小品的剧本创作与排练。每组每学期口试时间10～15分钟。

被试及语言水平：两个班共计45人，C级第二学期。

（2）自主学习型四人制情景小品。实验内容：《校园采访》、《学校开放日》、《聚会策划》、《电话通知》、《行前购物》、《兼职面试》、《度假计划》、《畅想未来》、《这是我家乡》、《采访冠军》、《客栈躲雨》、《假期预算》、《紧急救护》、《紧急撤离》、《服饰搭配》、《拯救网虫》、《机场偶遇》、《新产品博览会》、《地震逃生》、《丢失的信》、《送信鸽回家》、《环保研讨会》、《远程婚礼贺词》、《感受中国音乐》、《猜猜我是谁》等小品的剧本创作与排练，每组每学期口试时间5～7分钟。

被试及语言水平：第一轮一个班共计48人，A级第二学期；第二轮两个班共计97人，A级第一、二学期；第三轮一个班共计50人，A级第二学期。

（3）教师辅导型八人制戏剧项目。实验内容：《寻人启示》、《校园逢亲》、《张羽煮海》、《同窗劝学》、《健身计划》、《断桥脱险》等话剧的排练，每组每学期口试时间30～40分钟。

被试及语言水平：第一轮一个班共计48人，A级第三、四学期；第二轮两个班共计97人，A级第三、四学期。

3. 研究方法

（1）行动研究与三角验证。大学英语口语教学模式改革实验的目标最终的指向是培育具有丰富情感的人，而我们在教育测量中常用的基于科学实证主义的定量分析方法并不能够精准地反映人类非理性的一面，需要辅以基于人文主义的定性研究。本次教学模式改革实验在方法论上属于任课教师行动研究（action research）（Burn，2011），在研究方法上属于定性研究类别中田野调查法（关信平，2004）的变体类型。虽然行动研究在方法论上不一定需要第三方验证，但为了增强社会科学研究的实证主义色彩，本人依然在研究过程中参考了通过学习者测试和问卷调查采集到的相关证据，这是为了对研究结论进行表面效度和内容效度的补充性检验。上述思路主要考虑到在社会科学中定性研究需要符合三角验证法则（或称多元测定法则）来增强定性实证研究效力的学术传统。

（2）观察与测试工具

①教学日志。主要通过任课教师填写《任课教师教案》中的课后小结来体现，每次课后根据任课教师对课堂教学情况的追忆进行主观感受描述，为后续研究中的趋势研究（trend study）、同组研究（panel study）与同期群研究（cohort study）工作积累了详实的纵向定性研究资料。

②录像。在 2009 年 6 月作者教改立项结项时已将全套演出录像光盘共计 20 张提交教务处，现已由学校档案室归档收藏，由于出版成本的考虑，现在出版的光盘是从这 20 张光盘中精选的视频片段剪辑，既有期末演出时的片段录像，也有彩排时的片段录像。

③小组自我评价量表。小组彩排自我评价量表的定量自测部分与期末口试考官用的表演类评分表中的检测维度与分级设计相吻合。根据元认知语言学习策略原理，小组成员通过使用与测试评分表相同的自我评价量表可以及时检验自己与学习目标的差距，提升自身对学习态度与效果的自省能力。而开放式反馈问题则侧重调查剧组导演与剧组成员的互动与反思，有助于激发小组成员的合作学习意识（参见《让教室变成舞台》，对外经济贸易大学出版社，2010: 49、155）。

④考官评分表。和情景小品类考官评分表不同的是，鉴于戏剧测试内容的复杂性，戏剧类考官评分表由两部分组成，一是表演类评分表与小组彩排自我评价量表相同，主要体现戏剧测试的表面效度；二是语言类评分表参照北京英语水平考试口试（BETS）的语言评分标准而制定，主要休现戏剧测试的内容效度（参见《让教室变成舞台》，对外经济贸易大学出版社，2010: 158～159 页）。

⑤调查问卷。在封闭式问题部分的问卷设计中，对于学习者满意度的测评主要参考了李克特总加量表的问卷模型，在问题类型的设计上主要参照了罗森伯格量表

心理投射类问题的提问方式，从而便于更加详尽地收集学习者对教学模式实验主观感受方面的反馈信息（参见《让教室变成舞台》，对外经济贸易大学出版社，2010: 160～165 页）。

四、行动与观察过程

1. 有关情景小品类教学模式的改革措施

无论是针对我校 C 级还是 A 级的学生，情景小品模式都在练习形式上具有小组合作学习和现场对话表演的特点，充分实现了仿真场景口语教学任务与目标的统一。具体措施如表 1 所示。

表 1 情景小品类教学模式改革措施对照表

	C 级 1～2 学期 改革前	C 级 1～2 学期 改革后	A 级 1～2 学期 改革前	A 级 3～4 学期 改革后
教学内容	背诵《新概念 2》课文练习	教师辅导型情景小品练习	《新编大学英语听说 1～3》口语练习	自主学习型情景小品练习
练习模式	背诵叙述体课文	编创表演情景对话	人机交互笔答	编创表演情景对话
学习形式	1 人/组	8 人/组 导演负责制	1 人/组	4 人/组 组长负责制
教师指导程度	无指导	全班集体编剧 分组辅导彩排 每组每周 1 学时	无指导	每学期末每组答疑 1 次
期望语料输出量	每人 2～3 分钟 每篇 100～150 词 每学期 1～4 篇	每组 10～15 分钟 无规定字数 每学期每组 1 部	无规定时间 无规定字数 内容自主决定	每组 5～7 分钟 无规定字数 每组每学期 1 部
课上真实场景实践机会	无机会	随班级规模和分组彩排时间而定 每周 1 学时/2 组 另外 1 学时需进行听力教学	无机会	无机会
语言质量检测	依课文范本	依口试评分标准	依参考答案	依口试评分标准

2. 有关戏剧项目教学模式的改革措施

在 A 级（中、高起点）学习者自主学习型情景小品教学模式中，发现他们的语言输出质量往往是无法保证的。一方面，大多数学习者为了回避难度较大的词汇与句型刻意简少情景对话的语料输出量和交际话轮的回合数，甚至不惜以牺牲剧情编排的逻辑合理性为代价。另一方面，他们在某些语言错误上“石化”现象严重，自身无法有意识地识别，被纠正后也没有自动矫正的行为习惯。基于上述原因，为我校这些中、高起点的学习者提供一些长语篇表达、深入交流的参照范本和训练机会势在必行，教师辅导型八人制戏剧项目教学模式改革应运而生。具体措施如表 2 所示。

表 2 戏剧项目教学模式改革措施对照表

	A 级 1～2 学期 改革前	A 级 1～2 学期 改革后	A 级 3～4 学期 第一轮改革后	A 级 3～4 学期 第二轮改革后
教学内容	《新编大学英语听说 1～3》口语练习	自主学习型情景小品练习	教师辅导型戏剧项目教学练习	教师辅导型戏剧项目教学练习
练习模式	人机交互笔答	编创表演情景对话	创意中文剧情 表演话剧剧本	表演话剧剧本
学习形式	1 人/组	4 人/组	1 人/组	8 人/组
教师指导程度	无指导	每学期末每组 答疑 1 次	编写话剧剧本 分组彩排辅导	每学期末每组 答疑 1 次
期望语料输出量	无规定时间 无规定字数 内容自主决定	每组 5～7 分钟 无规定字数 每组每学期 1 部	每组 30～40 分钟 每部约 3000 字 两学期每组 1 部	每组 30～40 分钟 每部约 3000 字 每学期每组 1 部
课上仿真场景实践机会	无机会	无机会	随班级规模和分组彩排时间而定 每周 2 学时，每次两组 其余学生需进行听力自主学习	随班级规模和分组彩排时间而定 每周 2 学时，每次两组 其余学生需进行听力自主学习
语言质量检测	依参考答案	依口试评分标准	依剧本范本 依口试评分标准	依剧本范本 依口试评分标准

3. 教学组织方式上的创新措施

（1）针对分组技术与任务分配均衡性问题的措施。为了保证各小组混合性别成员之间的合作学习机会，本次戏剧项目教学实验的每个剧本中的八个角色都是按照性别均衡比例原则设计的。为了协调好学习者个人选组偏好与剧组角色性别需求不统一的矛盾，在分组技术上实行二阶分组法，如表 3 所示。

表 3　戏剧项目小组分组方案列表

分组方案		教育理论依据
第一步	先按个人意愿分出单性别半组，每组 4 人，填写分组单 1	性别相同的同龄学习者彼此熟悉，接触方便，容易产生合作学习的意愿
第二步	每个单性别半组根据教师提供的剧情简介协商或抽签选择一部未被选过的作品，填写分组单 2	尽量尊重学习者的个体偏好，在同一部作品被多个小组同时选中的情况下则通过抽签方式确定归属以体现公平原则
第三步	选择同样剧目的单性别半组自动合并为一组，填写分组单 3	因自主选择共同的学习内容而结成混合性别小组，有助于形成团结的合作学习气氛
角色性别冲突校正	如该班的性别比例非 1:1，可将剧本中性别属性不大明显的角色性别进行相应变更，实在无法变更的，可要求该同学反串表演	尽量保证每位成员的实际性别与角色性别一致
冗余人数矫正	如小组中出现冗余人数，可将剧本中台词任务较少的角色合并，亦可从相邻剧组借调成员助演	尽量保证每位成员有充足的训练机会

任课教师对角色任务强度等级的主要参考依据是该角色的台词段数和台词字数。如表 4 所示。在每部剧的八个角色任务设计中，预设的总体任务强度（强:中:弱）的比例分布是 3:3:2。这主要是鼓励有一定语言基础的同学出演任务强度中等以上的角色；而预设少量任务强度较弱的角色，是为了鼓励那些语言基础较差、学习惰性较大的同学积极参与小组合作学习项目；同时也为出现冗余人数的小组预留角色调整空间。

表 4　小组戏剧项目角色任务强度分级说明

任务量	台词量	台词段	其他任务安排	平时成绩奖励基准
强度较大	500～900 词	30 段以上	可兼任导演工作	10 分进制
强度适中	200～499 词	15～29 段	可兼任旁白、助演工作	5 分进制
强度较低	199 词以下	15 段以下	可兼任剧务、助演工作	5 分进制

（2）关于彩排辅导管理与监控问题的措施。在班级规模庞大、辅导教师有限的情况下，任课教师主要采用预约制与轮训制的教学组织方式来处理时间冲突问题。在课下彩排环节中，每个小组的自主学习过程是通过“自评”与“自测”两种手段来监控的，其中导演的选拔至关重要。具体排练计划如表 5 所示。

表 5 小组戏剧项目排练计划简表

训练阶段	周次	教学内容	语言技能训练	表演技能与舞台技术
热身	1	分组、选剧、分角色、推选导演	集体熟读剧本	集体讨论剧情、剧务熟悉舞台技术与道具
第一轮	2～4	前段折子戏	分段讲解、示范、纠正、练习语音、语调、重音、语气、断句、节奏	课下彩排自主设计手、眼、身、法、步（含谢幕走台表演）
第二轮	5～7	中段折子戏		
第三轮	8～10	后段折子戏		
第四轮	11～13	第一次合排	语言技术整体磨合	动作节奏与舞台走位
第五轮	14～16	第二次合排	语言技术查漏补缺	道具与舞台技术配合
考试录像	17～18			

五、反思

1. 补充口语教材与《大学英语课程教学要求》口语表达能力一般要求契合度分析

主要将情景小品任务、剧本内容和小组项目教学组织方案与《大学英语课程教学要求》（教育部办公厅，2007）的总体要求进行契合度比较研究。重要比较指标有情景取材，角色设计和功能句型三项。如表 6 所示。

表 6 情景小品与戏剧项目教学模式实验教材适用度指标定性研究评测表

《大学英语课程教学要求》（教育部 2007 试用版）	《让教室变成舞台》
情境取材相关要求： 学习主题情境 专业主题情境 日常生活情境	书中设计的情境全部依托中国本土文化背景，交际场景全部与当代中国学生的日常生活息息相关，即便有一部作品改编自元杂剧中的神话题材，场景设计也体现了对现代生活的模拟建构
角色设计相关要求： 学习主题情境角色 专业主题情境角色 日常生活情境角色	四角色情景小品练习共计 33 套；八角色情景小品练习共计 8 套；八角色话剧共计 6 部，其中先赋地位角色与获致地位角色设计丰富巧妙
功能句型相关要求： 意见、情感、观点表达类功能句型 陈述事实、理由和描述事件类功能句型 会话策略类功能句型	每部话剧平均 3167 字的训练强度以及复杂的情节内容可以涵盖功能句型的主要类型
教材总体评价：	有效缓解我校现行教材中对话体口语训练资源匮乏的现状

2. 配套教学措施与《大学英语课程教学要求》口语表达能力一般要求契合度分析

导致部分内容相同的实验在不同轮次上的教学进度和训练强度上的差异主要是因为新一轮实验实施时及时吸取了上一轮实验中的经验与教训，并对教学设计进行了相应调整教学效率提升所致。这主要体现在戏剧项目教学实验在不同轮次中训练强度不断提升的变化趋势，如表7所示。

表7　配套教学措施与《大学英语课程教学要求》契合度分析表

参照标准	第一组行动研究	第二组行动研究	第三组行动研究
《大学英语课程教学要求》（教育部2007试用版）一般要求	教师辅导型八人制情景小品	自主学习型四人制情景小品	教师辅导型八人制戏剧项目
能在学习过程中用英语交流 能就某一主题进行讨论 能就日常话题用英语进行交谈	1. 交流不够深入 2. 词汇使用有限 3. 句型较简单 4. 缺乏语言错误识别能力 5. 缺乏语言错误修复能力	1. 交流不够深入 2. 回避生词 3. 回避复杂句型 4. 缺乏语言错误识别能力 5. 缺乏语言错误修复能力	1. 有较深入交流的参照范本 2. 词汇使用较精准 3. 台词中涉及复杂句型 4. 通过强化输入规范语言表达的参照范本协助学习者培养纠错意识
能经准备后就所熟悉的话题作简短发言	1. 在教师提示下组织简单的语篇 2. 教师示范修改完善底稿	1.“堆词”严重，忽略语法规则与语篇衔接 2. 利用机器翻译英文稿 3.“字对字”翻译中文稿	1. 有较复杂语篇组织的参照范本 2. 协助克服“中式”英语
表达比较清楚，语音、语调基本正确	1. 教师辅导强化正音，克服“石化”现象 2. 利用自主监控表，小组课下排练促成相互纠正的习惯	1. 语音、语调错误，“石化”严重 2. 同伴间缺乏相互纠正的习惯	1. 教师辅导强化正音，克服发音“石化”现象 2. 利用自主监控表，小组课下排练促成相互纠正的习惯
能在交谈中使用基本会话策略	1. 使用母语沟通排练中的问题 2. 台词中偶尔涉及基本会话策略	1. 使用母语和同伴沟通任何问题 2. 台词中偶尔涉及基本会话策略	1. 使用母语沟通排练中的问题 2. 台词中较全面地涉及基本会话策略

3. 补充口语教材词汇与通用语料库词汇表契合度分析

根据 Range 软件（王立非，2007）分析结果，六个话剧剧本中，每部作品的篇幅在 2920～3393 词之间，总篇幅为 19000 词，平均篇幅 3167 词，总单词量 1882 个。总单词量中 88.67%的词汇为 BNC1-3 级语料库词汇，每部作品中出现在 BNC 语料库 1～3 级的单词量在 570～748 词之间，合计统计单词量为 1527 词（排除重复词），与 BNC1～3 级语料库契合度达到了 81.14%。而《朗文现代英语词典》英文例句常用词范围也仅为 2000 词。该数据虽然略低于教育部 2007 年版大纲规定的一般要求（截至大学英语教学第 4 学期）中推荐掌握的 2000 个口语、写作产出型技能的积极词汇量，但是由于实验是在大学英语教学的第 3 学期启动，补充教材的难度定位基于我校历年高考招生二本线上的生源水平，这个契合度还是比较合理的。分摊到具体角色上的台词任务量详见表 8。

表 8　戏剧项目教学分角色台词任务量统计汇总表

寻人启事	字数	台词段	校园逢亲	字数	台词段	张羽煮海	字数	台词段
1. 赵雪峰 A	790	41	1. 张萌 A	678	55	1. 贝贝 A	859	49
2. 母亲 A	759	46	2. 魏大雨 A	530	40	2. 张羽 A	574	55
3. 陈阿姨 A	575	32	3. 王铮 A	473	52	3. 琼莲 A	528	29
4. 警官 A	523	25	4. 张然 B	324	23	4. 媛媛 A	495	46
5. 吴甜甜 B	297	16	5. 妈妈 B	252	15	5. 仙姑 B	360	11
6. 骗子 B	201	12	6. 江浩 B	250	19	6. 道长 C	99	7
7. 老板 C	123	7	7. 大夫 B	207	13	7. 虾兵 C	74	6
8. 宋超 C	75	6	8. 李梦帆 B	167	21	8. 蟹将 C	28	4
旁白说明	50		旁白说明	39		旁白说明	74	
同窗劝学	字数	台词段	健身计划	字数	台词段	断桥脱险	字数	台词段
1. 张晨 A	716	56	1. 妈妈 A	835	68	1. 张宁 A	760	58
2. 徐璐 A	543	50	2. 许曼 A	690	33	2. 冼光明 A	694	72
3. 潘岳 A	538	30	3. 李焕 A	555	29	3. 水香 A	540	38
4. 陆涛 B	428	32	4. 苗苗 B	377	36	4. 老板 B	384	20
5. 胡小丹 B	353	18	5. 崔宁 B	255	9	5. 老师 B	302	14
6. 老师 B	271	18	6. 教练 B	203	11	6. 大叔 B	260	12
7. 父亲 C	136	8	7. 吴颖 C	163	6	7. 陈广财 B	224	13
8. 大爷 C	108	6	8. 司机 C	157	8	8. 警官 C	73	4
旁白说明	11		旁白说明	12		旁白说明	8	

在表 8 中，角色名单右侧的字母表示台词任务的难度，按降序排列。A、B、C

级的难度区分线为 500 词、200 词的字数，或者以 30 段、15 段的台词段数划界，只要满足其中一个条件即可划入上一个级别，之所以将台词段数作为参考指标，是因为台词段数多意味着参与交流的话语轮次多，学习者的练习机会和任务强度会相应增加。在全部 48 个角色中，中、高强度与低强度台词任务角色的比例为 3.8:1，略高于最初预设的 3:1 的比例。根据 6 部作品的平均篇幅字数 3167 词，以及期末考试上线时间 30 分钟为基准计算，台词语料的平均输出标准速度为每分钟 106 词。这个数据虽低于教育部 2007 年版大纲中一般要求层次的听力语速每分钟 130～150 词，以及国家四级考试大纲中规定的听力语速每分钟 120 词，但是还要考虑到实际表演中舞台音效、人物动作导致的停顿、话轮间隙的天然空白时间，以及我校“二本”生源的现实语言基础。

4. 关于中国教师承担产出型技能课程任务可行性的反思

我校的情景小品与戏剧项目教学实验主要是基于以下背景开展起来的。第一，长期以来，我校没有大规模聘请外教教授口语的教学条件和经济实力；第二，在大班教学模式下，名义上的听说课以“听”为主，轮到教师训练每位学生“说”的机会很少；第三，我校是“二本”至“三本”类的生源占主体，学习习惯不良，缺乏课下自主练习英语口语的足够能力与动力；第四，传统的背诵叙述体课文和课下自主练习口语的效果与 2007 年版教育部大纲对口语技能的要求相差较大；第五，我校外语教师自身的口语教学能力没有进一步发挥的机会。

对此，我们结合这四年来的行动研究对参与者进行了相应的期末问卷调查。在 07 级教师辅导型戏剧项目教学改革实验结束时，实际发放与回收问卷数为 96 份，问卷填答有效率为 100%。问卷中的第 3 题“对于你已经参加两个学期的戏剧项目教学实验，你最主要的感觉是 A 反感、B 厌倦、C 还可以、D 喜欢、E 依恋、以及 F 开放式答案”。统计结果如表 9 所示。令人欣慰的是，问卷中该题选择中性以上选项的同学占被调查总体的 85%，这个满意度基本符合教改实验的设计初衷。学习者的反馈数据说明，他们对由中国老师承担有辅导型的戏剧项目类口语教学模式还是比较认同的。

表 9　戏剧项目教学模式总体评价调查

反感	厌倦	还可以	喜欢	依恋
4	10	60	17	5

5. 关于大学英语统编教材体制与任课教师教学自主权的反思

由任课教师本人主持的针对教学模式的小型改革实验只是转瞬即逝的行为个

案，但教材是将教学内容、教学模式、特定的教学过程参与者联系起来的载体。由于教材是教学模式改革实验中具象的、可复测的、稳定的因子，因此，教材内容适宜度可作为教学模式改革实验效度的重要检测指标。

我们国家现行的大学英语统编教材体制虽然从很大程度上减轻了任课教师的工作负担，但是在产出型语言技能的培训教材方面如果统得过死，久而久之将不利于教学中师生双方创造力和自主性的充分发挥。根据 McGrath 提出的课程策划过程中的教材评估原则，即“选材—淘汰—补充—替换”四步法则（McGrath, 2002），现行教材若无法充分满足实际教学需求，不必急于淘汰或替换教材，而是可以采取提供补充教材的中间方案。

本人主持的大学英语情景小品与戏剧项目教学模式改革实验的结果表明，任课教师按照因材施教的原则，在统编听说教材以外提供适宜本校学生特点的补充讲义以及配套教学方案，更加有利于教学效率和教师工作积极性的提高。在具体的选材策略上，则可以采取分类选材的原则，即针对学校统一考试的测试项目，使用统编教材；而针对任课教师自主考核的测试项目，可以遵循任课教师自主选材的原则，给教师们更大的教学自主权。

六、结论

第一，情景小品和戏剧项目这两种教学模式本身能够通过在逻辑上有密切关联的情境，辅助学习者在头脑中将句法、词汇等彼此孤立的语言要素与现实生活实物及抽象思维概念之间建构语义关联，从而有助于提高外语学习者口语流利表达的练习效率。

第二，情景小品与戏剧项目这两种教学模式借助更加复杂、逼真的人物角色和剧情任务传递丰富的人类情感，是传统外语教材中以第三人称叙述体为主流文体课文所无法涵盖和触及的，从而有助于外语学习者接触到更丰富、更详尽的语言表达方式。

第三，情景小品与戏剧项目教学模式能够弥补我校统编教材中以叙述体课文为主的背诵任务教材交际性、实用性语料不足，以及自主学习听说教材长语篇、精确性训练教材资源有限的弱点。

这种模式在外语教学上的积极的意义在于，任课教师可以通过设计适宜的情景小品任务、编写话剧剧本、组织学生彩排表演有效地激发学生的学习积极性，降低口语训练的焦虑程度，提升对目的语社交规范的适应性。

参考文献

1. Burns, A. Doing Action Research in English Language Teaching[M]. 北京：外语教学与研究出版社，2011

2. Dubin, F. & Olstain, E. Course Design[M]. 上海：上海外语教育出版社，2002：135～136.

3. Hedge, T. Teaching and Learning in the Language Classroom[M]. Oxford: Oxford University Press, 2000: 362.

4. McCarthy, M. Spoken Language & Applied Linguistics[M]. Cambridge: Cambridge University Press. 北京：世界图书出版公司，2006：66～68.

5. McGrath, I. Materials Evaluation and Design for Language Teaching[M]. Edinburgh: Edinburgh University Press, 2002:59.

6. Slavin, R. E. Educational Psychology Theory & Practice[M]. 北京：北京大学出版社，2004: 491，495，499.

7. Via, R. "The magic if" of theater: enhancing language learning through drama [A]. In Rivers, M. W. (ed.). Interactive Language Teaching[C]. Cambridge: Cambridge University Press. 北京：人民教育出版社，外语教育与研究出版社，2000：122～123.

8. 曹新宇，王宏林．戏剧表演在英语专业语音教学中的有效性研究[J].《当代外语研究》，2010（12）：55～58，60～61

9. 关信平．社会研究方法[M]．北京：高等教育出版社，2004

10. 教育部办公厅．教育部办公厅关于印发大学英语课程教学要求的通知.《中华人民共和国教育部公报》第 11 期．2007，http://govinfo.nlc.gov.cn/gtfz/zfgb/jyb/200711/201010/t20101012_456979.html?classid=423，（2014 年 1 月 2 日读取）

11. 刘美兰．从英语戏剧表演看大学生跨文化交际能力的培养[J]．中山大学学报论丛，2003（4）：410～413

12. 邵旭．戏剧表演教学法：交互式英语教学的新途径[J]．青海师范大学学报（哲学社会科学版），2011（6）：124～126

13. 王立非．计算机辅助第二语言研究方法与应用[M]．北京：外语教学与研究出版社，2007

14. 钟健儿．英语短剧潜在课程排演的技能指导探析[J]．四川教育学院学报，2008（9）：108～110

我国艺术院校外语教学现状与发展

董　单

（中国戏曲学院）

摘要：艺术院校的外语教学是我国高等教育的重要组成部分，但一直以来不被重视且处于尴尬境地。文章从某一艺术院校大学二年级全校本科生的“英语学习态度与动机”问卷调查[①]中，展现了带有普遍性的我国艺术院校外语教学现状，并对数据和结果进行统计分析、查找原因。同时，笔者根据多年艺术院校从教经验，提出了相应措施和对策，希望能够为艺术院校英语教学带来改善或改观。

关键词：艺术院校　外语教学　现状

Abstract: Foreign language teaching in art colleges is an important part of higher education in our country, but it has been neglected and in an awkward position. The article from a questionnaire survey of ‘The Attitude and Motivation to Study English’ of all sophomores in an art academy, it shows the universal phenomenon of foreign language teaching in our art academies and takes the statistic analysis of the data and results to look for the reasons. Meanwhile, according to many years teaching experiences in an art academy, the author puts forward corresponding measures hoping to improve and change the appearance of foreign language teaching in art academies.

Key words: art academy　foreign language teaching　current situation

---

① 本文图表统计和数据分析，由中国戏曲学院国际文化交流系大学英语教研室覃爱东副教授提供，在此深表感谢。

一、引言

进入 21 世纪，中国与世界的交往日益密切，特别是近些年我国的文化大发展大繁荣政策，使得中国艺术与世界艺术的沟通和交流机会增多，而具备良好英语能力的国际化艺术人才的培养却显得相对滞后和薄弱，我国高等艺术类院校艺术生英语学习现状与英语教学状况令人堪忧。

长期以来，我国艺术院校的外语教学一直处于被边缘化的尴尬境地。然而对于高校艺术类学生而言，大学英语是他们在校期间极为重要的一门必修课，它对于提高学生自身的文化修养和未来就业都发挥着不可忽视的作用。但是，很多综合性大学中艺术类学生的英语教育却已经陷入了艰难的境地，其重要性和特殊性均没有引起相关部门的足够重视。与此同时，艺术类学生又是一个极为特殊的群体，他们的认知水平、个性特征、思维方式等都有其自身特点，普遍英语基础比较弱、学习动机不强、学习动力不足、感性思维强、重专业轻文化等，这些都严重影响英语学习的信心和效果。

针对以上问题，笔者根据多年教学实践和体会进行了深入调研，就其结果中的问题期待与同行专家探讨，旨在找出解决问题的有效途径，从而改善我国艺术类院校外语教学的现状和境遇。

二、调查研究

本研究于 2012 年秋季学期，对中国戏曲学院 2011 级（大二）7 个专业系（戏文系、舞美系、新媒体系、导演系、音乐系、表演系、京剧系）的学生做了关于“英语学习态度与动机”的问卷调查，最终呈现出比较带有普遍性的我国艺术类院校外语教学现状，并希望以此能指导和改善未来的艺术外语教学，促进其发展。

1. 研究目的

本研究旨在通过问卷调查发现艺术类学生对英语学习的态度和动机问题，从而帮助教师进一步认清学生的学习特点和学习需求，反映不同英语水平学生的学习观念和愿望，因材施教，做到以学生为中心来组织教学活动，最大限度地提高艺术类学生的英语教学和英语学习的水平。

2. 研究对象

此次问卷调查的受试对象均来自中国戏曲学院 2011 级全校 7 个系的本科生，共计495人作为研究对象，发放问卷500份，收回489份，有效问卷483份。其中，戏文系60人，舞美系83人，新媒体系87人，音乐系60，导演系65人，表演系70人，京剧系70人，年龄在19～21岁之间。之所以选取2011级学生作为受试对象，是因为 2011 级学生已经在校学习和生活了一年，基本熟悉和适应了学校的教学课程。2012年秋季学期他们已经进入大学二年级的学习，无论他们曾经英语水平如何，问卷调查也都基本可以反映出大学一年的学习状况和效果。

3. 研究方法

本研究主要采用定性与定量分析相结合的研究方法，采取调查问卷辅以个别访谈、实际观察等形式进行调查。调查问卷是在前人设计的基础上，又针对艺术类学生的英语学习态度和动机加以改进和补充。问卷选项采用A、B、C、D、E五个选项，答案既可唯一也可多选，但必须从个人实际出发，保证问卷作答真实有效，以便获取相关数据，并对数据进行科学的统计与分析。

4. 研究结果与分析

第一，问卷调查中，第一个数据结果比较清楚地掌握了学生基本的“英语基础”和英语水平情况，如表1所示，对中国戏曲学院7个本科专业系的学生所做的英语基础问卷调查，了解到各个系学生英语水平状况，属于高中水平（普通高中英语基础）或是预备级水平（初中基础英语）。最后进行统计分析，如图1所示。很明显，戏文系是7个系中高中英语水平学生占有率最高的，而且是完全没有英语基础零起点的学生；舞美系和新媒体系等艺术设计专业的学生中，具有高中英语水平和预备级水平的分布基本各占一半，有少部分学生英语基础零起点；而导演系和音乐系的学生中具有高中英语水平的人数就明显减少，但英语基础零起点的学生比较多；表演系和京剧系完全没有高中英语水平的学生，而英语基础零起点的人数要比预备级水平的人数还要多。从中可以看出，越是表演类的学生，英语水平就越低，英语基础也就越弱，对英语教师的要求就越高，教学的难度就越大。

表1 调查问卷中“英语基础”的数据统计

	戏文	舞美	新媒体	导演	音乐系	表演	京剧
高中水平	70.10%	44.70%	38.90%	31.30%	26.20%	0	0
预备水平	28%	49.20%	54.40%	48.90%	54.00%	42.30%	49.10%
零起点	0	4.40%	15.10%	19.60%	19.60%	57.50%	50.70%

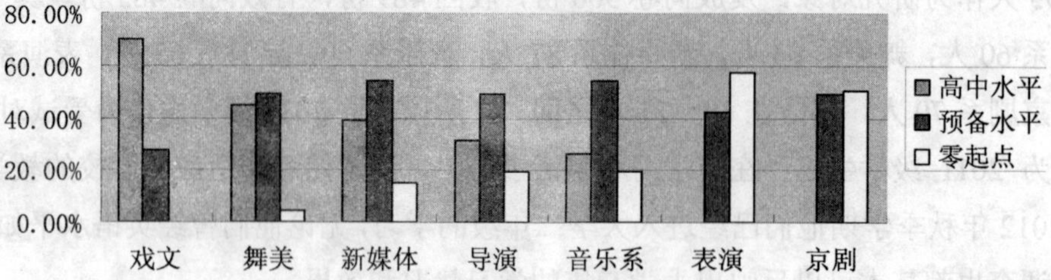

图1 “英语基础”的状态分布

第二，从问卷调查中，获得的第二个数据结果清楚地反映出7个系的学生对英语的喜欢程度，如表2所示，越是表演类的学生越是对英语冷淡甚至不喜欢。数据统计分析如图2所示。而问卷中“变得不喜欢英语的原因”统计结果中最多的是“基础不好跟不上”，其数据也基本上是从戏文系到京剧系逐步上升，如表3所示，其数据统计结果分析如图3所示。因此说明，英语基础水平的高低会影响学生在较高层次的学习阶段，决定他们能否继续和保持良好的学习状态、学习效果和坚定的信心。

表2　调查问卷中“一直喜欢英语”的数据统计

	戏文	舞美	新媒体	音乐	导演	表演	京剧
一直喜欢英语	43.80%	38.80%	29.80%	29.50%	29.40%	26%	15.30%

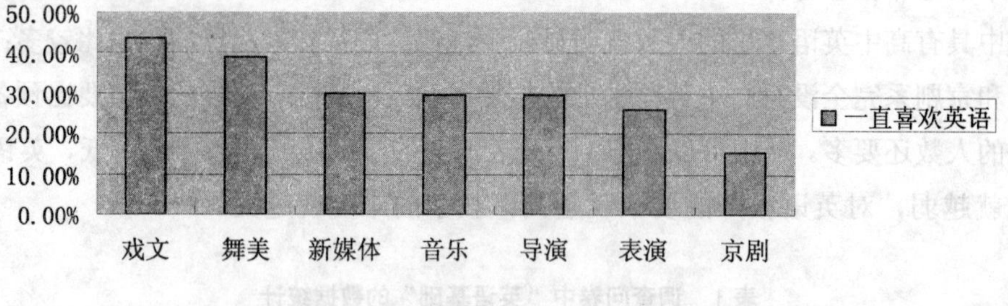

图2 “一直喜欢英语”的状态分布

表3　调查问卷中“变得不喜欢英语的原因”的数据统计

	戏文	舞美	新媒体	音乐	导演	表演	京剧
基础不好跟不上	38.50%	71.60%	70.10%	65.50%	56.80%	78.60%	84.60%

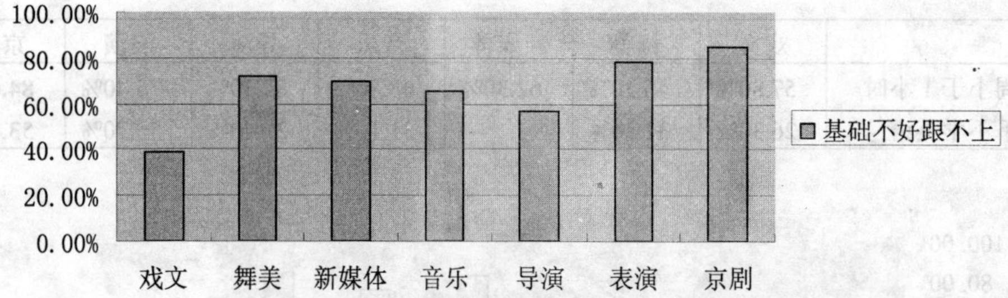

图 3 “变得不喜欢英语的原因”的状态分布

第三，第三个获得的数据是在问到“英语学习中最大的困难”时，根据统计，学生选项比较高的前三项是“背单词”、“缺乏学习方法”、“缺乏学习气氛”，7 个系的学生统计结果如表 4 所示，只有戏文系的学生有对学习氛围的要求，而其余 6 个系的学生均没有此要求；同时，对于表演系和京剧系的学生而言，背单词和缺乏学习方法是同样困难。数据统计分析结果如图 4 所示。

表 4 调查问卷中“英语学习中最大的困难”的数据统计

	戏文	舞美	新媒体	音乐	导演	表演	京剧
背单词	14.00%	19.40%	36.30%	42.60%	60.70%	47.50%	50.70%
缺乏学习方法		50.70%	41.50%	36.00%	47.00%	49.10%	58.40%
缺乏学习气氛	21.00%						

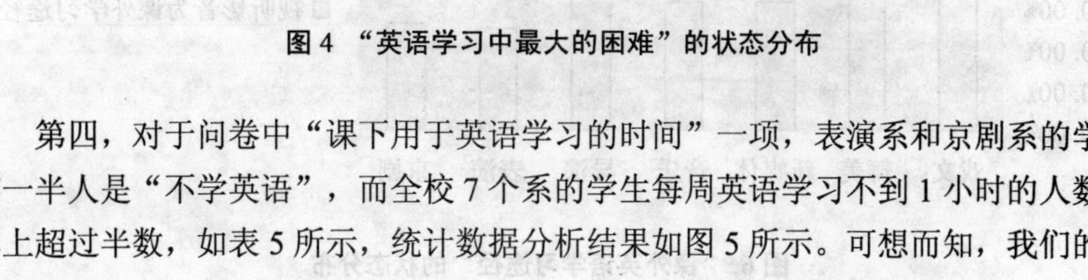

图 4 “英语学习中最大的困难”的状态分布

第四，对于问卷中“课下用于英语学习的时间”一项，表演系和京剧系的学生有一半人是“不学英语”，而全校 7 个系的学生每周英语学习不到 1 小时的人数基本上超过半数，如表 5 所示，统计数据分析结果如图 5 所示。可想而知，我们的艺术生对英语学习的态度和认知有多么可怜，英语教学更是尴尬到何种境地。

表5 调查问卷中“课下用于英语学习的时间”的数据统计

	戏文	舞美	新媒体	音乐	导演	表演	京剧
每周小于1小时	57.80%	46.20%	62.30%	68.80%	82.30%	75.40%	84.60%
几乎不学英语	26.30%	31.30%		31.10%	29.40%	55.70%	53.80%

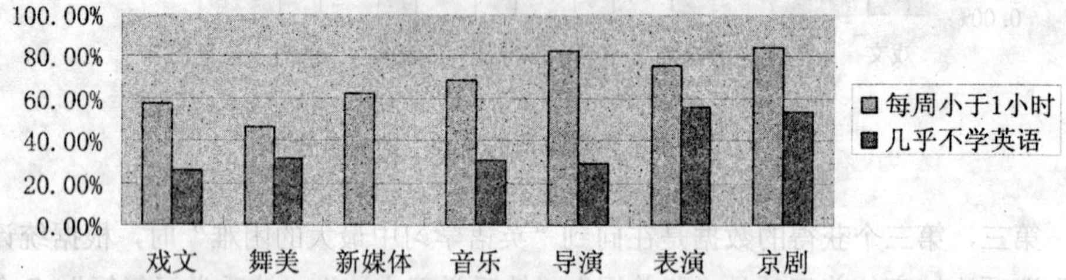

图5 “课下用于英语学习的时间”的状态分布

第五，对于问卷中“课外英语学习途径”一项，7个系的学生都对“视听影音为课外学习途径”进行了充分作答。从表6数据中可以看出，戏文系和导演系的学生对此类学习方法使用率最高。我们分析，如果戏文系的学生是从检验自己英语水平的角度进行视听训练，那么导演系的学生更多的原因应该是出于专业便利的角度进行英语视听练习，而且更多的是以观看外语影片为主。统计数据分析如图6所示。

表6 调查问卷中“课外英语学习途径”数据统计

	戏文	舞美	新媒体	音乐	导演	表演	京剧
视听影音为课外学习途径	47.30%	43.20%	31.10%	31.10%	54.90%	24.50%	26.10%

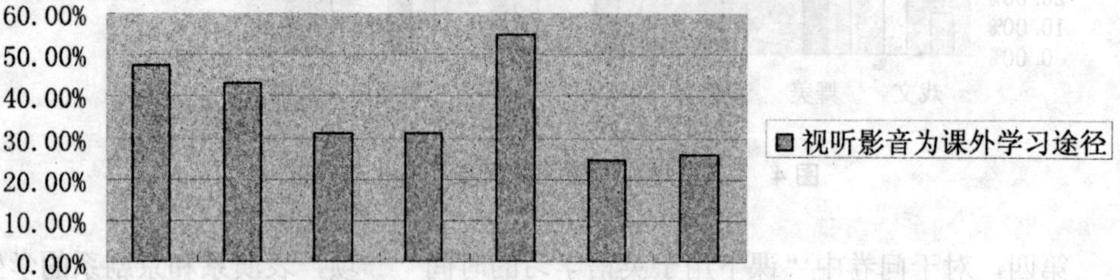

图6 “课外英语学习途径”的状态分布

第六，问卷中"对于课外作业的态度"，我们设计了三个选项，7个系的学生中有三四成到一半的人数选择B"不情愿但还是认真做"，而各个系中选择D"老师就应该布置作业"的人数惊人地相似，反对留作业和敷衍的人数7个系也比较相似，如表7所示。从整体上看，数据也基本反映出艺术类学生整体对待作业的态度和看法。统计数据结果分析如图7所示。

表7 调查问卷中"对于课外作业的态度"的数据统计

	戏文	舞美	新媒体	音乐	导演	表演	京剧
不情愿但还是认真做（B）	49.10%	58.20%	51.90%	31.10%	43.10%	47.50%	27.60%
老师就应该布置作业（D）	14.00%	14.90%	14.20%	18.00%	15.60%	16.30%	23%
反对和敷衍的态度（A/C）	38.50%	26.80%	35.00%	50.00%	33.30%	45.90%	41.50%

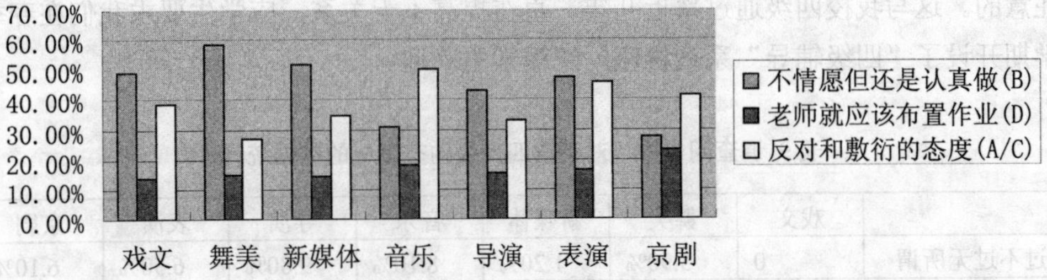

图7 "对于课外作业的态度"的状态分布

第七，问卷中关于"英语学习对于专业的发展是否有促进作用"一项，我们选取了学生集中作答的两项作为数据统计如表8所示，选择"对于自己专业有帮助"的学生人数各个系都在半数以上，而选择"与自己专业不相干"人数的各个系有多有少，说明学生很清楚英语学习的作用和重要，只是态度、方法、信心和毅力的问题，但对于艺术生绝非易事。统计数据结果分析如图8所示。

表8 调查问卷中"英语学习对于专业的发展是否有促进作用"的数据统计

	戏文	舞美	新媒体	音乐	导演	表演	京剧
对自己专业有帮助	66.60%	76.10%	54.10%	63.50%	64.70%	45.90%	55.30%
与自己专业不相干	15.70%	7.40%	5.10%	18%	5.80%	26.20%	36.90%

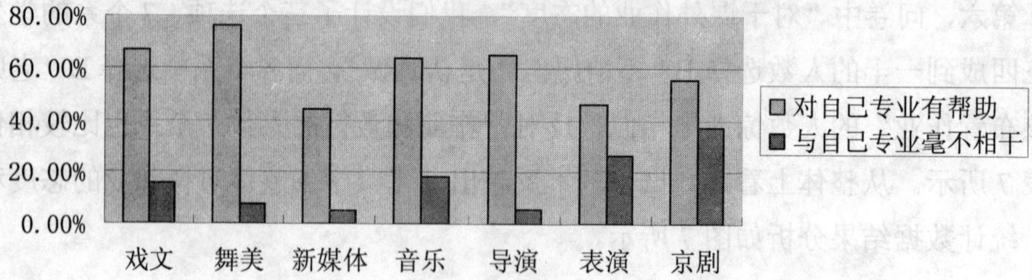

图 8 “英语学习对于专业的发展是否有促进作用”的状态分布

第八，问卷中“对于大学英语四六级的态度”一题统计结果如表 9 所示，我们只选取了一个比较有意义的选项“过不过无所谓”统计，可以很清楚地看到除戏文系的学生无一选择以外，其他 6 个系的学生选取此项的人数也并不多，还不到一成。统计数据分析如图 9 所示，说明学生对于英语水平和权威机构的认定还是很看重和在意的。这与我校四级通过率近几年一直在提高不无关系，应学生要求我们在春季学期开设了“四级辅导”系列讲座，深受学生欢迎。

表 9 调查问卷中“对英语四六级的态度”的数据统计

	戏文	舞美	新媒体	音乐	导演	表演	京剧
过不过无所谓	0	5.90%	1.20%	8.10%	9.80%	6.50%	6.10%

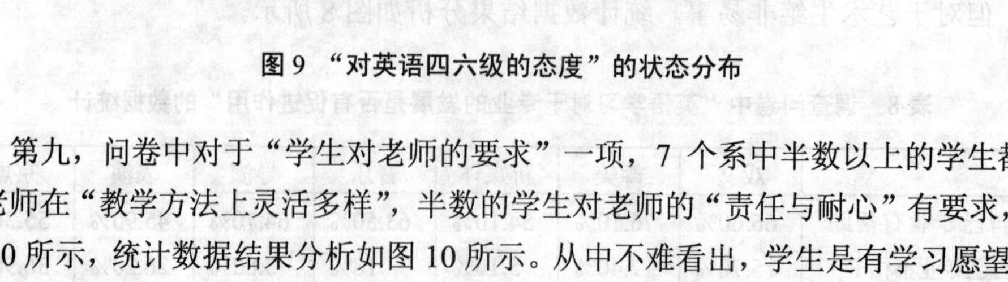

图 9 “对英语四六级的态度”的状态分布

第九，问卷中对于“学生对老师的要求”一项，7 个系中半数以上的学生都希望老师在“教学方法上灵活多样”，半数的学生对老师的“责任与耐心”有要求，如表 10 所示，统计数据结果分析如图 10 所示。从中不难看出，学生是有学习愿望的，但也许各种原因，如教师的、学生的、教材的、方法的等，导致了今天艺术院校的英语教学陷入尴尬境地，步履维艰。

表 10 调查问卷中“学生对老师的要求”的数据统计

	戏文	舞美	新媒体	音乐	导演	表演	京剧
教学方法灵活多样（15D）	54.30%	70.10%	48%	62.20%	49.00%	60.60%	50.70%
对同学负责有耐心（16B）	50.80%	58.20%	62.30%	47.50%	37.20%	36%	46.10%

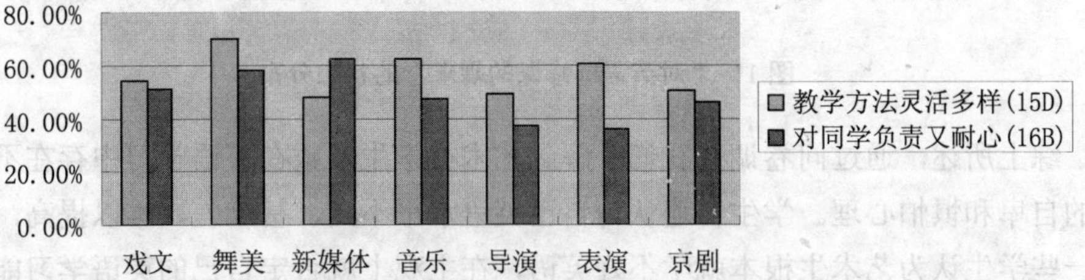

图 10 “学生对老师的要求”的状态分布

第十，问卷中对于“英语选修课的需求”一项，我们根据学生的不同水平和需要做了四类选项，如表 11 所示，统计数据分析如图 11 所示。其中对于“基础英语补习”选项，除戏文系的学生无人需要以外，其他 6 个系的学生均有三成左右需要，甚至表演系和京剧系半数左右的学生都有需要基础英语补习的愿望；对于“四六级辅导”，各个系的学生都有需要，但很明显只有戏文系的学生对此需求最高，有 61.40%的学生有考级的愿望；而对于“考研英语辅导”，7 个系的学生选择比例所差无几，说明每个系都只有少部分人有考研的愿望；最后，对于“实用英语学习”，7 个系的学生选择人数也相差不多，都在三四成左右，也进一步说明艺术类学生更注重英语的实际应用，如听、说，而不是读与写。针对以上学生的需要，我们已经在春季学期开设“四六级考级辅导”和秋季学期的“考研英语辅导”，学生学习的积极性提高且效果良好。

表 11 调查问卷中“对英语选修课的需求”的数据统计

	戏文	舞美	新媒体	音乐	导演	表演	京剧
基础英语补习	0	38.30%	31.10%	34.40%	21.50%	45.40%	56.90%
四六级辅导	61.40%	40.20%	46.70%	40.90%	31.30%	12.10%	27.60%
考研辅导	31.50%	20.80%	10.30%	39.30%	17.60%	27.20%	30.70%
实用英语学习	43.80%	37.30%	32.40%	44.20%	37.20%	12.10%	30.70%

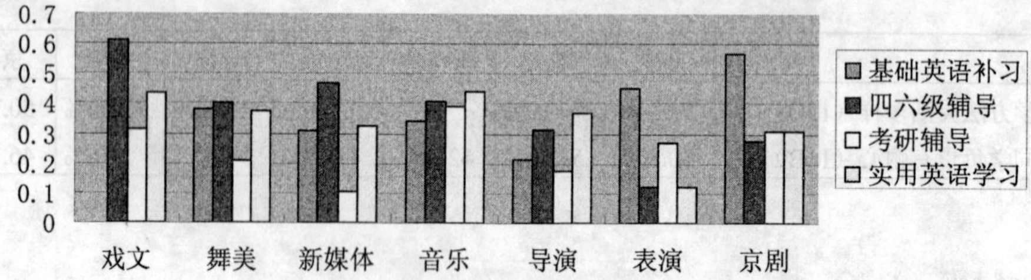

图 11 “对英语选修课的需求”的状态分布

综上所述，通过问卷调查我们了解到艺术类学生多数在英语学习中存在不同程度的自卑和惧怕心理。学生普遍认为自己英语水平不高、基础差、难以提高，甚至有一些学生认为艺术生根本就学不好英语，在主观上就否定自己的英语学习能力，缺乏自信，使英语教学非常被动。同时，大多数艺术生认为现在所使用的英语教材对他们来说“有难度”或是“没意思”，学起来总有挫败感，而且似乎学了以后也用不到，没有针对性和实用性。他们更希望学到与自己的专业有关的英语内容，而不是使用大学通用的教材。这些情况有助于我们今后有针对性地进行教学设计、教学方法和教材内容上的改进与提升。

三、应对策略

虽然艺术院校的英语教学存在诸多问题，但是，事物总是一分为二的。艺术类院校的学生也有其自身的优点，即感性思维强，且对文学和艺术有极强的领悟力。作为艺术院校的英语教师应该发掘学生的这一优势，使其起到促进教学的目的。马丁·韦德尔在其《外语教学与学习》一书中曾指出，有些学习者并没有明确的工具性或结合性动力；对他们来说，鼓励他们采取积极态度尤其重要，至少保证有一部分语言输入能满足学习者的实际兴趣。要做到这一点，就得花点时间培养比较健康的集体活动，使学习者愿意为确定的教授主题和讨论题目作出诚挚的贡献。因此，在教学方法和教学手段上应灵活多变，以适应自己的教学对象。

1. 形式多样的教学设计

由于艺术类学生专业课学习所追求的个性发展，使得艺术生性格随意散漫，没有约束。在课堂教学中，注意力不集中，积极性不高，互动性差等，这些都严重影响文化课学习的态度和效果。而从另一方面，艺术类学生外向活泼的性格令他们比较容易接受新鲜事物（不过过于活跃的课堂气氛又不利于集中精力），艺术类学生个性的两面性对英语教师提出了高要求，作为艺术院校的英语教师既要有教授大学英语课程的水平，又要有中学英语教师的经验和耐心。笔者通过多年教学经验，并结合艺术生的兴趣与专业有过如下教学尝试。

（1）音乐教学

美国著名的应用语言学家Krashen在情感过滤假说（Affective Filter Hypotheseis）中提出，第二语言习得的成功取决于学习者的情感因素。要最大限度地减少影响语言学习效果的消极态度（包括缺少动机或自信和学习热情）。比如在对艺术生的听力教学上，可以先给学生做一些简单的听英文歌曲填歌词的练习，如 *Yesterday Once More*, *Because You Loved Me*, *Memory* 等，把歌词中比较重要的单词或短语空出来留给学生来填写。当音乐响起，学生们很容易就进入音乐和练习中，甚至伴着旋律哼唱，这时作为教师会觉得音乐如此神奇，在这一刻能够让教师、学生、英语有这样一个时刻和空间是共通的。而当学生随意就能背出大段大段的英文歌词时，兴趣使然、无心插柳的作用会让英语教师自叹不如。借助音乐的力量，艺术院校的英语教师完全可以掌控自己的课堂，将音乐融入英语，由简入难、循序渐进，激发学生的学习动力，使其能够自觉运用自己的音乐知识和已掌握的英语知识，进而促进英语学习，并在不知不觉中提高英语水平。

（2）电影教学

电影教学以其生动的形式和内容一直深受学习者欢迎，而艺术院校的学生因普遍具有较高的艺术洞察力和鉴赏力，对电影尤其青睐。电影题材广泛、种类繁多，为了达到教学目的，英语教师必须要明确教学目标，对电影的使用要掌握适度的原则。比如，对某一个词、短语或句子的掌握，教师就可以首先选取该词句在影片中长约15～20分钟的节选；同时可以把该句对白做成幻灯提前讲解，看完之后再让学生反复练习复述等。一部电影可以节选几处这样的对白加以训练。虽然这样做给教师带来很大的备课量，但这样的教学方式深受学生喜爱，且效果良好。如《阿甘正传》、《肖申克的救赎》等影片不仅学生喜欢，而且兼具励志的作用，这些都很容易与学生产生共鸣，达到教学目的和效果。

（3）表演教学

外语教学的最终目标是语言的应用，运用是衡量外语学习成功与否的标志。在心理学上，运用和能力对个人自我形象产生很大的影响，而自我形象又作用于动机、自信等情感因素。艺术类学生表演欲极强，外语教师刚好可以充分利用学生的这一特点创造机会，运用其所学的语言进行自我展现。在我们所教授的大学英语课程中，有很多课文故事性和戏剧性都很强，如上海外语教育出版社出版的《大学英语》，其中第一册的 Unit 3 *The Present* 和 Unit 10 *Going Home* 就很适合表演。通过教师的课文讲解，学生在理解内容之后可以对其内容进行改编，并最终进行表演。学生为表演好自己的角色，必须深入理解所学课文的内容和含义，以及相关的文化背景和社会背景。每个学生饰演不同的角色，不同的小组再进行自评和互评。这样，学生在发挥其表演特长的同时，又完成了课堂任务，达到了学习的效果，可谓是双赢。

2. 贴近专业的教材内容

目前，大学英语教材在课程内容和编排上更倾向于训练学生的读、写及语篇能力，无论词汇、句法、篇章结构和课后练习等都是针对普通综合性大学本科生，而对于艺术类学生来说难度太大，无论是学生还是教师，在这个教学的过程中都是很艰难的。为此，近些年一些艺术类英语教材应运而生，有音乐英语、美术英语、体育英语等。作为传统艺术院校，中国戏曲学院也在一些年轻教师的努力下，积极推进戏曲英语教材的编写工作，这对英语教师是一个艰巨的挑战，需要教师在通晓教学方法、语言教学和教材内容的基础上，结合学生的艺术专业特长，将专业内容迁移到英语教学中来，实现原有教学目标的同时，又能激发学生对英语学习的兴趣和持续关注度，甚至主动性和创造性。因此，选择与艺术生适宜的教材，并尽量与艺术专业特色相结合是艺术英语教学成功的前提，也必将是未来艺术院校外语教学改革和发展的趋势。

3. 课外拓展与教学实践

课堂教学的时间毕竟是有限的，且英语课堂教学的任务更多的是激发学生英语学习的动力，充分认识到文化课与专业的关系，乃至对其专业发展的实际促进作用。除此以外，教师更应该充分发掘艺术类学生的特长，组织灵活多样的课外活动，如英语演讲，对于大二学生且英语基础好一点的班级，可以安排学生课前 5 分钟的 Presentation，这既锻炼了学生的口语表达，又培养了学生的勇气和胆量；再如英语话剧和英文歌曲大赛，可以充分展现学生的表演才能和艺术天赋；还有绘画作业和课件作业，对于美术类的学生可以充分调动他们的绘画才能，把对文章的理解用图画展示出来，特别对于二年级即将结束外语学习的班级可以要求他们做课件类的大作业，不限主题、不限题材、不限字数、不限技术，但必须用英语制作，学生们会很感兴趣也会很认真地做，如果有条件能够放在学校教学网页上，将使学生获得巨大的成就感；还有外籍专家的学术讲座和参观国际性的文化艺术展览等，这些不仅可以开拓学生的视野，更重要的是促使他们交流，能够使英语学习的动力和愿望更加迫切。因此，作为艺术院校的英语教师，更要为他们开创一个属于他们的英语殿堂和交流互动空间。

4. 充分运用教育技术

建构主义认为，知识的获得是学习者与外部环境交互作用的结果。艺术类学生具有丰富的想象力和创造力，有助于教师根据艺术生的特点，创设充满个性化的语言学习环境。在选择与艺术专业相结合的英语教材的同时，充分利用现代信息技术集声音、影像、图文并茂于一体的丰富的教学资料，不仅信息量大而且可以引起学生的兴趣。因此，在艺术院校的英语教学课堂中，可以灵活运用现代教育技术，通过课件、影音等辅助教学手段，将学生的视听感觉充分调动起来，把学生从死记硬背的单词记忆、繁复琐碎的语法分析、沉闷呆板的课文解析中释放出来，激发学生的主动性、积极性和创造性，培养学生独立思考、主动探究的创新能力和创新思维，调动学生的主体作用，将更大的空间还给学生。

5. 情感鼓励与内心关怀

Krashen 认为第二语言习得的进程还受情感因素的影响，情感因素起着对输入情感过滤的作用。外语习得中的情感因素主要包括态度、动机、焦虑、自信等。因此，在营造良好的课堂氛围中，教师要对学生充满信心，尽量缩短师生之间的情感距离，要多发掘学生的优点，并积极给予鼓励。同时，善于挖掘学生的潜力，对于他们哪怕很小的一点进步，都要毫不吝啬地给予表扬，让学生感觉到自己努力的成果，从而更加努力。情感和认知是相辅相成的，学生的情感总是伴随认知的变化而变化，在教学中我们既要为认知创造条件，也要尊重学生的情感，保护和鼓励学生的自信心和积极性，给予足够的人文关怀。

四、结语

进入 21 世纪，我国的文化艺术发展迫切需要国际化的高端艺术人才，不仅具有艺术素养，且要能用外语交流，而艺术专业英语教学对此具有不可推卸的责任。一直以来，艺术类学生英语教育是我国高等教育的重要组成部分，是我们推行素质教育的一个重要体现和指标。虽然目前我们的艺术英语教育面临许多亟待解决的矛盾和问题，但作为艺术院校的英语教师，需要了解艺术类学生的独特之处，对艺术生的英语教学做充分的行动研究，观察和掌握他们在英语学习上的心理表现，不断探索外语教学规律，设计出学生积极参与、教学效果良好的课堂教学活动。把我们的艺术英语教学当作科学去研究，当作艺术去创作。

参考文献

1. Krashen, S. D. The Input Hypothesis: Issues and Implications[M]. Harlow:

Longman 1985:56.

2. 王初明．应用心理语言学[M]．长沙：湖南教育出版社，1990: 95～123

3. 蒋祖康．第二语言习得研究[M]．北京：外语教育与研究出版社，1999: 127～130

4. 董焕玲．艺术类院校大学英语教学现状及其思考[J]．中国音乐，2005（2）：147～150

5. 刘君涛．艺术类学生英语学习现状及教学对策分析[J]．艺术百家，2010（8）：429～432

作者联系方式：

地址：北京市大兴区丽园B区25-4-602

邮编：102600

邮箱：dongdan@nacta.edu.cn

电话：13718176766

议论文写作课与北京体育大学英语专业学生思辨能力培养调查

徐凯琳　田　慧

（北京体育大学外语系）

摘要：本研究选取北京体育大学外语系2011级学生，采用教师评估和学生评价相结合的方法，调查议论文写作课对英语专业学生思辨能力的影响。研究表明，经过议论文写作课的学习，学生思辨能力显著提高，但学生的思辨能力仍存在一些问题。基于研究结果，本文为议论文写作课程改革提出建议。

关键词：思辨能力　英语专业　议论文写作课

Abstract: The purpose of this study is to investigate the effect of argumentative writing course on English majors' critical thinking skills by means of teachers' evaluation of students' compositions and students' feedback on the course. The results show that prominent improvements have been achieved in students' critical thinking skills after the course. However, some problems still exist in students' critical thinking skills. Based on the research results, some suggestions are offered for the argumentative writing course.

Key words: Critical Thinking Skills　English Major　Argumentative Writing Course

一、引言

《国家中长期教育改革和发展规划纲要（2010～2020）年》将强化能力培养，提高学生的实践能力、创新能力确定为战略主题。而“创新能力和实践能力的内核都是思辨能力”（孙有中，2011）。国家将思辨能力的培养提升到未来十年中国教育改革的战略高度，其重要性可见一斑。黄源深（1998）的《思辨缺席》犀利地指出了外语系学生思辨能力缺乏的弊病。此后，外语人就“思辨缺席症”的问题展开了一系列探讨，试图从各个方面推进教学改革，以提高英语专业学生的思辨能力。然而，十多年过去了，解决英语专业学生“思辨缺席症”的问题仍未取得实质性进展。李炳林（2011）指出，“学生的思辨能力培养主要是通过英语写作实现的”。因此，如何将思辨能力的培养有效融入写作课程中，成为目前英语专业教学改革的一个重要议题。

本研究试图调查议论文写作课对英语专业学生思辨能力的影响。通过教师的评估以及学生的反馈，对目前议论文写作课在培养学生思辨能力方面的优点和缺点进行评估，以期能为英语专业写作课教学改革提供参考。

二、研究设计

1. 研究对象

本研究选取北京体育大学外语系 2011 级学生为被试。随机抽取议论文写作课之前和之后的学生作文各 71 篇组成样本；4 名教师从思辨能力角度对样本进行评估。此外，随机抽取 6 名学生参与访谈，对议论文写作课提供反馈。

2. 研究工具

研究工具一：根据 P.A.Facione 和 N.C.Facione 设计的《思辨能力整体评价标准》量表改编的评分量表。改编后的量表在结构上由两部分组成，第一部分是对学生作文中思辨能力的整体评估，分为 A、B、C、D 四个等级。其中，A 分值为 4 分，B 分值为 3 分，C 分值为 2 分，D 分值为 1 分，分数越高，表明整体思辨能力越强。量表的第二部分是对思辨能力下属维度，即不同的认知能力和情感特质的评估。以“特尔斐”项目组对思辨能力的界定，量表中的六条评价标准分别对应：认知能力中的理解（interpretation）、分析（analysis）、推断（inference，包括其下属技能 conjuring alternatives 和 drawing conclusions）、阐释（explanation），以及情感特质中的公正（fair-mindedness）。该部分采用 Likert 五级量表形式，1 表示非常弱，5 表示非常强。由于 A 和 B 等级的评价标准采用肯定陈述，C 和 D 等级的评价标准采用否定陈述，因此，在 A 和 B 等级中，“1 非常弱”得分 1 分，“5 非常强”得分 5 分；而在 C 和 D 等级中，“1 非常弱”得分 5 分，“5 非常强”得分 1 分。该部分得分越高表示该项认知能力或情感特质越强。

研究工具二：访谈，在外语系 2011 级学生中随机抽取 6 名学生参与访谈。笔者对访谈内容进行录音，并且将录音转换成文字后，让受访学生确认。

3. 数据收集与分析

数据统计与分析采用统计软件 SPSS19.0，涉及的分析方法有独立样本 t 检验和多个关联样本 Kendall 检验。

为保证数据的可信度，本研究进行了先导测试。随机抽取 4 篇作文作为样本并编号，每位评分教师对样本进行评估。评估之前，评价标准已经陈述解释清晰，以确保评分者对评价量表中的每条评价标准的精确理解。收集的数据在 SPSS 软件中进行 Kendall 系数检验，以检验评分者评价标准的一致性。

N	4
Kendall W[a]	0.917
卡方	11.000
df	3
渐近显著性	0.012

图 1 Kendall 协同系数

由图 1 可以看出，Kendall 系数是 0.917，接近于 1，表明评价者的评价标准之间有很高的一致性。因而，评分者的评分信度很高，评价结果具有可信性。

三、结果与讨论

1. 议论文写作课后学生思辨能力的提高

经过一学期的议论文写作课后，学生的思辨能力显著提高。

由表 1 可知，议论文写作课前后学生思辨能力的均差为 0.521（p=0.000<0.05），具有显著性差异。这表明议论文写作课后学生的思辨能力显著提高。此外，学生的反馈表示，尽管提高程度有所不同，但所有受访对象均表示思辨能力有所提高。由图 2 可知，在议论文写作课后，A 类和 B 类作文的数量明显增加，C 类和 D 类作文的数量明显减少。其中，A 类作文增加了 22%，B 类作文增加了 1%，C 类作文减少

了18%，D类作文减少了5%。此外，议论文写作课之前，B类（48%）和C类（38%）作文占主要部分。而议论文写作课之后，A类（28%）和B类（49%）作文占主要部分。

表1 议论文写作课前后学生思辨能力的比较

	数量	均值	均差	t	p
课前	71	2.51			
课后	71	3.03			
独立样本t检验			0.521	4.12	0.000

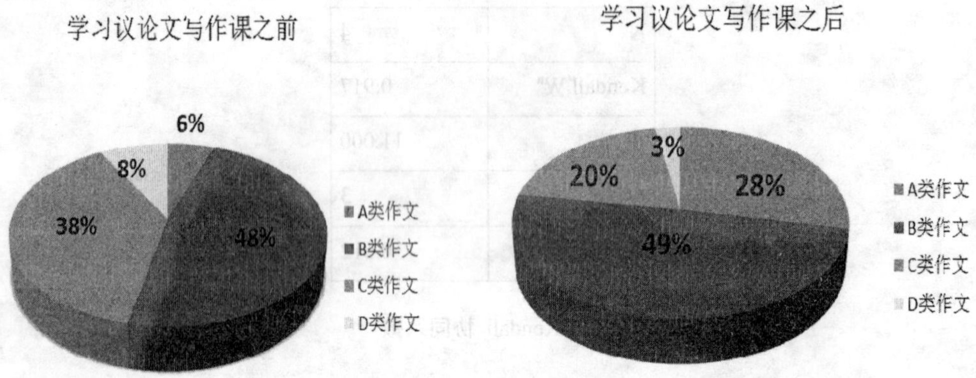

图2 议论文写作课前后各档作文所占比例

由图3和图4可知，议论文写作课后A类和B类作文的认知能力和情感特质都有所提高。由图5可知，议论文写作课后，除认知能力2和情感特质6外，C类和D类作文的认知能力和情感特质都有所提高。综上所述，在议论文写作课后，大多数学生的认知能力和情感特质都有所提高。

综上，在经过一学期的议论文写作课学习后，学生的思辨能力有显著提高。具体表现在整体思辨能力、各项认知能力和情感特质的提高上；此外，A类和B类作文的数量明显增多，C类和D类作文的数量明显减少。

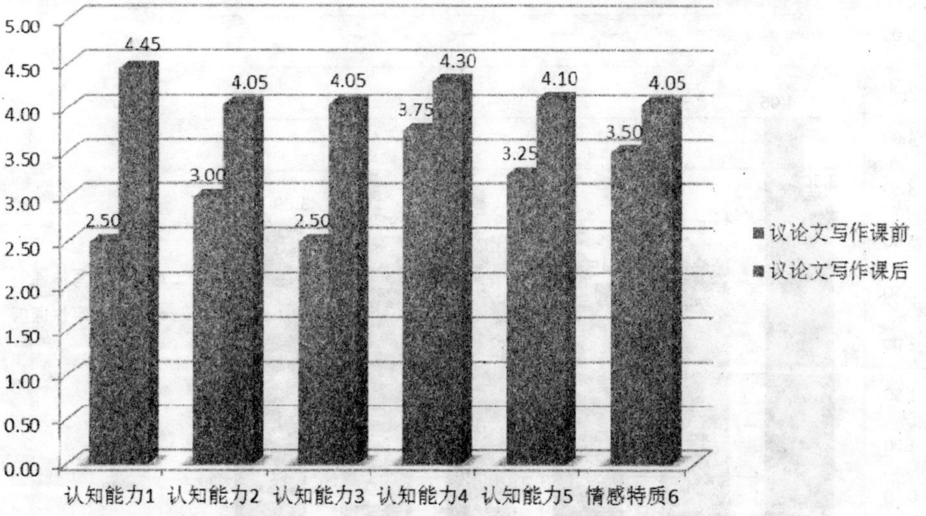

图 3 议论文写作课前后 A 类作文认知能力和情感特质的比较

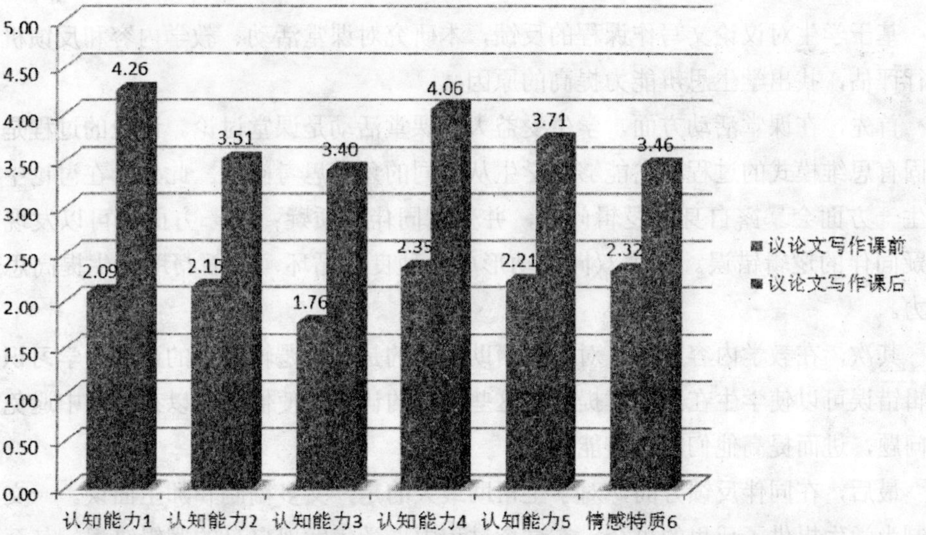

图 4 议论文写作课前后 B 类作文认知能力和情感特质的比较

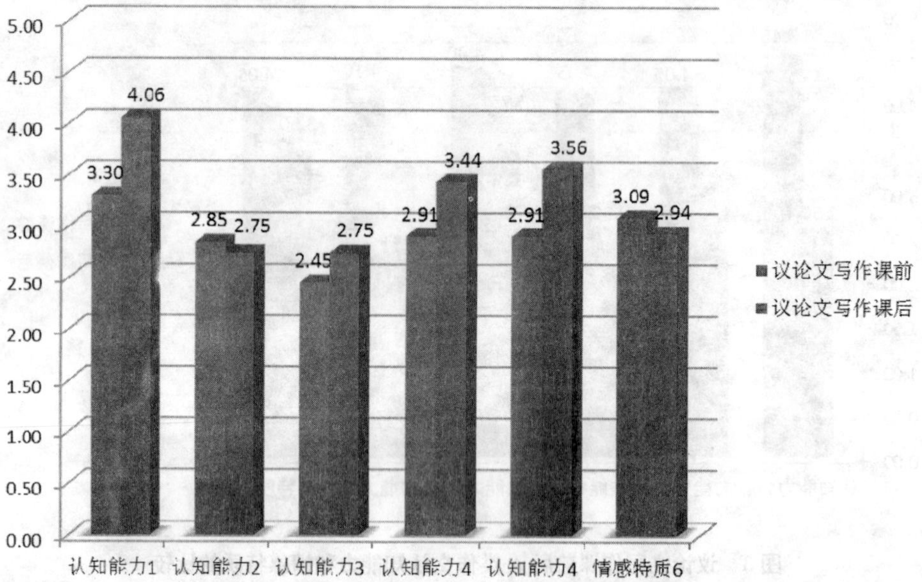

图 5 议论文写作课前后 C 类和 D 类作文认知能力和情感特质的比较

基于学生对议论文写作课程的反馈，本研究对课堂活动、教学内容和反馈机制进行评估，找出学生思辨能力提高的原因。

首先，在课堂活动方面，学生受益大的课堂活动是课堂讨论。讨论的过程是打破固有思维模式的过程，它能够使学生从不同的角度思考问题。此外，在讨论中，学生一方面会暴露自身的逻辑问题，并受到同伴的质疑；另一方面也可以发现并质疑同伴的逻辑错误。这种双向互动形成一种良性循环，进而帮助学生提高思辨能力。

其次，在教学内容方面，对学生帮助最大的是识别逻辑错误的课程。学习识别逻辑错误可以使学生在思考时提高对这些错误的认识，使他们可以在推理中避免这些问题，进而提高他们的思辨能力。

最后，在同伴反馈方面，对学生帮助最大的是一文多稿制和师生面谈。一文多稿制为学生提供了反思的机会。在这个过程中，学生发现自身的逻辑错误，甚至否定自己之前的论点。正是通过自我质疑和自我否定，学生的思辨能力得以提高。而师生面谈则是最直接、最及时的反馈机制。师生面谈使学生得到更具体并更有针对性的指导。更重要的是，教师提出的问题能够引导学生进行独立思考，进而从某种程度上帮助学生培养主动思考的习惯。此外，教师的书面反馈给予逻辑方面同语言方面相当甚至更多的重视。这种强调同样也增强了学生对思辨能力方面的重视。

2. 目前学生思辨能力中存在的问题

尽管在一学期的议论文写作课后学生的思辨能力有所提高，但目前学生的思辨能力仍然存在一些问题。

由表 2 可知，A 类作文的每项均得分都要高于 B 类作文。独立样本 t 检验的结果表明认知能力 2（$p=0.024<0.05$）、认知能力 3（$p=0.011<0.05$）和情感特质 6（$p=0.077<0.05$）的均差具有显著性差异，表明 B 类作文和 A 类作文间的差距主要在认知能力 2、认知能力 3 和情感特质 6 三个方面。

表 2　议论文写作课后 A 类作文和 B 类作文各项认知能力和情感特质的比较

	认知能力 1	认知能力 2	认知能力 3	认知能力 4	认知能力 5	情感特质 6
A 类平均分	4.45	4.05	4.05	4.30	4.10	4.05
B 类平均分	4.26	3.51	3.40	4.06	3.71	3.46
均差	0.19	0.54	0.65	0.24	0.39	0.59
t	0.891	2.329	2.625	1.022	1.801	2.828
p	0.377	0.024	0.011	0.311	0.077	0.007

由图 6 可知，认知能力 2（2.75）、认知能力 3（2.75）和情感特质 6（2.94）的平均得分是所有认知能力和情感特质中最低的三项。此外，从表 3 中可知，议论文写作课后，C 类和 D 类作文的认知能力 2 和情感特质 6 的平均得分要比之前低。而独立样本 t 检验的结果表明，认知能力 3（$p=0.375>0.05$）在议论文写作课前后的均差并没有显著性差异，这表示在上完议论文写作课之后，认知能力 3 并没有明显提高。因此，目前对于 C 类和 D 类作文来说，主要的问题存在于认知能力 2、认知能力 3 和情感特质 4 三个方面。

表 3　议论文写作课前后 C 类和 D 类作文各项认知能力和情感特质的比较

	认知能力 1	认知能力 2	认知能力 3	认知能力 4	认知能力 5	情感特质 6
课前	3.30	2.85	2.45	2.91	2.91	3.09
课后	4.06	2.75	2.75	3.44	3.56	2.94
均差	0.76	0.098	0.295	0.528	0.653	0.153
t	2.246	0.243	0.895	1.376	2.108	0.414
p	0.029	0.809	0.375	0.175	0.04	0.681

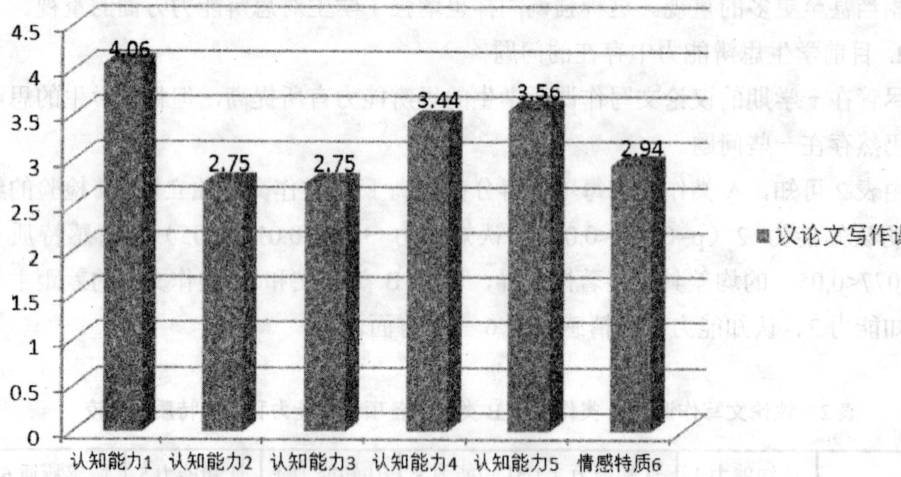

图6 议论文写作课后C类和D类作文认知能力和情感特质平均分

综上所述，目前学生在思辨能力方面的问题主要存在于认知能力2、认知能力3和情感特质6三个方面。根据“特尔斐”项目的界定，认知能力2对应分析能力，认知能力3对应推断能力，情感特质6对应公正。换言之，目前学生思辨能力主要在认知能力中的分析能力、推断能力和情感特质中的公正方面比较薄弱。

首先，分析能力的问题可能是由写作习惯造成的。梁茂成（2011）的研究表明学生的议论文在结构上呈现明显的“趋同现象”。这种作文分为开头—正文—结尾三部分。开头部分通常自成一段，前半部分是对文章话题的描述，然后以文章主旨收尾。正文部分通常由两到三个段落组成，每段由一个主题句开头，然后用论据支持观点。结尾部分和开头部分类似，通常是对主旨的再次陈述。此外，学生议论文中的因果链通常非常短，从原因直接推导到结果，而不是由一个原因到另一个原因，层层分析，环环相扣（孙有中等，2011）。

推断能力的问题，尤其是不能全面考虑正反两方观点的问题，则与教学传统有关。国内写作教学很少鼓励学生考虑正反两方观点，而是通常围绕一方观点进行写作。这一点也可以从英语专业四级和八级考试的写作中得到证明。而刘璐（2011）指出，国外的写作教学常常强调 address the opposition，鼓励学生从正反两个方面来论证问题。

此外，情感特质中的公正问题则与思考习惯有关。Paul（2006）指出人的思考总是倾向于偏见化或者说片面狭隘。然而，批判的思考要求学生放弃固有的思维模式，并从不同的角度思考问题，这自然会给学生带来不适感。因此，大多数学生不愿意进行深入的批判性思考，而是固守原有的思维习惯。

3. 议论文写作课的建议

基于以上研究，本文提出如下建议：

首先，教师应该通过各种活动和反馈机制培养学生主动思考的习惯。课堂讨论、师生面谈和一文多稿制可以有效促进学生进行主动思考，因而应该继续推行这些活动和机制。此外，应增加师生面谈的次数，因为师生面谈是帮助学生提高思辨能力的一种有效的方式。

其次，在教学内容中应该增加更多的逻辑训练。根据学生反馈，除了识别逻辑错误的训练外，学生作文中有典型逻辑问题的段落也可以给学生用作分析材料。另外，GMAT 中的原因评述题（Critical Reasoning）也可用来作为训练材料。

此外，在写作中，教师应该帮助学生打破固有的写作模式，引导他们增长推理过程中的因果链，并鼓励学生在写作中考虑到正反两方的观点。

最后，教师应该改善同伴反馈机制。根据学生反馈，同伴反馈机制在提高思辨能力方面并没有起到应有的效果。同伴反馈中改正的往往是语言错误，而很少纠正逻辑方面的错误。学生访谈中提到这一现象可能是由于学生的思辨能力局限而造成的。此外，一些学生觉得在指出同伴逻辑错误的时候感到尴尬。针对同伴反馈中存在的这些问题，教师可以提供一个反馈大纲（review outline），在同伴反馈的过程中指导学生进行评阅；教师应多鼓励学生，帮助他们克服反馈过程中的尴尬情绪。除此之外，在分组时应使每组有思辨水平不同的学生，并确保至少有一名思辨能力高的成员，以保证同伴反馈的质量。

四、结论

本研究旨在调查议论文写作课对英语专业学生思辨能力的影响。研究表明，经过一学期议论文写作课的学习，学生思辨能力有显著提高。通过对课堂活动、教学内容和反馈机制的评估，学生思辨能力的提高可以归因于课堂活动中的课堂讨论，教学内容中的识别逻辑错误，反馈机制中的一文多稿和师生面谈，以及教师书面反馈中对逻辑方面的重视。

经过一学期的课程学习后，学生的思辨能力仍存在一些问题，即在认知能力中的分析能力、推断能力和情感特质中的公正方面较薄弱；其中，分析能力的问题是由学生的写作习惯造成的，推断能力的问题归咎于写作课的教学传统，而情感特质中公正的问题则与思维习惯有关。

为完善议论文写作课在提高学生思辨能力方面的作用，本文提出如下建议：通过各种活动和反馈机制培养学生主动思考的习惯；在教学内容中增加更多的逻辑训练；帮助学生打破固有的写作模式，引导他们增长推理过程中的因果链，并鼓励学生在写作中考虑到正反两方的观点；改善同伴反馈机制。

参考文献

1. Delphi Project. Expert Consensus on Critical Thinking, 1990. http://www.insightassessment. com/9dex. html

2. Paul, Richard and Linda Elder. Critical Thinking: Learn the Tools the Best Thinkers use[M]. New Jersey: Pearson Prentice Hall, 2006.

3. 黄源深．思辨缺席[J]．外语与外语教学，1998（7）：1

4. 李炳林等．英语写作任务的设计与思辨能力培养[A]．英语写作教学与思辨能力培养研究．北京：外语教学与研究出版社，2011

5. 李莉文．英语写作中的读者意识与思辨能力培养[A]．英语写作教学与思辨能力培养研究．北京：外语教学与研究出版社，2011

6. 梁茂成．中国大学生英语议论文典型语篇结构初探[A]．英语写作教学与思辨能力培养研究．北京：外语教学与研究出版社，2011

7. 孙有中．突出思辨能力培养，将英语专业教学改革引入深入[A]．英语写作教学与思辨能力培养研究．北京：外语教学与研究出版社，2011

8. 孙有中等．英语专业写作教学与思辨能力培养座谈[J]．外语教学与研究（外国语文双月刊），2011（4）

9. 文秋芳．构建我国外语类大学生思辨能力量具的理论框架[J]．外语界，2009（1）

10. 谢登攀．英语专业建设与思辨能力培养[A]．英语写作教学与思辨能力培养研究．北京：外语教学与研究出版社，2011

构建体育英语专业教材评估体系[①]

李　娟　孙曙光　陈　杰

（北京体育大学外语系）

摘要：本文基于教材评估理论，结合体育英语专业的特色，构建了体育英语专业教材评估体系，包括教材使用者评估量表和专家评估大纲，以及基于语料库的教材评估方法，从教师和学生反馈、专家评估以及语料库技术等多方位建设了较为全面客观的教材评估体系，以期对体育英语专业教材建设和评估提供依据，也为其他特殊用途英语教材评估提供参考。

关键词：教材评估　体育英语专业　特殊用途英语

Abstract: The aim of the study is to establish a comprehensive textbook evaluation system for Sports English major textbooks based on the textbook evaluation theories and characteristics of the Sports English major. The evaluation system includes the evaluation scales for textbook users and experts, as well as the corpus-based textbook evaluation methods, hoping to provide useful reference for Sports English major textbooks design and evaluation, and to shed light upon other English for Specific Purposes (ESP) textbook evaluation.

Key words: textbook evaluation　the Sports English major　English for Specific Purposes (ESP)

一、引言

教材向来在教学中处于举足轻重的地位，而外语教材除了有指导教学的作用之外，还是学生语言学习的重要语料来源。近几十年来，外语教材层出不穷、种类繁

① 基金项目：本文为北京体育大学2013年度教务处教改课题。

多。但是与基础英语教材建设相比，专门用途英语（English for Specific Purposes, ESP）教材建设明显滞后，教材选用有较大的盲目性和主观随意性（高嘉璟，2009），而体育英语专业作为本世纪初的ESP新兴专业，教材选用更是极为有限，对于现有的体育英语教材也缺乏科学的教材评估体系建设。

相对来说一直以来外语教材评估的研究国内外都不多，特别是与蓬勃发展的英语教材出版事业不相吻合（钱瑗，1995；庄智象，2006；黄建滨、于书林，2009）。国外有影响力的教材评估体系研究主要集中于评估量表的设计（Grant，1987；Hutchinson & Waters，1987；Sheldon，1988；McDonough & Shaw，1993；Cunningsworth，1995）。国内教材评估体系建设研究相对滞后，主要有两类：一是对国外教材评估量表的介绍和述评，讨论对中国外语教材评估的启示（钱瑗，1995；张雪梅，2001；庄智象，2006等）；二是一些学者针对中国的英语教学实际提出了自己的评估标准（周雪林，1996；程晓堂，2002等）。周雪林（1996）提出了一套教材评估标准，涉及6个方面，即教材与教学理论的关系、教材与教学大纲的关系、教材与学习者的关系、教材的选材问题、教材的练习设计问题和配套材料。程晓堂（2002）则在Grant（1987）研究的基础上编译制定了一个教材评价量表，包括3个方面，即教材是否符合学生的学习需要、教材是否符合教师的教学需求、教材是否符合课程标准的要求，每个方面下设10个细则。这两套国内学者设计的评估标准都简洁实用，很有借鉴意义。

但是，目前国内外学者提出的各种教材评估标准和体系基本都是面向普通外语教材或ESP教材，在对非英语专业的体育英语教材研究方面，国内学者做过的研究少之又少。体育英语专业教材兼具体育和英语特色，不同于一般外语教材，如何有效地评估该类教材成为新的课题。程巍、张天霞（2009）对常见的9种体育英语教材在内容上进行分析归纳和对比，论述了天津体育学院研究生体育英语泛读教材的优劣势。宁见红、蒋业梅（2008）结合Littlejohn的教材评估理论对高校音体美专业常用的几种英语教材进行对比分析。然而这几个为数不多的研究也只是集中在运用教材评估理论分析几本现有的体育英语教材，并未形成具有体育英语特色的教材评估体系。

本文基于已有的国内外主要几种教材评估标准，结合体育英语专业教材的自身特色，综合教材使用者评估量表、专家评估大纲以及基于语料库的评估方法等多样化的教材评价手段，构建针对体育英语专业教材的评估体系，以期为以后其他体育英语专业教材的建设和评估提供依据和参照。

二、体育英语专业教材评估标准设计

1. 教材使用者评估量表设计

吹钦森和沃特也（Hutchinson and Waters，1987）提出以需求分析作为评价教材的标准。他们认为教材应当最大限度地满足使用者在学习基础、学习目的和学习兴趣等方面的需求。教材评估关注的一个主要问题就是教材是否满足了教师教学和学生学习的需求，因此了解教材的直接使用者（教师和学生）的评估意见非常必要。虽然国内外学者已设计了不少教材使用者评估量表，但是专家认为“评估者在分析具体的教材时不能照搬这些量表，应根据特定的学习环境下的需求和限制对这些准则进行修订改编”（Sheldon，1988）。本研究基于需求理论，主要依据国外几套常用教材评估标准（Grant，1987；Hutchinson & Waters，1987；Cunningsworth，1995 等），以及国内专家程晓堂（2002）提出的教材评价方法，结合体育英语专业的特点，自行设计了一份适用于体育英语专业教材的评估量表。

评估量表共包括 48 个题项，涵盖教材评估的各个方面（教材内容、练习和活动、教材编排、整体效果和外观设计等）。除第 48 题为开放式问题外，均采用李克特（Likert Scale）5 分量表形式。此外，为了解被试的背景情况，作者在量表前设置了 3 项个人基本情况（性别、对英语和对体育的感兴趣程度）调查题，如表 1 所示。

表 1　评估量表简要介绍

题项	主要内容
1～13 题	教材内容评估： 包括题材风格、选文质量、语言真实性、体育文章的比例等
14～25 题	教材中各项练习和活动评估： 包括练习量、难度、效果等
26～37 题	教材整体效果的评估： 包括教材是否有助于提高语言技能、思辨能力和对体育的理解等
38～43 题	教材编排及辅助材料的评估： 包括教材编排思路、辅助视频或音频材料质量等
44～47 题	教材外观设计的评估： 包括封面设计、插图美感、纸张厚度等
48 题	开放性问答题：让学生/教师对如何修订该教材提出建议

值得一提的是，相对于一般的教材评估量表，本量表特别设计了不少针对体育英语教材的题项。例如，第 10 题“教材中体育题材文章的比例合适吗”，第 31 题“本

套教材有助于增进体育的理解和认识”，第 36 题“总体来说，本套教材体育特色明显”等，这些题项的设计旨在评估调查教材中编排的体育内容是否能够满足学生的学习需求，这也是 ESP 教材编写时所关注的一个重要方面。

为了保证评估量表的信效度，量表设计经过多次讨论修改，完成后又征询了外语教材评估专家的意见，并且按照专家的建议修改量表，并对 30 名体育英语专业学生进行了试测。作者用 SPSS 17.0 对试测量表进行了内部一致性检验。结果表明，试测时的教材评价量表总信度（Cronbachα 系数）为 0.87。根据试测反馈对量表做了进一步修改，提高了量表的准确性，然后在 142 名学生中进行最终实测。实测量表的 Cronbachα系数为 0.94；各分量表信度多数在 0.75 以上，这表明该量表是可信度较高的测量工具，如表 2 所示。

表 2　评估量表信度报告（Cronbachα系数）

维度名称	题目编号	Cronbachα系数
教材内容	1～13	0.77
练习和活动	14～25	0.85
整体效果	26～37	0.90
教材编排	38～43	0.81
外观设计	44～47	0.76

用该评估量表可以比较全面地调查出体育英语专业教材的使用者对教材的评估情况。作者曾用该量表对体育英语专业教材《综合英语教程》（该套教材于 2011 年被评为北京市高等教育精品教材）做过评估，具体评估结果详见李娟等人的研究成果（2014）。

需要指出的是，该评估量表是针对体育英语专业教材的一般情况设计的，在评估某体育英语专业教材时，还要考虑该教材的具体情况，可以对评估量表的题项进行适当调整，但调整后一定要再次进行内部一致性检验和试测，保证修改后评估量表的信度和效度。另外，对于评估量表调查中发现的重要问题，最好能对学生或教师进行后续访谈，以便更深入清楚地了解使用者对教材的反馈，也能够对评估量表的数据做进一步补充。

2. 专家评估大纲设计

教材使用者评估调查仅是教材评估体系的一个方面。虽然教材使用者可以对教材的使用效果作出直观实际的评价，但教师和学生往往对教材的指导思想和采用的教学理念与方法不甚了解，因此要作出更为全面科学的教学评估，除了调查直接使用教材的师生外，还要请相关领域的专家对教材做系统评估。而且鉴于ESP教材的跨学科性质，对于体育英语专业教材评估，不仅要咨询英语学科专家，还要听取体育领域专家的意见。

设计专家评估大纲时需要关注三个重点：

（1）评估教材体现的语言教学理念，调查教材是主要以哪一种或哪几种教学理论为指导。具体的问题可以设置成：①语言能力与交际能力的关系处理是否得当？②语言形式与语言功能的关系处理是否得当？③培养准确性与流利性的关系处理是否得当？④语言输出与语言输入的关系处理是否得当？⑤培养听、说、读、写、译各项技能的关系处理是否得当？⑥正式文体与一般文体的关系处理是否得当？⑦口语与书面语的关系处理是否得当？（周雪林，1996）作者认为针对体育英语专业教材，还可加上以下问题：是否体现了ESP教学理念？若有，该教学理念在教材中运用得是否得当？⑧语言技能训练和体育元素渗透的关系处理是否得当？

（2）关注教材与专业定位的关系。专业定位是专业英语教材编写的指导方针，也是教材评估的一项重要依据。学界对各个ESP专业的定位众说纷纭，而体育英语专业的定位也存在争议。对于目前体育英语专业的定位，本文参照的是北京体育大学外语系提出的思路，“在培养复合型人才的同时重点加强学生语言技能，提高学生人文素养和思辨能力，努力培养通用型英语人才”。根据这一定位，人才培养和课程设置遵循的原则可简单概括为“夯实语言基础，加强人文素养，提高思辨能力，突出体育特色”（李晶、田慧，2009）。这一专业定位既要顺应全国英语专业定位的新变化，又要符合国家对培养通用型人才的要求。体育英语专业教材的编写也应贯彻这一理念，将语言、人文、思辨、体育有机结合，融会贯通。具体的教材评估问题可设置为：①教材编写是否与体育英语专业的定位一致？②培养语言技能与人文素养、思辨能力、体育特色的关系处理是否得当？

（3）关注教材与教学大纲的关系。教学大纲是具体教材编写的主要依据。专业英语教材覆盖的内容应与教学大纲的要求相一致，否则无论教材采用多先进的教学理念和方法，选取的教学材料多么丰富生动，练习活动多么多样有趣，都不能认为其是一部好教材。具体问题可设置为：①教材内容编排是否与教学大纲的要求相吻合？②词汇总量及其分布与大纲要求是否相符？③练习活动的设置与大纲要求是否相符？

进行专家评估时可以将大纲作为主要依据，进行半结构式访谈。对于访谈期间专家提出的新问题要及时跟进和补充，尽可能详细地了解专家评估的意见，并且要结合教材的具体情况进行深入评估，以确保评估的科学性和有效性。

三、基于语料库的教材评估方法

以上设计的教材评估量表和大纲是教材评估的重要依据，可操作性和实用性强，可以较为全面地对现有体育英语专业教材进行评估，但是还存在一定的局限性。无论是教材使用者还是专家，他们对教材作出的评估反馈都不可避免会受到个人情感因素和主观经验的影响，因而会带有一定的主观性。谢尔顿（Sheldon，1988）指出很难确定一个评估者是否真的感知到了教材相对的优点和缺点。虽说用了调查问卷等实证调查研究方法，但是对教材的评判打分还是存在很大的主观定性成分。另外，对于类似"词汇复现率是否合适"这种题项，无论是教材使用者还是专家也都只能凭印象回答，无法作出客观判断。因此，借助语料库技术对一些项目进行更为客观量化的教材评估很有必要。其实，钱瑗（1995）很早就提出了电脑技术介入教材评估的必要性，"评估中的一个重要项目就是要考察教材中出现语言现象（如结构、词汇、语体特点等）是否与教学大纲的规定相符，是否有足够的复现率且前后安排也恰当。这样的工作，单靠人工操作很难完成……如何利用电脑完成语言项目对照工作就是当前迫切需要解决的重要课题"。

现在随着电脑软硬件技术的高速发展，利用电脑语料库技术进行教材评估已具有很大的可行性。可以将整套教材建成一个语料库并对之进行分析，然后与教学大纲或其他教学要求进行参照和对比，即可得到很多量化数据，比如词长、句长、生词的复现率、生词的密度比等（赵勇、郑树棠，2006）；还可以利用语料库软件对语篇材料进行可读性（readability）分析，即分析英语文本易于阅读和理解的程度，这样可以更直观地看出文本难度。而对于体育英语专业教材，还可得到体育词汇的密度和复现率、体育语篇的难度等数据，对于分析体育元素的比例和适合度非常有参考价值。此外，将几本体育英语专业教材同时输入语料库，可很快得出各种数据的对比结果，非常直观地看出几本教材在词汇、句子、语篇等各方面的不同，不仅便于教材评估者对几种教材同时进行对比评估，也便于教材使用者选用难度适合学生、体育比例适当的教材。因此，语料库技术得出的教材各种参数大大提高了教材评估的客观性。

当然，基于语料库的教材评估只是教材评估的一个方面，不能够过分依赖电脑数据，而忽视其他评估手段的重要性。教师和学生使用教材后的直接反馈，专家对教材所做的专业评估都是非常重要的评估依据。无论电脑技术如何发达，对于教材的实际使用体验、教材是否反映了先进的教学理念等问题，还是需要实地调查教材的使用者并咨询相关领域专家。在进行教材评估时定性和定量分析两者都是必要的，因为二者互补且使用目的不同。因此，将传统的基于评估量表和大纲的教材评估方法与基于语料库的评估方法相结合，建立既有主观定性又有客观量化的教材评估体系非常必要。

四、结语

本文根据国内外的相关教材研究，针对体育英语专业的特点，采用定性与定量相结合的多样化教材评估手段，建立了比较全面客观的体育英语专业教材评估体系，以期为体育英语专业教材的有效建设和评估提供依据，也为建立其他 ESP 教材的评估体系提供参考。下一步研究将会着重在应用该教材评估体系评估具体的体育英语专业教材，检验评估体系的实用性和有效性，并注意发现实际使用中出现的问题，以进一步完善该教材评估系统。总之，科学客观地对体育英语专业教材进行全面评估势在必行。

参考文献

1. Cunningsworth, A. Choosing Your Coursebook[M]. Oxford: Heinemann, 1995

2. Grant, N. Making the Most of Your Textbooks[M]. New York: Longman Group UK Limited, 1987

3. Hutchinson, T. & Waters, A. English for Specific Purposes: A Learning-centered Approach[M]. Cambridge: Cambridge University Press, 1987

4. McDonough, J. & Shaw, C. Materials and Methods in ELT [M]. Cambridge and Mass: Blackwell, 1993

5. Sheldon, L. Evaluating ELT textbooks and materials [J]. ELT Journal, 1998

6. 程巍，张天霞．对全国部分体育院校研究生“体育英语”教材及其内容的调查与对比分析[J]．科技信息，2009（3）: 199～200

7. 程晓堂．英语教材分析与设计[M]．北京：外语教学与研究出版社，2002

8. 高嘉璟．高校专门用途英语教材建设[J]．外语界，2009（6）: 84～90

9. 黄建滨，于书林．20 世纪 90 年代以来我国大学英语教材研究：回顾与思考[J]．外语界，2009（6）: 77～83

10. 李晶，田慧．体育英语专业的定位与课程设置[J]．北京体育大学学报，2009，32（7）: 76～80

11. 李娟，孙曙光，陈杰．体育英语专业《综合英语教程》教材评估[J]．吉林省教育学院学报，2014，30（1）：44～46

12. 宁见红，蒋业梅．高校音体美专业英语教材评价与思考[J]．桂林师范高等专科学校学报，2008，22（4）：88～91

13. 钱瑗．介绍一份教材评估一览表[J]．外语界，1995（1）: 17～19

14. 张雪梅. 关于两个教材评估标准[J]. 解放军外国语学院学报，2001，24（2）: 61～65

15. 赵勇，郑树堂．几个国外英语教材评估体系的理论分析——兼谈对中国大学英语教材评估的启示[J]．外语教学，2006，27（3）: 39～45

16. 周雪林．浅谈外语教材评估标准[J]．外语界，1996（2）: 60～62

17. 庄智象．构建具有中国特色的外语教材编写和评价体系[J]．外语界，2006（6）: 50～56

作者简介：

李娟，1985生人，女，安徽人，讲师。主要研究方向：应用语言学。

孙曙光，1978生人，女，吉林人，副教授。主要研究方向：应用语言学，社会语言学。

陈杰，1978生人，女，吉林人，讲师。主要研究方向：第二语言习得。

作者联系方式：

通讯地址: 北京市海淀区上地信息路48号北京体育大学外语系英语专业教研室李娟或陈杰

邮编：100084

电话：13811323721　　13718631631

ESP理论视角下的艺体类大学英语教学模式优化初探

曹克洁

（北京体育大学外语系）

摘要：在多种因素的影响下，现有大学英语教学模式还不能完全满足艺体类学生的需要。ESP（专门用途英语）教学成为当今大学英语教学改革的一个热门话题。本文尝试在借鉴国外大学英语教学模式的同时，从ESP的研究角度探讨艺体类大学英语教学的现状及出现的问题，以期促进其教学模式及教学方法的进一步优化。

关键词：艺体类学生的需要　ESP　教学改革

Abstract: Under the influence of various factors, the present college English teaching system cannot fully meet the needs of arts and P.E. majors. ESP (English for Specific Purposes) teaching has become a hot topic in today's English teaching reform. This paper tries to study the current status and the problems of college English teaching for the arts and P.E. majors from the viewpoint of ESP also in comparison with the college English teaching of the universities of other countries in the hope of improving the current college teaching for arts and P.E. majors.

Key words: needs of arts and P.E. majors　ESP　teaching reform

一、引言

艺体类大学英语课程是针对艺术类（包括音乐、美术等相关专业）以及体育类本科生开设的公共必修课。艺体类学生在本专科院校中的招生数量和规模也很可观，所以艺体类学生的大学英语教学是绝对不容忽视的。然而，我们不得不承认的是，因为艺体类学生在较为独特的学习及成长经历等多重原因的影响下，现有大学英语教学模式还不能完全满足艺体类学生学习和就业的需要，也导致了学生的学习动机不足以及教师工作成就感缺失的后果。本文尝试在借鉴国外大学英语教学模式的同时，从 ESP（专门用途英语）教学的研究角度来探讨艺体类大学英语教学的现状以及出现的问题，希望可以有助于进一步优化艺体类大学英语的教学模式及教学方法，为找到解决问题的策略以及艺体类大学英语教学改革拓宽思路，抛砖引玉。

二、艺体类大学英语教学的现状及问题

1. 艺体类学生的特点

艺体类学生在大学之前的学习和成长经历主要是和自身所从事的专项相关，文化理论课较少且地位较低，在上大学之前有相当部分的艺体类学生甚至不具备最基本的英语知识，英语方面基础差、底子薄，同时也没有养成良好的学习习惯，更没有适合自己的学习方法；此外，艺体类学生性格活泼好动，爆发力强，但是集中注意力时间较短。因此，艺体类学生普遍对文化知识的学习尤其是对英语的学习有很大的畏难情绪，面对英语学习有严重的自卑心理，甚至很多学生还经常会以自己“基础差、底子薄”为理由停滞不前，不愿在英语学习上付出更多的努力和坚持。与此同时，我们也要看到，艺体类学生头脑灵活、集体和个人荣誉感较强、在竞争和比赛的环境中容易提高兴奋度等特点，很多艺术专业学生想象力和创造力都很丰富，擅长形象思维，这些都是艺体类学生在英语学习上应该被教师发现、挖掘的优势，如果加以合理利用和引导，这些优势都可以成为促进学生学习的潜在动能。

2. 艺体类学生学习英语的环境

在艺体类大专院校中，学生的课业重心仍旧是各自的专项，他们的课程设置和时间安排也以专项训练为主，很多时候学生都是在结束了训练之后拖着疲惫的身心来上英语课，学生的精力和体力在学习英语的时候几乎降为零点，这给本来就难度就颇大的英语课又雪上加霜，给授课造成了极大的困难。同时，因为大多数同学的英语水平都不高，所以个别基础较好的学生会受到排挤和孤立甚至遭到讽刺和挖苦，在这样学习负能量较强的大环境中，学生学习英语的积极性备受打击。

3. 艺体类学生学习英语的动机和目的

几年间经过对艺体类学生的授课、向学生发放问卷调查以及课下与学生单独面谈等多渠道沟通，笔者了解到除个别学生以外，80%以上的艺体类学生对于大学英语课堂教学缺乏学习动机，很少感到学习大学英语带来的乐趣和成就感，毫无学习

兴趣。相当一部分学生学习大学英语的主要目的就是达到考勤标准、通过期末考试并拿到相应学分。造成学生这种心态和表现的问题如果不能从根本上得到解决，会逐渐给授课教师带来不同程度的挫败感和职业倦怠感，很多教师在感到问题严重性的同时似乎也束手无策，只能按部就班地完成既定的教学进度和任务，这样久而久之就形成了一个恶性循环的怪圈。

三、对艺体类大学英语教学现状、问题的思考及 ESP 理论

1. 英语对于艺体类学生的意义

艺体类大学英语教学的现状和出现的问题首先让我们考虑到的就是英语对于艺体类学生的意义。英语是否应该是艺体类学生应该完成的必修课程？他们又需要什么样的大学英语课程呢？

北京体育大学不仅在体育相关领域占据着业内领头羊的地位，也在国际体育相关领域的舞台上扮演着重要的角色。与此同时，随着国际艺术体育文化交流的不断发展和日益深入，以及我国艺术体育人才在国际舞台上的深度参与，学生不仅要在个人专业上精益求精、技高一筹，还要能用英语进行日常生活交流，甚至能够掌握相关专业专项的英语来获取信息和资料，流利地用英语与国际同行交流思想、表达意见，在专业领域中发出我们中国人自己的声音。因此，培养复合实用型的艺体类人才不仅仅是学校对学生的培养目标，更是社会和国家对他们的要求。可见艺体类大学英语不仅不应该像学生自身认为的那样可有可无，反而是必不可少而且是尤为重要的。那么针对先前提到的艺体类大学英语教学的现状，出现问题的根源是什么呢？我们又该如何解决呢？2007 年教育部颁布的《大学英语课程教学要求》指出："大学英语教学应贯彻分类指导、因材施教的原则，以适应个性化教学的实际需要。"所谓"分类指导、因材施教"，首先要求我们了解学习者的特点及需求，而这与将学习者的需求放在首要位置的 ESP 教学不谋而合。

2. ESP 教学理念和发展简述

ESP（English for Specific Purposes）是专门用途英语的简称。专门用途英语兴起于 20 世纪 60 年代后期，指的是与某种特定职业、学科或目的相关的英语；也可指根据学习者的特定目的和特定需要而开设的英语课程。ESP 把英语知识和技能与某些专门用途相结合，如商务英语、金融英语、法律英语、旅游英语、计算机英语以及艺术体育相关门类英语，针对性很强且实用价值高，满足了在全球一体化大背景下，中国在国际上各个领域中与其他国家和组织频繁与深入交流的需要。在 ESP

领域做过重要研究的史蒂文斯（Stevens）认为，ESP 教学有四个基本特点：①课程设置必须满足学生的特殊需要；②课程内容必须与某些特定的学科、职业和活动有关；③侧重点应该尽力使句法、词汇、篇章结构等方面都适用于某些特定场合的语言运用；④必须与“一般英语”（General English）的教学形成鲜明的对照。罗宾逊（Robinson）认为 ESP 教学的两个判断标准是：①必须是以“特定目标为导向的”（goal-directed）英语教学；②必须是建立在需求分析基础之上的。ESP 教学将学习者的需求放在了首要位置，将教学模式和教学内容与学习者的目的和需求紧密联系起来，能解决一般英语教学不能针对特定学习目的和需要这一问题。从 20 世纪 70 年代末，我国英语教育界开始对 ESP 给予关注，2001 年 ESP 教学被我国教育部列为高等院校外语改革的方向，经过多年探索，在外语界和教育届的共同努力下，我们在 ESP 课程设置、教学法、教材编撰和工具书研发等方面取得了一定的进展。这些理论和模式都可为艺体类大学英语 ESP 教学提供指导和借鉴。

3. ESP 理论指导下的学生需求分析

虽然我校艺体类大学英语教学目前使用的《大学体育英语》以及《运动员英语》等系列教材作为“普通高等教育‘十一五’国家级规划教材”，从选材和教学方式上都非常重视艺体类学生的普遍特点、学习能力及体育特色这些因素，并已经在国内艺体类大学英语教学中走在了前列，但是艺体类学生仍然缺乏学习动机，他们仍然认为大学英语课与他们各自的专业专项以及未来职业生涯发展没有太多关系，大学英语教学没有很强的专业专项针对性；此外，同一班级中的学生水平参差不齐，有在进入大学之前连音标语音等最为基础的英语知识还不具备的学生，也有一直坚持学习英语并已经具备较高英语水平的学生，而目前我们还只是按照年级晋级、按照自然班分班，并对水平相去甚远的学生安排同样的教学内容，在这样的分级教学方式下，大多数学生的需求不能得到完全的满足。总之，目前我们在分级教学的操作以及教学内容对学生各自专项专业的针对性上还是没有完全满足学生的需求。

四、国外大学英语教学模式借鉴

带着问题和疑惑，我们来看看其他国家的高校是如何进行大学英语教学的。巴黎国立高等美术学院（Ecole nationale supérieure des Beaux-arts de Paris）是由法国文化部管辖并属于高等专业学院性质的国立高等艺术学院，是世界最为杰出的四大美术学院之一。学院作为暨意大利佛罗伦萨美术学院、博洛尼亚美术学院之后的世界第三所美术学院。作为全世界顶尖殿堂级的美术学院之一，不仅在全世界的高等美术院校中影响广大，在中国美术界影响也最为深远，中国的老一辈油画家徐悲鸿、林风眠、颜文梁、潘玉良、刘海粟、刘开渠、吴冠中、李风白等名家就毕业于这所学校。为了有效、灵活地提高学生的技能，除了提供工作室以及导师的专业辅导之外，学校定期组织与世界各国的艺术家会晤交流及旅行创作，每个学生都可以根据自己的创作方向选择不同的国家进行采风学习和创作。

从上文对巴黎国立高等美术学院的简介中我们可以看到，该校和我校无论从专业在国内的领头羊地位还是办学的方向以及对学生的培养目标上都非常相近，且在专业领域内的国内和国际交流也相当频繁和深入，巴黎国立高等美术学院的学生和北京体育大学艺术和体育类专业学生都是在不同于普通专业的某种专业专项中进行学习和研究，并要在相关专业领域甚至有可能在国际环境的相关领域中进行工作的，所以两所高校在大学英语教学方面也应该有着近似的要求和标准，因此，对于巴黎国立高等美术学院大学英语教学模式的参考，对我们来说是相当有借鉴意义的。笔者找到了巴黎国立高等美术学院官方网站 2012～2013 学年学生手册，以下为该校大学英语的教学计划和安排。

英语初级 I:

● 教师：Damian Corcoran, Christel Parisse

● 目标：学会在旅行、画室工作、日常生活等场景中用英语进行沟通；熟悉英语口头表达方式；适应在英语为工作语言的团队中工作；学会用英语编辑短文，如信件、电子邮件、手机短信、诗歌以及简单的叙事；通过英文歌曲、电影以及对话方式等方式学习英语；习得语法基础知识。

● 内容与方法：

开展有趣和多样的教学活动；阅读文学以及艺术领域中的简短文章，如诗歌、歌曲以及英语国家媒体报道，收听收看音视频资料（CD、DVD 以及录像）；做语法方面的练习和游戏。

日常英语：字母和数字，自我介绍，谈论自己的兴趣与喜好，购买火车票，参观公寓房间，等等。

词汇：颜色，材料，形状，描述性形容词，日常物品。

语法：一般现在时，can 的用法，句法（句子中单词的顺序），一般现在时的疑问形式；学生以小组、两人或单人形式进行听、说、读、写四项学习活动；在集体活动的互动中学生可以对自己的水平进行评估。

- 评价：考勤（最多只能接受三次缺勤），平时考核以及平时表现，期末一对一面试，期末笔试。
- 课前需达到的级别：课前水平测试

英语初级 II：

- 教师：Damian Corcoran, Christel Parisse
- 目标：继续学会用英语在第一学期要求相同的场景下使用英语进行交流；在英语实践过程中增加学生的成就感和自信心；以小组方式进行学习；学会编辑简短的文本；提高英语的理解水平，如英文歌曲、电影和对话；巩固语法基础，尤其是英语中的时态；开始能够使用英语语言工具进行创作和沟通。
- 内容与方法：

围绕一个主题进行讨论；收听长度更长的音视频资料，提高综合听力能力（CD、DVD 和录像）；语法练习及游戏；有关学生自身以及艺术工作方面的简短介绍。

日常英语：提供问题的解决办法，询问及给出指令，打电话；用于描述艺术作品的艺术类相关词汇（风格和技术等方面），场地位置，实用动词。

语法：现在进行时以及一般过去时，形容词比较级，位移和位置介词。

- 评价：考勤（最多只能接受三次缺勤），平时考核以及平时表现，期末一对一面试，期末笔试。
- 课前需达到的级别：英语初级 I

英语中级 I：

- 教师：June Allen, Christel Parisse, David Reckford, Mark Robertson
- 目标：用英语对美术领域话题进行沟通：说，自如地就美术有关话题进行沟通；写，书写简单清晰的文章，变换表达方式；阅读专业性文章，可以识别一篇或短或长的文章中的关键元素；轻松地理解相关辅助材料，报告、录音录像、DVD 等。
- 内容与方法：

语法：对时态进行复习；冠词；like/as/...，根据学生需要安排相关内容。

词汇：普通词汇和美术类词汇更加丰富和多样化，惯用表达法。

辅助性材料：DVD（博物馆、美术题材）；英国媒体有关全球展览的报道文章。

- 评价：考勤（最多只能接受三次缺勤），平时考核以及平时表现，期末考试。
- 课前需达到的级别：英语初级 II

英语中级 II：

- 教师：June Allen, Christel Parisse, David Reckford, Mark Robertson
- 目标：对英语中级 I 所学知识进行巩固和发展，更好地掌握语言技能；用英语对美术领域话题进行沟通：说，自如地就美术有关话题进行沟通；写，书写简单清晰的文章，变换表达方式；阅读专业性文章，可以识别一篇文章中的关键元素；轻松地理解相关辅助材料，报告、录音录像、DVD 等。
- 内容与方法：

语法：演讲模拟；将来时和条件式；英语法语中相近表达方式的辨析。

词汇：普通词汇和美术类词汇更加丰富和多样化；惯用表达法。

辅助性材料：DVD（博物馆、美术题材）；英国媒体有关全球展览的报道文章。

- 评价：考勤（最多只能接受三次缺勤），平时考核以及平时表现，期末考试。
- 课前需达到的级别：英语中级 I

英语高级 I：

- 教师：Damian Corcoran, Jeff Rian, Mark Robertson
- 目标：能够非常自如地使用英语就美术类相关话题进行沟通；能够使用较为丰富的词汇流利清晰地进行口头表达和演示；能够使用逻辑用语书写观点清晰的议论文；能够独立阅读相对复杂和专业的文章；可以理解较长的口笔头材料（会议、专业报告）并理解文化隐喻等。
- 内容与方法：

语法：动词搭配（look after, look at, look for...）、情态动词（will, can, should, could）、介词。

词汇：普通词汇和美术类词汇更加丰富和多样化（搭配）。

辅助性材料：DVD（美术类题材），美术史相关论文，专业方面的媒体报道；互动的教学方式；学生的参与是必不可少的；学生将完成口头报告。

- 评价：考勤（最多只能接受三次缺勤），平时考核以及平时表现，期末考试。
- 课前需达到的级别：英语中级 II

英语高级 II：

- 教师：Damian Corcoran, Jeff Rian, Mark Robertson
- 目标：对英语高级 I 所学知识进行巩固和发展，更好地掌握语言技能；能够非常自如地使用英语就美术类相关话题进行沟通；能够使用较为丰富的词汇流利清晰地进行口头表达和演示；能够使用逻辑用语书写观点清晰的议论文；能够独立阅读相对复杂和专业的文章；可以理解较长的口笔头材料（会议、专业报告）并理解文化隐喻等。
- 内容与方法：通过不同的音视频及文字资料扩大已经学过的词汇及其他语言工具；对于材料的审核如视频摘要、电影及纪录片以及美术文章或美术评论的阅读都将对听、说、读、写四种能力进行操练；在所有讨论的主题当中还应该对美国美术博物馆的组织机构给予特别关注。
- 评价：考勤（最多只能接受三次缺勤），平时考核以及平时表现，期末考试。
- 课前需达到的级别：英语高级 I

从巴黎国立高等美术学院大学英语教学模式中我们可以看出，各个阶段教学针对的学习者水平分级鲜明，各个级别应该达到的教学目标非常清晰明确，且教学内容也有很强的专业针对性，要求逐级递增，从初级 I 满足日常生活需要到初级 II 开始涉及简单的美术专业英语，一直到高级 II 中要求学生可以使用美术专业英语和学术英语进行较高水平的个人观点阐述和书面报告，总结起来就是水平分级鲜明，从基础英语、美术通用英语、美术专业和学术英语逐级递增，使学生不仅能够在国际环境中生活和工作，可以用英语这个语言工具看懂听懂国际同行的意见和观点，还可以用较为专业的美术专业英语阐述和表达自己的意见。这种把英语知识和技能与某些专门用途紧密结合的教学模式恰恰是对 ESP 教学理论的贯彻与实践。

五、我校 ESP 大学英语教学模式优化初探

教育部《大学英语课程要求》指出，大学英语的教学目标是培养学生的英语综合应用能力，特别是听说能力，使他们在今后学习、工作和社会交往中能用英语有效地进行交际，同时增强其自主学习能力，提高综合文化素养，以适应我国社会发展和国际交流的需要。同时，根据 ESP 教学理论以及对国外大学英语教学模式的借鉴和参考，在教学模式以及教学内容的安排上，我们需根据我校艺体类大学生的英语实际水平和教育部所提出的大学英语教学整体目标要求，分层次设定学习者每个

阶段应达到的具体学习目标，使学习者的英语水平能够完成从基础英语、艺体类通用英语到艺体类专业英语和学术英语的逐级递增。

我校艺体类学生的大学英语分级教学在原有基础上还需要进一步深化，可以按照入学水平或课前测试采取分层次教学，并在教学内容和教学目标上对艺体类专业专项有较强的针对性，即在相应的阶段逐级渗透专业专项的通用英语、专业英语和学术英语。表 1 是笔者对分级教学及各级教学目标的一个大致想法。

表 1　分级教学及各级教学目标

学期	等级	教学目标
1	英语初级I	基础英语：包括语音语调的规范、基础语法、日常英语；熟悉英语口头表达方式；适应在英语为工作语言的团队中工作
2	英语初级II	艺体类通用英语：巩固语法基础，尤其是英语中的时态；以小组方式进行学习，学会编辑简短的文本，提高英语的理解水平，如英文歌曲、电影和对话等；开始学习用于描述各自专业专项的相关词汇，能够使用英语进行专业方面初步的沟通
3	英语中级I	艺体类各专项专业英语：用英语就艺体领域话题进行口头表达和书写简单清晰的文章，可以阅读专业性英语文章，较为轻松地理解相关辅助材料（报告、录音录像、DVD 等）
4	英语中级II	艺体类各专项专业英语：对英语中级 I 的内容和要求进行巩固，掌握更多丰富多样的普通词汇和美术类词汇及惯用表达法；能够看懂听懂一般层次的艺体类相关题材的学术介绍及英国媒体中有关艺体类专业的报道
5～8	英语高级	艺体类各专项学术英语：以选修为主，能听懂艺体类学术讲座、查阅文献、进行报告和展示、进行学术写作和学术讨论等；通晓艺体类专业国际规则，掌握在学术交往中的跨文化交流、合作和沟通的技能

此外，在教学方法和教学手段上也需要根据艺体类学生自身的特点，在传承传统教学方法的基础上，充分运用音频、视频、动画等多媒体网络技术形成多元化教学方式，积极探索新的教学模式，将兴趣教学法、激励教学法、情景教学法、任务教学法、交际法等教学思想渗透于教学的每一个环节，让学生真正参与到课堂中来。在学校实际情况允许的情况下，开设小班教学，组织学生训练听与说的能力并给予个性化的指导，也可以适时邀请外籍教师和国外留学生到课堂上与学生进行互动和沟通，形成师生互动和生生互动的主要教学方式，以及任务型—互动式的艺体类大学英语课堂教学，真正创建起符合艺体类大学生实际需要的“以学生为主体、以教

师为主导”的新型课堂教学模式。教师设计组织丰富的课堂教学活动，如课堂讨论、角色表演、辩论演讲等活动，通过多样化的活动任务引导学习者进行大量的课外阅读及专业专项相关方面的英语资料查阅和检索，并鼓励其用英语进行口头与书面上的演示和报告，准确地表达自己的观点和意见，并可以与同行进行交流和争辩；通过形成性评价机制奖励学生平时的努力，培养其学习英语的成就感和积极参与的意识。在寓教于乐的过程中激发学生的英语学习兴趣，从而积极主动地学习英语，不仅可以用英语进行日常工作和生活的沟通，并最终达到能够使用英语在国际大环境下进行专业和专项方面沟通的目的。

六、结束语

ESP 教学是我国大学英语教学的发展方向，也是艺体类大学英语教学改革的一个趋势。ESP 教学法灵活多样，基于不同的教学需求分析，满足学习者的特别需求。同时我们不得不承认，目前，艺体类 ESP 大学英语教学在教学目标的确定、教学内容的安排、教材的编写、更为科学的分级教学操作流程、教学成果评估手段、ESP 大学英语教师的专业培训以及 ESP 教学资源共享等方面还存在着许多需要探索、研究和论证的课题，这需要我们坚持不懈的努力，逐步摸索出一套适应艺体类学生需求的 ESP 教学模式，真正培养出能够在国际大背景下扮演重要角色的英语和专业并重的实用复合型人才。

参考文献

1. Dudley-Evans & St John. Developments in ESP [M].Cambridge: Cambridge University Press, 1998.

2. Hutchinson & Waters. English for Specific Purpose [M]. Cambridge: Cambridge University Press, 1987.

3. Strevens, P. ESP After Twenty Years: A Reappraisal [A]. In M. Tickoo (ed.).ESP: State of the Art [C].Singapore: SEAMEO Regional Language Centre, 1988.

4. Robinson，P.. ESP Today: A Practitioner’s Guide [M].Hemel Hempstead，UK: Prentice Hall，1991

5. 教育部高等教育司. 大学英语课程教学要求（试行）[M]. 北京：高等教育出版社，2004

6. 吕建国．艺术类专业大学英语教学的现状和对策[J]．中华女子学院山东分院学报，2009（5）

7. 刘传江，焦培慧．ESP 教学理念对医学院校大学英语教学改革的启示[J]．赣南医学院学报，2013（10）

8. 马烁．基于 ESP 需求分析理论的高职英语教学对策研究[J]．邢台职业技术学院学报，2013（8）

9. 赵琳．ESP 理论视角下的音乐英语教学[J]．吉林省教育学院学报，2012（1）

10. 洪卫．ESP 教学法的理论与实践[M]．西安：西安交通大学出版社，2008

11. Peter Strevens，李慧琴，盛建元．ESP 教学二十年[J]．国外外语教学，1986（2）

12. http://liuxue.beiwaibest.com/lxzx/France/mingxiao/webinfo/1359081496776908.htm

13. http://www.beauxartsparis.com/images/telechargements/pdf/Livret12-13web.pdf

作者联系方式：

曹克洁，kejie_cao@foxmail.com

基于 ESP 理论的体育院校大学英语教师专业自主发展策略研究

王卓君

（北京体育大学）

摘要：在新一轮大学英语教学改革的浪潮中，ESP 教学正逐渐成为改革的主流。体育院校大学英语教师在由 EGP 教师向 ESP 教师转化的过程中，可从教师个体自主发展和群体自主发展两个层面突破教师专业化发展的瓶颈，实现教师专业化的可持续发展。

关键词：专门用途英语　体育院校　大学英语教师　自主发展

Abstract: In the tide of a new round of college English teaching reform, ESP teaching is becoming the mainstream. College English teachers in sports colleges and universities are experiencing the transformation from EGP teachers to ESP teachers. During this process, the bottleneck of teachers' professional development can be broken through and the sustainable development of teachers' specialization can be realized through teachers' individual autonomous development and group autonomous development.

Key words: English for Specific Purposes (ESP)　sports colleges and universities　college English teachers　autonomous development

一、引言

教育部高等教育司 2004 年颁发的《大学英语课程要求》明确提出大学英语教学的目标是发展学生英语交际的综合能力，强调用英语交流生活和工作信息的能力。

21 世纪英语教学最根本的变化就是“将来的英语教学越来越多地和某个方面的专业知识或某个学科结合起来”，专门用途英语（English for Specific Purposes，以下简称 ESP）教学将成为 21 世纪英语教学的主流（刘润清，1996）。当前，ESP 教学既是我国大学英语教学改革和发展的热点，也是培养应用型和复合型人才，即外语人才专业化和专业人才外语化的需要。为落实《大学英语教学大纲（修订版）》提出的“大学英语四年不断线”的要求，将大学英语教学的主要目标转移至 ESP 教学（蔡基刚，2004），很多高校建设性地开展了专业英语（Subject Related English）或者说广义的 ESP 后续课程，但其效果并不是很理想，ESP 教师专业水平无法满足 ESP 课程教学需求是主要原因之一。

目前，国内 ESP 课程主要由 EGP（English for General Purposes）教师承担。虽然他们具有扎实的英语功底，教学经验丰富，但绝大多数 ESP 教师不具备相关专业课的基本知识和实践经验，不熟悉 ESP 的教学方法，在实践中很难胜任 ESP 教学工作。以体育院校 ESP 教师为例，能用英语从事体育专业课程教学的教师非常稀缺，体育英语专业教师的知识结构出现一边倒的情况，超过 98%的教师只有英语专业背景，仅 2%的教师拥有体育背景（陈珊，2012）。因此，培养懂得体育专业知识又在体育英语应用中具备一定实践经验的 ESP 教师迫在眉睫。

二、体育院校大学英语教师专业自主发展的内涵

目前 ESP 理论框架下教师专业发展的模式有三种，即培训模式（training model），合作模式（team-teaching model）和自我发展模式（self-development model）（梁言，2005）。培训模式需协调各相关部门，教师个人不可控因素较多；合作模式尽管已有学者对其可行性和具体操作方法做了相应研究（Duley Evan，1998），但因涉及不同学科、专业甚至不同院校之间的协调配合，需要投入大量人力、物力并要经历长时间的探索期，势必会对 ESP 教学实践产生牵制作用；相比之下，ESP 教师专业自主发展更具可操作性。自主发展从教师自身的内在需求出发，是实现教师自身价值和自身成长的需要，它有赖于自我的觉醒。在工作中，教师如果不能感受到创造的快乐，而是被淹没在重复、机械的教学活动中，迟早会产生职业倦怠。教师的专业自主发展是一个动态的发展过程，一切以更新教师专业结构和提升内在素养为目的的教育方式都应包括其中（吴熙、蒋翃遐，2013）。具体说来包括三个方面的发展：一是教师的学科专业成长；二是不断完善自我认知；三是对教学对象的认知与理解。与普通教师相比，成为一名高效的 ESP 教师，需要更多的经验、额外的训练、超常

的努力和新的奉献（Strevens，1988），在这一过程中 Edge（1999）认为，“People can train me and educate me, but no one can develop me: I develop”。

三、体育院校大学英语教师专业自主发展的瓶颈

在新一轮大学英语教改由 EGP 向 ESP 转型的大背景下，体育院校大学英语教师为摆脱“无所专长，泛而不精”的窘境，面临很多实际问题。

1. 体育院校自身性质的特殊性

体育院校跟其他院校一样，以某一专业教育为主，但又有所不同。它不仅要对学生进行文化知识方面的教育，还要对学生进行体育技能等方面的训练，担负着为国家培养体育师资、教练员、运动员和体育科研、体育新闻、体育管理及社会需要的各类高级专门人才的重要任务。课程设置紧紧围绕复合型体育人才这一中心，突出实践特色。对于大学英语课程而言，体育英语课程的开展最主要的特殊性在于其生源特殊，主要有三类，分别是全国统招、单独提前招生及艺术类招生。这些体育生大部分因常年进行专业训练而疏于英语学习，英语基础差、底子薄，学习兴趣不浓，自主学习能力不强，学习策略比较单一，学习途径不够多样化，学习英语的主动性和持久性较差，学习效果不理想。这就要求教师们在进行专业自主发展时不能忽略教学对象的特殊性，应对其进行充分认知和理解，了解其学习需求，在需求分析的基础上，通过课程设计、教材编写和教师培训等手段，最终满足学生需求，提高教学效能，实现教学目标。

2. 体育院校大学英语教师知识结构发展不平衡

叶澜（2001）认为教师的知识结构必须包括三个层面：第一个层面是科学人文基础知识；第二个层面是学科知识；第三个层面是教育学知识。转型期的体育院校大学英语教师要逐步从 EGP 教师过渡到 ESP 教师，首先要明确自身知识结构发展不平衡的现实。目前，从事大学体育英语教学的教师绝大部分毕业于综合性大学或师范类院校，他们拥有相对完整的英语学科及人文知识和技能，熟悉教育学或教育心理学的理论，但却缺少体育理论、体育人文、体育社会学等方面的知识，缺乏对体育活动与体育事业的参与和热爱，课上课下不能就学生感兴趣的相关专业问题用英语展开交流与对话，不了解体育院校学生的特点，容易出现就理论讲理论，吸引不了学生的注意，造成学生对课堂教学不感兴趣。ESP 教师面对的是学有专长的各专业学生，其知识结构发展欠缺必将影响教学效果。作为 ESP 教师最基本的要求就是具有良好的英语语言能力、较强的教学能力和必要的相关专业知识（高战荣，

2012)。为此，我们要建立多层次知识结构，使学科知识学习走向综合与多样，构建开放性知识结构，不断更新知识，动态储备知识，从而使教学充满生机。

3. 体育院校大学英语教师教、学、研能力未得到充分发展

在一项针对全国 14 所独立体育院校教师知识获取能力与途径的调查中，我们发现“无时间和精力”成为影响体育院校教师获取专业知识的首要因素（苏永庆、司虎克，2008)。周燕（2005）和夏纪梅（2002）的调研结果也说明大多数大学英语教师认为影响自己教学能力提高的主要因素包括没有进修机会、教学负担过重。此外，转型期的大学英语教师急需学习相关专业知识，增长专业实践经验。然而，体育院校的学科特点及资金条件决定了电子资源的购置情况，教师们不能像综合性大学教师那样便捷地获取中外文电子数据库资源服务，牵制了具有自主发展意识的教师进行专业发展。根据中国外语教育研究中心进行的“高校英语教师发展需求调查与研究”(周燕，2005）和《中国高校外语教学改革现状与发展策略研究》(刘润清、戴曼纯，2003）的调查，教师的教学科研能力是提高学生英语综合应用能力的关键因素，关系到我国大学英语教改的成败。然而，缺乏对 ESP 理论的学习、教学方法陈旧、缺乏必要的相关专业知识严重制约了大学英语教师科研能力的发展。目前教师们获得培训的机会大多是个别外语专业院校组织的专题讲座和会议，或是出版社组织的寒暑假培训，具有体院特色的教师发展中心尚未建立，各体育领域相关专业学会也鲜有针对大学英语教师举办的学科基本理论知识的讲座。简言之，体育院校大学英语教师的专业发展缺乏必要的支持导致教师们学习能力发展不足、教学能力到不得有效的提高、专业理论和教学理论研究不深、科研能力不强。

四、体育院校大学英语教师专业自主发展的对策

理想的 ESP 教师专业发展目标是既要为教师提供发展的外部环境，又能满足教师的自我发展需求；既要改进和完善 ESP 教师的知识结构，又要使其在行业实践中得到巩固和发展。此外，我们还需要积极促使教师由个体专业化向群体专业化转化，以形成有效的学习共同体，使大学英语教师发展更具生机和活力。

1. 体育院校大学英语教师个体专业化自主发展路径

(1）理论自修

理论是教师发展的学术营养，是教师专业成长的必由之路。ESP 教学是一门将专业学科知识融入语言教学的复杂教学活动过程，需要教师掌握多元化的知识结构，包括英语语言文化知识、相关专业知识、教育学和教育心理学知识、策略知识，以及以多媒体应用为代表的新技术知识。教师要具备对各类知识的敏感性和吸纳性，

以积极、主动、开放的心态有效地吸收知识，不断调整自己已有的知识结构。此外，我们还应该意识到理论学习应成为贯穿教师专业发展始终的活动。没有学习，反思就没有方向，研究就会失去基础，教学也会失去生命力。对体育院校大学英语教师而言，最急需补充的就是各体育专项学科的基础知识，教师可通过积极参加教师培训、阅读专业期刊、与专业人员（教师或学生）合作交流、聆听同事讨论或主动认真地学习某一门专业课，尽可能多地吸收专业知识及该学科的亚文化。

（2）实践与反思

反思是教师专业成长的内源性动力。对教学经验的反思，即反思性教学（reflective teaching），又称反思性实践（reflective practice），指教师凭其具有较丰富的实际教学经验的优势，在实践中发现问题，通过深入的思考观察，寻求解决问题的方法和策略，以期达到自我改进、自我完善的目的（甘正东，2000）。反思帮助教师把经验和理论联结起来，从而更加有效地运用自己的专业技能。教师要学会对自己的教学行为、教学过程、教学效果和教学策略以及学生的学习状态和效果进行经常的反思。反思可通过撰写反思日志、听课、录像以及采取行动研究的方法进行。其中，行动研究是近年发展起来的一种新的研究方法，即教师自身采取措施改进教学行为，贯穿的是自我质疑、自我解惑的行动过程，它不同于一般的教学经验总结，不是某种临时或孤立的任务，而是与教师自身长远发展紧密相联的自我教学研究。总而言之，教学反思使教师在教学实践中成为了研究者，使教学真正做到了有备而教、教而有思、思而有得、得而有新。对刚进入ESP教学领域的EGP教师来说，经常进行教学反思及行动研究能及时发现教学中存在的问题，积极地寻找解决问题的方法，并进而总结成经验；同时，教学反思还纠正了“教师搞研究会挤占教学时间的”误解，使教学与科研真正地结合起来，解决了体院英语教师科研产出能力不足的问题。

（3）同伴互助

独木难成林，教师的专业发展更需要团队的力量来形成正能量的共振磁场。在科研和教学活动中需要教师的共同参与，为此我们要发展跨专业、跨学科的合作和协作，这样不仅能为彼此提供相互学习共同提高的机会，而且也有利于培养整个教师群体的合作意识、团队精神。这种同伴互助关系对新教师的成长及老教师的创新都是大有裨益的。年轻教师思维活跃，易于接受新思想、新事物，但缺乏把已有知识转化为实际的教学能力；老教师积累了足够的经验后，容易出现经验主义和思维定式。只有两者结成“同伴互助”，才能互取所长，产生双赢的结果，这对于新教师的成长尤为重要。一句话，促进合作和共同参与对有效的教师专业发展来说必不可少。

2. 体育院校大学英语教师群体专业化自主发展路径

经过一段时间的学习积累、培训进修和教学反思后，教师将会步入专业成熟阶段。衡量教师专业成熟程度包括两个维度：一是个人维度，二是群体维度（丁林梅等，2011）。若教师专业发展拘泥于个体的不平衡发展，长远来看势必牵制个体向纵深方向发展。因为个人的专业成熟并不能代表教师群体的专业化发展；反之，没有教师群体的专业化发展，教师个体的发展也是有限的。为此，我们必须搭建校本平台，引领教师实现群体专业化自主发展。

目前，国外很多大学都设立了教师发展机构，国内大学普遍重视新进教师的教育与培训而忽略了在职教师的专业化发展，因此，促进高校教师专门化发展已成为一项紧迫的任务。针对体育英语这样的 ESP 新开课程，各体育院校更应为教师的专业发展提供各种支持，以保证教学效果的实现，教师教、学、研能力的提升。为此，基于校本平台，学校应开展一系列的体育知识讲座，包括体育发展历程、体育理论、体育文化、奥林匹克等相关体育知识，使教师们在今后的教学中将自身专业知识与体育知识有机结合，促进师生的交流与授受；此外，可创设教师发展论坛，让教师在论坛上畅所欲言，群策群力，对共同关心的教学问题进行探讨；同时，提供个性化的专家咨询指导，开展跨学科的课题研究。通过课题项目促进 ESP 教师的专业发展，使他们在实践中获得真知。学校还应为教师的发展建立档案进行定量和定性结合的评价分析，促进教师专业终身发展。值得一提的是，除了校本平台，2009 年 5 月，北京体育大学举行了“第一届全国高校体育英语学科建设与专业建设研讨会”，牵头成立了“全国体育院校外语教学协作组”，这为 ESP 教师建立学习共同体，使教师在协作分享中充分发展提供了可能。

五、结论

针对当前大量需求“专业+英语”双精的复合应用型人才这一大环境，ESP 将成为我国大学英语教师未来知识发展的方向。从教师个人出发，由 EGP 教师的“通而不精”发展成“教有所长”的 ESP 教师，肯定要付出一番努力。通过教师个体专业化及群体专业化的发展，EGP 教师必能顺利而有效地转化为合格的 ESP 教师。通过教师专业自主发展，体育院校的大学英语教师必能充满生机和活力地挖掘自身的潜力，提高思想，获取新知，增长技能，不断充实自己的精神世界和业务能力，更好地从事工作。

参考文献

1. Dudley-Evans, T. & St John. M.J. Developments in English for Specific Purposes [M]. Cambridge: Cambridge University Press, 1998, 335-338.

2. Edge, J. Co-operative Development: Professional Development through Co-operation with Colleagues [M]. Harlow: Longman, 1992.

3. Strevens, P. The learner and the teacher of ESP[J]. ELT Document, 1988, (128): 29-34.

4. 蔡基刚．ESP与我国大学英语教学方向[J]．外语界，2004（2）: 22

5. 陈珊．高等院校英语专业课程改革和设置[D]．上海：上海外国语大学，2012

6. 丁林梅，邹德新，李军岩．体育院校教师专业化发展及其路径选择研究[J]．辽宁经济管理干部学院学报，2011（1）: 67~69

7. 《大学英语教学大纲（修订本）》[Z]．高等教育出版社，上海外语教育出版社，1999

8. 甘正东．反思性教学：外语教师自身发展的有效途径[J]．外语界，2000（4）: 12~16

9. 高战荣．国外ESP教师教育对我国大学英语教师知识发展的启示[J]．外国教育研究，2012（4）: 85~91.

10. 教育部．大学英语课程教学要求[Z]．上海外语教育出版社，2004

11. 梁言．ESP教师的专业发展模式[J]．长春工业大学学报，2005（9）: 7~9

12. 刘润清，戴曼纯．中国高校外语教学改革——现状与发展策略研究[M]．北京：外语教学与研究出版社，2003: 28~37

13. 刘润清．21世纪的英语教学：记英国的一项调查[J]．外语教学与研究，1996（2）: 1~8

14. 苏永庆，司虎克．我国体育院校教师的知识获取能力与途径[J]．上海体育学院学报．2008（5）: 73~77

15. 吴熙，蒋翃遐．ESP教师专业发展模式研究[J]．甘肃联合大学学报，2013（5）: 121~124

16. 叶澜等．教师角色与教师发展新探[M]．北京：教育科学出版社 2001: 3

17. 周燕．高校英语教师发展需求调查与研究[J]．外语教学与研究，2005（3）: 206~210

作者联系方式：

王卓君，北京体育大学外语系，13488688549，w.zhuojun@qq.com。

图像化文学教育：透过视觉艺术讲授文学课程

刘 佳 田 慧

（北京体育大学外语系）

摘要：本文主要审视视觉艺术在英美文学课堂教学中发挥的重要意义。通过分析视觉艺术与文学结合的重要作用，指出在文学课堂中引入绘画鉴赏的实际效用，如绘画作品有助于文学理论关键概念的讲解以及文学作品的深入赏析，进而阐明视觉艺术在文学鉴赏、文化能力、学生批判性思维能力培养等多方面的助力作用，揭示艺术、文学、文化的共生现象。

关键词：视觉艺术　文学课程　文学鉴赏　文化能力　批判思维

Abstract: This paper examines the importance of visual art with regard to its pedagogical applications in the English literature classroom. I begin by outlining the benefits and concerns associated with combining visual art with literature. Next, practical ideas are presented for using paintings in literary courses. Through the illustration of how paintings can contribute to the teaching of key concepts in literary theory and analysis of English literary works, visual art can be employed on all levels of instruction to enrich both literature appreciation and cultural competency. Most significantly, visual art can be used to inspire students to take a closer look at literature and engage interest in a way that encourages critical thinking and an understanding of how art, literature, and culture are inextricably connected.

Key words: visual art　literary courses　literature appreciation　cultural competency　critical thinking

英美文学作为我国高校英语专业的主干课程，在整个专业课程体系中具有举足轻重的地位。然而，近年来，世界范围内工具理性（instrumental rationality）、科学主义和理性主义占据主导地位；实用主义、功利主义和拜金主义对社会影响深远，英美文学课程面临着诸多挑战，被边缘化的现象颇为普遍。突出表现为：学生思维意识中普遍存在“文学无用”思想，他们更青睐于翻译实践、语言教学等实用性较强的科目；英美文学的课时在教学大纲中不断压缩，丧失了其根本的学科特点，文学课的生存逐渐成为人们争论的焦点。在文化危机背景下，如果“人的培养和塑造”任凭市场经济、工具理性的支配和操纵，人只能逐渐沦为其奴役的对象，人在现代社会的异化、物化则会成为必然。席勒曾经指出，“只有美才能给予人以社会性格。只有审美能够赋予社会和谐，因为它在个体身上确立了和谐”（Moretti，1987）。文学课教学的重要作用在于培养学生较强的审美能力，通过经典文学作品的鉴赏潜移默化地塑造他们的完整人格。

一、“读图时代”图像与文学的和谐共生

众所周知，20世纪80年代以来，随着科技的发展、认知方式的变化，当代文化业已出现整体性的“图像转向”。正如海德格尔早在1938年《世界图像的时代》一文中所指出的那样，“从本质上看来，世界图像并非指一幅关于世界的图像，而是世界被把握为图像了”（Heidegger，1996）。身处“读图时代”的我们，阅读方式也发生了前所未有的转变，由读文的理性深度思考转向读图的感官愉悦享受。琳琅满目、精致无比的图像充斥着人们的生活。“图像社会”催生的“快餐”文化也在一步步颠覆着传统的文学文化走向，文学的生存空间不断受到挤压。

当前学界对“读图时代”的价值判断仁者见仁、智者见智。一部分人对“图像社会”的视觉文化抱有积极态度，西方有些学者甚至宣称“我从不阅读，只是看看图画而已”（艾尔雅维茨，2003）。人类社会已经进入“视觉统治时代”。而另一部分人则对视觉文化持否定态度，认为“读图”的便捷性、直观性大大缩短了文学阅读的时间，降低了阅读的难度，使文学阅读变得庸俗和肤浅，从而容易造成人们思考的缺席与真理的缺失。

笔者认为，图像和文学这二者不应该是对立的，不应该认为只有文学才能传递真知、锤炼思维。图像同样以其特有的方式成为通向真理的途径。梅洛·庞蒂曾说：“（通过图像）探索知觉的本质就是要断言知觉不是被假定为真实的，而是被定义为通向真理之路。”如，“就中国画和塞尚的绘画而言，所谓画家，就是那奋力呈现和表征可视之物与不可视之物的整体和谐与统一的人，他在可以被感知的描画勾勒中

呈现和表征难以被感知的（缺席的）时间或空间的存在”（艾尔雅维茨，2003）。海德格尔曾经撰文论述梵·高的名画《鞋》，他说，“真理产生于梵·高的绘画中……鞋子愈是完全和实质性地抓住其自身的本质，那么，整体的存在，就愈是直接和动人地随着它们而达到存在的更高境界，这即是自我遮蔽的存在何以被敞亮了。这一性质的光亮，把自身的光芒引向并普照到艺术作品之中。这普照作品的光芒，是美丽的。而美，乃是一条路径，由此真理在本质上敞亮地显露出来”（Heidegger，1977）。正是由于“图像”的这一“美”的特质，真理才得以通过其“敞亮地显露出来”。在这一点上，文学与图像有相似的功能。苏东坡曾经评论王维的诗画：“味摩诘之诗，诗中有画；观摩诘之画，画中有诗。”据朱光潜先生的说法，“诗和画的关系在西方一直是一个老问题。希腊诗人西摩尼德斯所说的‘画是一种无声的诗，诗是一种有声的画’，已替诗画一致说奠定了基础”（朱光潜，1979）。英文中有一句名言，“文学学习始于愉悦，终于智慧”（Literature learning begins with pleasure and ends in wisdom）。这里所谓“愉悦”即指在文学文本阅读过程中，阅读者头脑和心灵体验到的由文字所营造的“画面”美感和震撼的兴奋感，继而更直观地洞悉世界，更深刻地领悟人生真谛。

“读图时代”已然来临，这是不争的事实。对于“图文之争”这一“历史遗留问题”，我们不应重蹈本质主义思维的覆辙，想当然地指责一方、拥护另一方。既然语言文本与图像文本已形成了某种共生与互读，在传递真理的终极目标中又殊途同归，我们就需要用“虚静”的心态去分析当下人类建造精神世界的现实需求，让两者互相借鉴，各取所长。

二、“读图时代”绘画与文学教学结合的有效途径

整个社会的大环境是这样，高校文学教学的小环境也不例外。受到功利主义和“快餐文化”的影响，当前大学生往往对颇具直观性与形象性的图像更感兴趣。较之以花费很多时间去阅读英文原著，他们更愿意去读简单、方便的名著简写本、中译本。这种境况导致英语专业的学生缺乏对语言文字的感悟力，联想力和批判性思维能力严重下降。身处“读图时代”的高校英语文学教师需要转换教学思维、方式，在文学文本教学中，通过借助绘画这一重要的视觉艺术介质，使信息突破图文的束缚，在超越时空的对话中，克服经典文本教学情景化不强、与学生生活状态脱节的弊病，以画促文，以画讲文，图文结合，共同促进学生对文学理论的理解力和文学作品的鉴赏力。具体而言，主要可在以下两方面开展实施：

1. 绘画欣赏与文学理论关键词的讲授

21世纪初我国对《高等学校英语专业英语教学大纲》进行了修订。修订版的《大纲》（2000年）明确规定，“文学课程的目的在于培养学生阅读、欣赏、理解英语文学原著的能力，掌握文学批评的基本知识和方法。通过阅读和分析英美文学作品，促进学生语言基本功和人文素质的提高，增强学生对西方文学及文化的了解”。这一规定表明英语专业本科生的培养目标已不再拘泥于听说读写译等基本专业技能，而是向纵深方向发展，侧重拓宽学生的知识面，促进人文素养的提高。要达到这样的教学目标，英美文学课程的教学重点则应由侧重文学史知识的讲授转向英语文学原著的赏析。要让学生在阅读作品中体会愉悦的快感，从他人经验中汲取营养，提升自我，感悟人生，一定的文学批评理论知识必不可少。

然而，传统的文学理论教学普遍存在教师“满堂灌”、学生“听不惯”的弊端。再者，文学理论的发展深受社会哲学思潮的影响，其核心概念比较艰深晦涩，如果仅凭教师的讲解，学生很难在短时间内透彻领悟其内涵。因此，需要在讲授文学理论的过程中引入同时代具有相似主旨的名画欣赏，进而穿插讲授相关的哲学、美学以及一些艺术理论，从而形成“多声部”的文学理论教学，使学生透过艺术鉴赏学习文学理论基本概念、观点，既可陶冶情操又可培养批判思维能力。

以西方现代主义文学理论讲解为例。在20世纪前叶，现代主义成为西方文学、思想界的主流思潮。现代主义包罗万象，作为20世纪初新兴的文化艺术风格，反抗19世纪末期的叙事、认知常规，主张用一种全新的方式认识人在宇宙中的存在与价值。深受“相对论”科学革命、达尔文进化论、弗洛伊德关于自我的精神分析学说的影响，现代主义者开始关注个体人的主观感受、心理现实。在“上帝已经死了”的混乱、荒谬的世界中，任何价值、合理性都变成相对的，生命不再具有终极意义，由此衍生出现代主义的关键理念：荒诞人（absurd hero）、异化疏离（alienation）、失落（loss）、意识流（stream of consciousness）等。在讲解这些晦涩深奥的概念之前，可以先向学生展示现代主义艺术之父、“表现主义”艺术先驱、挪威画家爱德华·蒙克（Edvard Munch）的代表作《呐喊》（The Scream）。

这幅画，蒙克以极度夸张的手法描绘了一个因尖叫而面部严重变形扭曲的人物形象，揭示了人与人之间的疏离、冷漠感，把人类在无垠宇宙面前的孤独、失落、恐惧之情刻画得淋漓尽致。教师可以设置思考问题引发学生的思考：画面的中心人物因何尖叫呐喊？他与周围人物的关系体现画家什么主旨？画家通过郁闷色彩的运用（如血红色、紫色、棕灰色等）旨在揭示什么问题？在学生运用自己的智慧、知识鉴赏这幅世界名画的基础上，教师进一步讲授表现主义艺术与现代主义思潮的关系，进而从社会、文化、艺术等视角全方位阐释现代主义文学理论关键概念——异化疏离、失落、荒诞等。同样，现代主义的其他核心理论概念，如意识流、相对性等，则可借助西班牙著名超现实主义画家萨尔瓦多·达利（Salvador Dali）的代表作《记忆的永恒》（The Persistence of Memory）来理解。

在达利这幅旷世巨作中，柔软、融化的钟表表达了达利与时间之间的狂热关系。

软表以及蚂蚁吞噬钟表的意象成为达利潜意识符号中对时空相对性的绝妙阐释。画面中心出现了一只紧闭的眼睛和眼睛睫毛，暗示油画中的场景是梦境的外化，体现了人的意识的流动和弗洛伊德所谓的潜意识表征。在与学生对油画的鉴赏互动中，教师可以穿插介绍超现实主义（surrealism）艺术与现代主义文学的紧密关联，探究这两者如何受到弗洛伊德精神分析的影响，致力于发现人类的潜意识心理，呈现人的深层心理中的形象世界，尝试将潜意识与梦的经验相融合。

以经典绘画作品为切入点，通过设置思考、鉴赏问题拓展学生的思路，调动学生的探索兴趣，进而引出相关艺术理论以及与其对应的文学理论关键概念的介绍，将文学置于广阔的社会、文化领域中进行阐释，既打开了学生的视野，又利于学生对所学知识的深刻思考。在培养学生人文素养的同时，锻造其批判性思维能力。

2. 绘画欣赏与文学作品阅读

文学理论概念的学习固然重要，但最终要回归到文学作品的具体赏析。文学作品中塑造的艺术形象寄托、表现了作者的独特情感和审美理想。教师在讲授西方文学作品时要能够披文入情，使学生在欣赏原著优美语言的同时，运用想象力发现美、感知美、享受美、创造美。人们在欣赏各种美的事物而产生美感时，往往是通过头脑中体会到的生动具体的形象，进而深入领会它的本质，得到情感的愉悦。在这个“读图时代”，将绘画中的“具象”与文学作品中的“抽象”有机结合，有利于学生更加直观深刻体会原著中蕴含的丰富情感。

以英国18、19世纪浪漫主义文学重要代表诗人威廉·布莱克（William Blake）讲解为例。众所周知，布莱克创作了两部最为重要的诗集——《天真之歌》(Songs of Innocence）与《经验之歌》(Songs of Experience)。课堂选取《经验之歌》中的一首六节小诗《小学生》(The Scholl Boy）做重点分析。英国浪漫主义文学的重要特征在于崇尚自然、个体的想象力，反对理性对感性、直觉的压迫。这一时代主旨在这首诗中得到了充分的体现。然而，如果沿袭传统的文学教学模式，采用“文学史+选读”的老套做法，不仅无法调动学生学习的积极性，也不利于学生感知诗人的强烈情感抒发。因此，在分析诗歌之前，可以向学生展示同时代英国著名风景画家约翰·康斯特勃（John Constable）的代表作《从河观看的索尔斯堡主教堂》(Salisbury Cathedral from the River)，设置思考问题，如：

- What does the painting show?
- Are there any figures in the picture?
- What colors have the artist chosen? /Why?
- Do any colors stand out from the rest? Which is the dominant color?
- What is the mood of the picture? (Mysterious, calm, happy, frightening)

- How do you think he was feeling when he painted it?

通过上述问题的思考引入布莱克《小学生》的诗歌阅读，进一步深入讨论诗画之间的联系：

- How are the picture and the text related?
- How is the construction of the poetic image related to that of the image in the painting?
- How are words related to the design?
- What is the association between colors and mood or feeling?
- What are the repeated motifs and shapes in the painting and the poem?

将油画《从河观看的索尔斯堡主教堂》与英文浪漫主义诗歌《小学生》结合鉴赏，用直观的画面形象激发学生的联想力，进一步思考诗人如何用语言为读者塑造鲜明的自然图景，传达自然对人性的解放、社会对灵魂的桎梏这一时代主题。

三、“读图时代”“图像”与“文学”结合的重要意义

综上所述，面对“读图时代”的来临，文学教师需要改变传统文学课程的讲授模式，以图像为引导鉴赏文学，以文学理论关键概念讲解和文学原著作品赏析为重心，以图像欣赏带出哲学、艺术、文化等领域相关知识的介绍，形成“多声部”、“多视角”的文学学习，积极引导学生超越图像欣赏走向文学欣赏。将图像鉴赏与文学分析结合起来，使学生更容易体会和把握文学的独特性，从经验和理性层面更深刻理解、把握文学存在的独特价值和意义，以批判性的思维和专业的眼光审视文学所拥有的独特的人文精神，使文学教学积极面对社会发展的现实。

参考文献

1. Heidegger, Martin. “The origin of the work of art” in Basic Writings [M]. San Francisco: Harper, 1977

2. Moretti, Franco. The Way of the World: the Bildungsroman in European Culture [M]. Thetford: Thc Thetford Press, 1987

3. 阿莱斯·艾尔雅维茨．图像时代[M]．长春：吉林人民出版社，2003

4. 海德格尔著．孙周兴选编．海德格尔选集（下）[M]．上海：上海三联书店，1996

5.（德）莱辛著，朱光潜译.《拉奥孔》译后记[M]. 北京：人民文学出版社，1979

6. 高等学校外语专业教材辅导委员会英语组. 高等学校英语专业英语教学大纲[M]. 上海：上海外语教育出版社，2000

作者联系方式：

刘佳，北京体育大学外语系英语专业教研室

邮编：100084

邮箱：myra1007@hotmail.com

电话：13141202496

目前艺术生英语教与学的现状

朱　燕

（解放军艺术学院）

摘要：本人通过问卷调查、访谈和实地考察的方式对北京地区六所艺术类专业高校和三所综合类高校的艺术专业进行调查，研究艺术专业大学英语口语的教材、教学以及学生的学习状况，调查结果发现艺术类专业大学生英语口语水平的提高需要根据科学编排的教材进行符合学生实际的教学，激发学生的口语学习积极性，并为学生创造良好的学习条件。

关键词：艺术生　口语　教材　教与学

一、前言

2007年教育部颁发了《大学英语课程教学要求（试行）》（以下简称《教学要求》），其中明确指出，大学英语教学应“培养学生的英语综合应用能力，特别是听说能力”。也就是说，大学英语教学过程中教师需要花费很大一部分精力培养学生的英语听说能力，让学生能将学到的英语知识运用到日常的工作和生活中。而且《大学英语教学大纲（修订本）》中也提到，“大学英语教学的目的是培养阅读能力和听、说、读、写、译的能力，使他们能用英语交流信息”。由此可以看出，大学英语的主要任务是学生英语能力的综合提高，其目的是能把英语作为交流的工具。但是，当前大学生的英语学习现状是，由于高考的英语科目一直以读写为主，只是在近几年才增加了听力部分，口语部分则一直是空白，所以口语成为了中学英语课尤其是高中英语课中可有可无的部分。艺术生作为特殊专业的学生，在高考时文化课的要求就比其他专业的学生低，根据北京市招生考试委员会公布的信息，2011年普通高校统一招生考试艺术类本科录取最低控制分数线为：文科312分，理科282分。2012年统一招生考试艺术类本科录取最低控制分数线为：文科290分，理科281分。这一分数线比普通高校本科三批的分数线都低了一百多分（2011 年为文科 443 分、理科 396 分；2012 年为文科 416 分、理科 402 分）。而英语更是艺术类专业学生高考的"低分区"，以解放军艺术学院为例，2012 级本科新生高考英语的及格率仅为 21.3%。学生在高中阶段的英语基础就较为薄弱，而且开口练习口语的机会很少，这就使大学英语教学的口语教学尤为艰难。

本人在本次研究中以北京市六所专业艺术院校和三所综合类大学的艺术类专业学生和教师为研究对象，采用问卷调查、电话访谈、实地考察等研究方法，分析艺术生口语教学的现状，以期对今后的研究有所帮助。

二、艺术类专业大学英语口语教学的教材使用现状

2008 年 8 月教育部公布了普通高等教育"十一五"国家级规划教材，在这个教材汇总表中，大学英语教材都是以系列立体化的形式出现，也就是说，这些教材都是培养学生听、说、读、写技能的综合教材，口语没有专门的教材，通常和听力教材一起组成听、说教材，口语训练的内容也是听、说的结合训练。鉴于艺术专业的特殊性，某些院校采用了"十一五"国家级规划教材之外的教材以适应本校教学的特点。

本人对北京市九所高校艺术专业大学英语教材的使用情况进行了问卷调查和电话访谈，调查结果如下：

表 1　大学英语教材使用情况

使用"十一五"国家级规划教材	使用自选教材
58%	42%

如表 1 所示，各高校在选用大学英语教材时会根据本校的情况进行调整，某些综合类大学会根据艺术生的入学成绩选用不同的教材，如部分专业使用"十一五"国家级规划教材，部分专业则使用自选教材。当问及选用该教材的原因时，选用"十一五"国家级规划教材的高校表示：部分学生希望能参加大学英语四、六级考试以及研究生入学考试，这些教材具有权威性和普及性，能够综合提高学生的英语水平；使用自选教材的高校则表示：根据艺术生的特点，自选教材根据学生现有的水平并加入部分的专业内容，教学会更加贴合学生的实际情况。

大学英语"十一五"国家级规划教材都是立体化教材，没有单独的口语教材。而自选大学英语教材的高校也没有一所使用单独的口语教材，这些教材有的倾向于

听说能力的提高，如《剑桥国际英语教程》；有的与学生的专业紧密相关，如《艺术类专业大学英语》，但都是将听、说、读、写融合在一本教材中。综合调查中所涉及的教材，本人将教材中听、说、读、写各部分的比例总结如表2所示。

表2 教材中听说读写各部分比例

内容	听力部分	口语部分	阅读部分	写作部分	其他部分
比例	15%	10%	60%	10%	5%

由此表2可以看出，口语部分在整个大学英语教材中总所占比列不多，这也在一定程度上造成了大学英语教学安排中口语内容少、课时少、学生没有时间练习的状况。

就大学英语教材的口语部分来说，一般将口语活动分为情景对话、角色扮演、个人演讲和团队展示等几个部分，教材中各部分的分配比例如表3所示。

表3 教材中口语活动各部分比例

内容	情景对话	角色扮演	个人演讲	话题讨论
比例	50%	30%	10%	20%

如表3所示，在口语教材中给学生安排的活动以团队活动为主，活动形式倾向于两人互动，但是学生自我创造的部分却不多，更多的是按照模板进行演示。以《新视野大学英语视听说教程》为例，第一部分为Speaking Out，在此部分，学生观看同一主题的三段视频，然后根据视频进行情景对话，而对话的模式均来自之前视频里面的对话，练习形式以模仿为主。第二部分为Let’s Talk，学生同样观看一段较长的视频，然后根据视频所讨论的问题进行辩论、讨论或演讲，在此部分，学生会根据视频的主题进行更深入的讨论，或者结合自身的实际进行演讲。在教材的编排上，情景对话和角色扮演依然是重点练习的部分。

三、艺术类专业大学英语教学的特点

大学英语课在普通高校公共课中所占的学分和学时都是最高的，而且有全国性的专门的水平考试来衡量学生的学习情况，这就为教学提供了较为统一的目标。但是艺术类专业的特殊性以及学生的特性也决定其大学英语教学的不同特点。本人通过与大学英语教师进行电话访谈的方式了解到艺术类专业大学英语教学的特点，并对其进行了总结。

1. 口语课的课程设置和班级设置

教育部公布的《教学要求》中指出，“大学英语课程的设计应充分考虑听说能力培养的要求，并给予足够的学时和学分”。但是在实际教学中，口语课的比例最高占英语学时比例的 25%，最低为 10%。

由于学生的英语程度各不相同，《教学要求》也规定各类高校“根据实际情况，按照《大学英语课程教学要求》和本校的大学英语教学目标设计出各自的大学英语课程体系，将综合英语类、语言技能类、语言应用类、语言文化类和专业英语类等必修课程和选修课程有机结合，确保不同层次的学生在英语应用能力方面得到充分的训练和提高”。根据这一规定，许多高校在入学时对学生进行了分级教学，根据学生不同的英语水平采用不同的教学。根据访谈的情况，本人了解到，艺术类专业的学生在入学时进行分级考试或者进行分级教学的高校占 33%，分级考试中没有一所高校涉及口语部分，也就是说，分级考试的内容以读、写为主，少部分高校会涉及听力部分。某些高校没有进行分级考试，而是根据学生的高考成绩进行分级，但是英语科目的高考是没有口语部分的，那么对于这些高校来说，口语在分级教学中所占比重也为零。

而在班级设置方面，艺术类专业院校的班级规模为 30～35 人，综合类高校艺术专业的班级规模有的达到了 60～70 人。根据口语教学的特点，小班教学中学生练习的机会比较多，与教师进行面对面的交流机会也会相应较多，如果班级规模达到 60 人以上，每堂课为 45 分钟，那么平均下来每位学生与教师的单独交流时间还不到一分钟。而且教师要在一定的时间段内保证 60 多名学生的口语练习水平和内容的充实是非常困难的。

2. 教师的教学方法和教学手段

在访谈中本人了解到，教师的教学方法根据学生的英语水平也有所不同。前文提到，口语教材中设计的口语练习大致可分为情景对话、角色扮演、个人演讲和团队展示等，但是在实际教学中，针对某些口语水平较低的学生，有的教师在课堂上加入句型操练和对话复述。但是句型操练和对话复述是初级水平英语口语的教学方法，用于大学英语教学也是不得已而为之。由于口语课的课时量较少，而且许多学生的口语还存在语音方面的问题，教师在教学中一方面要纠正学生的语音，另一方面还要安排练习活动，如果人数再增多的话，学生的人均练习机会会大大降低，效果很难保证。

艺术类专业口语课教学的另一个困境是，由于学生的英语水平较差，在做口语练习之前，教师还需要带领学生一起理解文本内容，或者解释音频的内容，这就使教师不得不把口语课的大量时间用于阅读或听力练习。有些教师希望能在口语中加入学生专业方面的或者时政新闻方面的素材，以增加学生的学习兴趣，但是由于这些内容需要更多的词汇作为基础，如果选材不当，口语课也会沦为阅读课。

随着多媒体教学的普及，口语课上使用多媒体、幻灯、电视音像等现代化的教学手段的比例已达到98%，这些教学手段能从视觉、听觉方面对学生进行刺激，从而调动学生的积极性。

总的来说，口语教学的现状还是“以教师为主”的传统教学模式，教学内容由教师制定或根据教材内容而定，在课堂上学生需要在规定的时间内完成规定的练习内容，教学进度也是完全按照教师的计划进行，这就使得“以学生为主”的教学模式难以进行。而且在课堂上学生缺乏大量的操练和实践机会，会进一步使学生丧失学习兴趣。

3. 口语测试的方式

在参与此次调查研究的九所高校中，期末考试加入口语测试的高校有六所，占大多数。口语测试的成绩占期末总成绩的比例各校不同，大约在 10%～15%之间。根据熊敦礼的建议，可以通过以下方式进行口语测试：朗读、问答、看图说话、复述、小组讨论、面谈、小品表演。在实际测试中，各高校在不同的学期会采用不同的测试方式，以解放军艺术学院为例，第一和第二学期的测试方式为自我介绍和两人对话，第三和第四学期的测试方式为话题陈述。综合各高校的实际情况，口语测试的不同方式所占比例如表 4 所示。

表 4　口语测试的方式

测试方式	朗读	问答	复述	对话	话题陈述	小组讨论	其它
比例	5%	5%	10%	40%	35%	3%	2%

口语测试的方式基本能根据学生的实际情况进行，而且在一定程度上调动了学生的积极性。

四、学生的口语学习状况

本人通过调查问卷和访谈的方式，分别从学习兴趣、积极性、学习自觉性和学习环境等方面综合分析了艺术类专业大学生的口语学习状况。调查问卷发放了 200 份，其中有效问卷为 187 份，具体情况如表 5 所示。

表5 艺术类专业大学生的口语学习现状

学习活动	形成原因	占总人数比例
听英文歌曲、观看英文电影和电视剧	娱乐、了解外国文化	23%
	提高听力水平、学习生活化表达法	14%
	培养语感、提高口语表达能力	10%
CRI, VOA（special or standard）	提高听力、模仿/学习语音语调	8%
	了解国际时事、拓宽知识面	5%
教材附带光盘的音频、视频部分	模仿/学习语音语调	27%
	自觉对课堂内容进行复习	3%
	完成教师布置的课后作业	70%
听英文版名人演讲	模仿/学习语音语调	4%
	学习演讲、促进专业学习	36%
	娱乐	60%
完成口语课的作业	考试过关	92%
	对课程感兴趣、希望提高口语表达能力	8%

根据调查结果进行分析，可以看出：

第一，学生在学习口语方面有一定的兴趣，兴趣的来源有：对专业学习有一定的促进作用，尤其是表演专业的学生；希望能与国外的人士进行专业方面的交流；是课外娱乐的一种方式。

第二，学生对口语学习有一定的期待，希望学到的英语知识能够帮助他们进行交流。但是学习方法还有待改进，基本沿用中学的学习方法，通过模仿语音语调进行，除非教师留有课后作业，课外一般不会自主进行口语交流训练。课外进行的观看英文电影电视剧的活动，学生往往会选择中文字幕，这就大大削弱了听说结合的功能，把“听英文”的行为变成了“读中文”的行为。而听英文歌曲时，学生关注的不是对歌词意义的理解，而是模仿的程度，也就是“像不像”。

第三，学生很大程度上更为关注考试是否能够过关，而且通过访谈了解到，某些高校期末考试没有口语部分，而且大学英语四、六级考试中口语也不是必考的内容，这就使得许多学生丧失了学习的积极性，把口语当成可有可无的内容。

第四，学生在课堂上练习口语的时间较少，课外也缺乏相关的第二课堂活动。

五、结语

任何一种学习都是“教”与“学”的互动，而教材则是联系双方活动的重要纽带。要提高艺术类专业学生的口语水平，同样需要合理的教材编排、科学的教学活动和积极的学习活动。

艺术类专业大学英语的口语教材应符合学生的实际生活和专业情况，选取的场景、对话应具有真实感。教材内容也不应太过于复杂，不然教师和学生需要花费大量精力在文本的理解上，口语课又会转化为阅读理解课。同时，选取的教材应多激发学生的创造力，鼓励学生根据自身情况或社会真实情况进行英文对话、小品的编排。单独的口语教材内容更为丰富，编排更符合口语练习的实际，但是可能与学生所学的内容有很大不同，造成与其他教材脱钩的现象。教师可以根据综合教材的内容添加一些精彩演讲、访谈录、经典电影或者脱口秀，这些材料所反映的题材和时代背景方面，能够较为真实地反映当今世界形势和英美国家的日常生活。

教师的教学也应根据学生的水平和实际的教学情况进行灵活处理，比如朗读和问答可以在阅读课上进行，既丰富了阅读课的教学形式，又能节省出更多的时间让学生在口语课上进行专门的口语练习。教师也要转变观念，由课堂的“主导者”转为“启发者”、“引导者”，真正让课堂变为“以学生为中心”。大班教学则应根据学校招生的实际情况，合理配备相应的教师，争取语言教学均能以小班的形式进行。另外，第二课堂的活动也必不可少。口语的练习是“历时性”和“全面性”的，如果仅仅依靠课堂的时间根本无法得到口语水平的全面提高，第二课堂可为学生创造更多的英语语言环境。第二课堂的形式可以是英语角、英语讲座、英语演讲比赛、英文歌曲演唱、英文电影情节表演及兴趣小组等。这样一方面可以激发学生的学习兴趣，另一方面也拓宽了学生的知识面，丰富了校园生活。

参考文献

1. 王春霞．公安大学英语口语教学策略探索[J]．中国人民公安大学学报（自然科学版），2010（2）：94～97

2. 王淼．浅论大学英语口语教学[J]．沈阳教育学院学报，2006（3）：82～84

3. 熊敦礼，徐锦芬．大学英语口语教学与阶段性口语测试[J]．外语教育，2001

4. 郑树棠，卫乃兴．关于大学英语课培养语言能力等情况的研究[J]．外语界，1996（4）:17～23

5. 庆格乐. 大学英语口语教学浅析[J]. 内蒙古民族大学学报，2011（1）：175～176

作者简介：

朱燕，女，1978 生人，解放军艺术学院讲师，硕士研究生学历。研究方向：应用语言学，社会语言学。

作者联系方式：

电话：13811405979

电子邮件：52631640@qq.com

通讯地址：北京市海淀区中关村南大街 18 号解放军艺术学院共同科目教研室

邮编：100086

试论提高英语听力词汇量的意义与原则

李红梅

（北京舞蹈学院）

摘要：影响听力的主要语言因素包括语音、词汇与语法三大要素，其中词汇因素是特指听力词汇，它在听力理解过程中兼有语音和语法两种属性，因此，听力词汇量的大小在一定程度上制约听力理解水平，提高听力词汇量可以为提高听力理解能力打下坚实的物质基础。

关键词：语言因素　听力词汇量　学习原则

Abstract: Three factors that affect listening comprehension concerning linguistic elements are phonetics, vocabulary and grammar. The vocabulary element refers to listening vocabulary, which has both qualities of phonetics and grammar. Therefore, to some extent, listening vocabulary restricts the level of listening comprehension. Increasing listening vocabulary can lay solid foundation for promotion of listening comprehension.

Key words: linguistic element　listening vocabulary　learning principle

一、前言

在艺术体育类大学英语教学中，相对于读、写等其他技能教学，听力教学所占课堂教学学时较少。在听力教学中，学生往往因为听不懂而逐渐失去兴趣，从而导致课堂气氛相对沉闷。帮助学生从"听不懂"转变为"听懂"或"部分听懂"，让学生直接体验"有进步"的成就感似乎是提高和维护学生进行听力理解练习兴趣的关键。“授之以鱼不如授之以渔”似乎已经成为人们普遍认可的教育教学原则之一。在听力学时有限的艺体类院校英语教学实践中，课堂提供有效的听力学习策略，促进学生课外有意识有目的的自主训练可能是帮助学生提高听力的的重要途径。在英语听力教学研究中，影响听力的公认因素包括语言因素和非语言因素，语言因素主要包括语音、词汇和语法三大要素，众多学者们由此提供的学习策略也是围绕这三大要素的听力解决方法。从学生角度来看，这三大要素形成的听力障碍似乎是难以逾越的。笔者认为，学生难以克服障碍的主要问题在于三大要素均衡对待，没有抓住主要矛盾，从而导致顾此失彼、轻言放弃的现象发生。在听力理解方面，三大要素的相互关联性毋庸置疑，但绝不意味着没有重点和顺序。笔者认为，在语言因素中，听力词汇量的大小是制约听力提高的主要因素，词汇学习是纲，语音和语法学习是目，纲举目张，有意识地引导学生进行听力词汇的学习和积累，可以有效地带动语音和语法学习，从而帮助学生解决语言因素的听力障碍。

二、理论综述

1. 听力教学的理论基础

在语言学中，有许多理论研究的成果对大学英语听力教学产生过积极影响。20世纪四五十年代出现了结构主义语言学和行为主义心理学理论，在其影响下，听力训练是按照语音—单词—句子—段落的顺序进行的。70年代出现的功能主义语言学从语言的交际功能出发，不仅强调语言本身的理解，更重视话语意图的解读，该学派结合认知心理学理论，探索出听力理解过程中认知推理的重要相关因素。

在认知学领域中，斯佩贝尔和维尔胜（Sperber & Wilson）的关联理论认为，“理解话语的过程就是在获得的语境信息与语境假设之间，运用一定的知识和策略，确立内在联系，解读语境暗含，寻求最佳关联并取得语境效果的推理过程”。在会话理解过程中，重要的是寻找关联，而“关联依赖于语境和处理努力，有强弱之分，关联与语境效果成正比，与处理努力成反比，关联性越大，语境效果就越明显，付出的努力就越小”。

以下面两段对话为例。

例 1　Women: I don’t understand how you get ticket. I always thought you are a careful driver.

Man: I usually am. But I thought I could get through the intersection before the light turned.

Question: Why did the man get the ticket?

例 2　Man: Lanner, Ben and I will pitch the tent. Why don't you and Louis fix the dinner?

Woman: Sure. Where are the stove and pot?

Question: What can we know from the conversation?

显然，例 1 中可能包含多义的 ticket 一词由于语境中的 driver，intersection 或 light 等词语的关联作用，可以确定为是单义"罚单"。而例 2 中的 tent，dinner，stove 等词则可以帮助听者判断出谈话人正在做宿营准备的场景。两段对话还说明更好理解语境的基础是听懂那些相关词汇。

2. 听力理解的性质

在对听力理解过程的研究中，众多学者提出了相似观点与假设。肯尼思（Kenneth，1976）认为听力理解是"辨音、信息感知、听觉记忆、信息解码、使用或储存信息"的五个顺序过程。安德森（Anderson，1988）则认为听力理解包括三个相互联系而又循环往复的过程：感知处理、切分和运用。阿尔伯特（Abbott，1981）认为听力理解包括感知、解码、预测与选择等过程。布朗（G. Brown，1997）认为听力理解过程是听辨单词及意义、理解单词语境、辨认句子成分与指称、理解句子语境意义和语篇意义、理解语篇大小语境。

以上理论的共性可以归纳为，听力理解过程遵循一定顺序，它首先经历一个辨音或感知阶段，其次是信息处理阶段，最后是信息确定阶段。此外，每个阶段的完成都要依赖语境的认知。

3. 影响听力的因素

众多研究表明，影响听力理解的因素有语言因素和非语言因素。而在语言因素中，语音、词汇和语法是三个主要因素。笔者认为，这里所说的词汇并非无声的认读词汇，而是应当包含语音属性的词汇。因为缺乏声音记忆的词汇，无论多少也不会在有声材料中以声音的方式被感知到。词汇因其在句中的作用具有不同词性，因此，听力中的词汇还具有语法属性。从国家标准四、六级考试的听力原文材料中可见，听力会话和语篇中使用的词汇级别低于四级，所用语法也较多口语内容而变得简单易懂。这至少从一个侧面反映出，我国语言教学中听力中词汇使用的级别要低于阅读中词汇使用的级别。一些研究者的实验报告也表明，国内学生的听力词汇量小于他们的阅读词汇量。这也说明，听力理解过程对词汇理解的依赖程度要大于对语法理解的依赖程度。因此，在影响听力的语言因素中，首先是有声词汇，其次是语音变化，最后才是语法结构的影响。

三、听力词汇的意义

语言学认为，词汇是理解语言的最小单位和基础。词汇可以通过视觉感知获取意义，也可以通过听觉感知而获取意义，在此，笔者将词汇按照现有不同感知方式分为三类，一类是触觉词汇，如盲文；一类是认读词汇，即通过视觉记忆和理解的词汇，主要用于视觉阅读语篇；还有一类是听力词汇，即通过听觉记忆和理解的词汇，它们有助于人们进行言语会话或听觉语篇的沟通或理解。

为了便于说明，笔者假设听力词汇具备以下三个特征：

1. 词汇必须是有声的。这些词汇是人们在言语表达中发出的声音，并被自己或他人用耳朵捕捉到。盲文或通过视觉辨认的词汇都不属于听力词汇范畴。

2. 词汇声音必须是有意义的或可理解的。不能被理解的听力词汇对于听者来说只能是无意义的噪音，无法进行交际或沟通。有意义的词汇声音有时也可能是误解，但误解的声音也是可理解的。

3. 词汇声音的理解较多依赖语境。语言学认为语境制约语义的理解，语境因素可以是上下文、时间、空间、情景、对象、话语前提等与语词使用有关的诸多方面。尽管单个词汇声音也可构成有意义的交流和理解，但在多数情况下，听力词汇都会出现在相互关联的声音语流中，而较少以独立的词汇声音出现。这也是为什么有些单词单独发音可以理解，而放在语流之中却无法从听觉辨认出来，主要原因是单独发音的词汇缺少语境因素，而后增加的语境因素成为了干扰项目，从而造成听辨困难。

在实际教学中，我们常常听到学生们反映，对于英语听力理解题，他们是“一看都会，一听都不懂”。这种现象从另一个侧面反映出听力词汇与阅读或认读词汇之间的差异，同样的词汇，视觉形象与意义建立的联系并不等同于声音与意义建立的联系。正是由于声音与意义之间没有建立过意义关联，才让听者的大脑出现“空白”或者无解的“噪音”。正如认读词汇量的扩大可以构成提高语篇阅读理解力的坚实基础，那么有意义的声音词汇，即听力词汇量的扩大也将构成言语会话或听力语篇理解力提高的基本途径。能够在语流中辨认出较多的有意义的内容对听力理解的效率和效果必然会产生积极影响。

四、听力词汇的学习原则

目前，多数高校在听力教学方面已采用了计算机辅助教学的手段，学生外语听力的提高更多依赖学生自主学习能力与主动性的提高。艺体类高校英语教学实践面对多数英语基础比较薄弱、自主学习能力不强的大学生，多数选用读写教程，采用语法翻译或交际教学法进行教学。在无法实施常规听力教学情况下，花费少量时间向学生介绍或演示提高听力的学习策略与方法想必会深受学生欢迎。从学习者角度出发，笔者认为学习听力词汇应当遵循以下三个原则：

1. 有意识地用声音学习词汇意义

从上述理论可以看出，听力理解的第一个阶段是辨音或感知过程，这里的辨音应当就是听力词汇的辨音。根据听力词汇的第一个特征，声音词汇的最佳感知途径是听觉占主导地位，因此，提高听力词汇量首先要建立用声音存储词汇意义的主动意识，要想听懂词汇，理想的做法是在学习认读词汇的开始增加词汇的听音或朗读环节，努力让自己的耳朵熟悉感知词汇声音的意义，同时还可以矫正错误的发音习惯。由于多数英语学习者视觉学习的效率较高，认读词汇量显著大于听力词汇量，在这种情况下，通过补充听音的方式逐渐将认读词汇转变为听力词汇也不失为提高听力词汇量的一种捷径。

2. 有意识地增加可理解词汇声音

听力词汇的第二个特征表明必须是有意义的词汇声音才可以构成听力词汇，换言之，增加听力词汇量就是要增加听懂的词汇。为了提高学生的听力技能，许多教师都会建议学生大量听、反复听，但仍有学生会反映“听懂的永远都能听懂，没听懂的永远都听不懂”。这反映学生学习策略的缺失。正如认读词汇是通过大量阅读中复现得以巩固和掌握的，听力词汇也必须通过复现形式进行巩固和掌握，假如听不懂的词汇永远不能变为听懂的词汇，那么这些词汇在复现之处也是无法被发觉，无从被理解的。因此，在听力训练中一定要选择有听力原文的材料，有意识地在语流中捕捉听不懂的声音，经过确认句中意义后，反复聆听，直至用声音理解该词的意义，于是在自己的听力词汇表中才会增加了一个或多个听懂的词汇。完成了把听不懂转变为听懂的学习过程，只有这样，才有可能在今后的复现中察觉或理解所学词汇。笔者在访谈中了解到，多数学生都大致了解自己的认读词汇量，但对听力词汇量的概念没有明确认知。这是值得教师们在教学中重视的问题。

3. 以单句听力练习为基础训练单位

根据听力词汇的第三个特征，听力词汇理解在很大程度上依赖语境，说明听力词汇的捕捉与辨音都应当放在语句之中，语音是听力词汇的属性，而影响听力理解的诸如近似音（辨识）、略读（省音）、连读、缩合、合成、同化、重读、节奏、语调等众多语音因素都是在语句语流中发生的，语流中词汇声音与个体单词发音之间的声音差异与辨析也只能通过反复有意识地聆听才能得以掌握，这样掌握的听力词汇有时可能是两个或三个单词为一组进行记忆储存，同时储存的还有它们依附的语境。为了强化大脑对组合声音意义的记忆，跟读或背诵单句也是提高听力效果的好方法。可以建议语言基础较弱的学生选择听辨单句，逐步增加语句数量，不再以做题为目的，而以提高听力词汇量为目的反复聆听已听过的对话或语篇。随着听懂词汇的增加，对所理解内容的预测或判断也会相应趋于正确。

五、结语

听力词汇的认知是制约听力理解的关键语言因素，听力词汇兼有语音和语法属性，因此，解决听力词汇认知障碍就是在一定程度上扫除听力理解的障碍。重视听力词汇的学习与积累，有意识提高听力词汇量可以为提高听力打下坚实的基础。需要指出的是，在真实的语言交流环境中，人们对对方话语或语篇的理解绝大多数情况是依据在一定语境中听力词汇的理解，而非现在各种测试中可以通过提前预读选项而做出预测或判断。正如学习游泳最终会摆脱任何辅助而凭借自身提高本领，听力提高的终极目标也是要摆脱视觉辅助而仅凭听觉辨音达到理解表达的目的。听力词汇量如何测算以及词汇量大小与听力水平之间的关系还有待更多调查、实验与研究。

参考文献

1. Anderson, A. and Lynch, T. Listening. Oxford: Oxford University Press, 1988

2. Sperber D. & Willson D. Relevance: Communication and Cognition. Oxford: Blackwell, 1995

3. 阮国艳．大学英语听力研究[J]．赤峰学院学报，2009

4. 黄国芬．英语听力学习策略研究探讨[J]．语文学刊・外语教育教学，2012（1）

5. 李冬梅．近十年来国内英语听力理解研究述评．外语界，2002（2）

6. 钱丽光．英语听力词汇量与阅读词汇量实验比较．福建行政学院福建经济管理干部学院学报，2003

语言输入理论对艺术专业英语教学的启示

苏　璐

（中央戏剧学院）

摘要：影响外语教学和外语习得成功的因素很多，其中输入与情感因素可谓重之又重。本文通过对美国语言学家克拉申提出的“输入”和“情感过滤”假说理论进行研究，并根据艺术专业英语教学的学习特点和实际情况，探讨“输入”和“情感过滤”假说对艺术专业英语教学的指导意义。

关键词：艺术专业英语教学　输入假说　外语习得

Abstract: Various factors impact successful foreign language teaching and learning, of which input and affection constitute the most important. This article/ thesis, through the study of The Input Hypothesis and The Affective Filter Hypothesis by the American linguist Stephen Krashen, aims to explore the importance of the Input Hypothesis and the Affective Filter Hypothesis in guiding the teaching of English to arts students.

Key words: teaching of English to arts students　the Input Hypothesis　foreign language learning

斯蒂芬·克拉申（Stephen Krashen）是美国著名的语言学家，毕生致力于第二语言获得的研究，在20世纪提出的第二语言习得的“输入假说模式”，是近几十年来影响广泛、解释全面又很具争议性的理论。他提出的“输入”（input）与“情感过滤”（affective filter）之说对传统外语教学和研习方法与思路有着重要的指导作用。不仅为我国外语教学提供了一个很好的理论框架，而且使外语教师开阔了视野，转变教学观念，改变教学方法，增强了对学习主体研究的意识，促使外语教师在教学中创造交际环境，保证外语教学的质和量；探讨外语学习中语言输入的意义和语言输入的有效途径。

一、理论层面

克拉申的可理解性输入理论具有很高的研究价值，语言学习与教学都应遵循语言习得的自然规律。在语言学习过程中，语言输入对外语习得起着关键性的作用。其关于第二语言习得的语言监控模式理论和“语言输入假设”对外语教学具有较大的影响力。

1. 输入假说（the input hypothesis）

输入假说是克拉申语言习得理论的核心部分，他曾用一本专著论述他的这个假说。克拉申认为，只有当习得者接触到“可理解的语言输入”（comprehensive input），即略高于他现有语言技能水平的第二语言输入，而他又能把注意力集中于对意义或对信息的理解而不是对形式的理解时，才能产生习得。这就是他著名的“i + 1 公式”。i 代表习得者现有的水平，1 代表略高于习得者现有水平的语言材料。根据克拉申的观点，这种“i + 1”的输入并不需要人们故意地去提供，只要习得者能理解输入，而他又有足够的量时，就自动地提供了这种输入。克拉申认为，“输入语”的假设与过去的外语教学法的理论大相径庭。以前的结构主义语言学家提倡先学句子结构，然后再运用这些句子结构进行交际。而“输入语”假设是学生首先接触大量易懂的实际语言（输入语），通过情景与上下文理解其意思。这样，寓于交际语言中的句子结构就自然学会了。

克拉申认为，理想的输入应具备以下几个特点：

（1）可理解性（comprehensibility）。理解输入的语言材料是语言习得的必要条件；不可理解的（incomprehensible）输入对于习得者而言，只是一种噪音。

（2）既有趣又有关（interesting and relevant）。要使语言输入对语言的习得有利，必须对它的意义进行加工，输入的语言材料越有趣、越关联，学习者就越会在不知不觉中习得语言。

（3）非语法程序安排（not grammatically sequenced）。语言习得关键是足量的可理解的输入。如果目的是“习得”而不是“学得”，按语法程序安排的教学不仅不必要，而且不可取。

（4）要有足够的输入量。要习得新的语言结构，仅仅靠几道练习题、几篇短文是不够的，它需要连续不断地有内容有趣味的广泛阅读和大量的会话才能奏效。

根据克拉申的观点，学会外语靠自然习得，其途径是在最小或没有心理障碍的情况下，给学生提供充足的输入量。只要输入量大于学生目前的语言能力，情感过滤又低，学生自然就会学会另外一门语言。

2. 情感过滤假说（the affective filter hypothesis）

情感过滤假说认为，有大量的可理解输入的环境并不等于学生就可以学好目的语了，第二语言习得的过程还要受许多情感因素的影响。语言输入必须通过情感过滤（filter）才有可能变成语言“吸收”（intake）。克拉申认为影响习得语言的情感因素是：（1）动力。学生的学习目的是否明确，直接影响学习效果。目的明确则动力大，进步快；反之，则收效甚微。（2）性格。自信，性格外向，乐于置身于不熟悉的学习环境，自我感觉良好的学习者在学习中进步较快。（3）情感状态。主要指焦虑和放松两种。焦虑感较强者，情感屏障高，获得的输入少；反之，则容易得到更多的输入。根据这个假说，语言习得者的情感过滤强度因人而异。消极的外语学习态度对语言输入有很强的过滤作用。持消极态度的语言学习者不仅不会主动地获取更多的输入，即使能够理解语言的输入，也不会习得。情感障碍就像一堵墙，“输入”一旦碰上它，其中一部分就会被反弹回来，而不能进入学习者大脑中的“语言习得机制”。这样，习得者学习语言的能力就大打折扣。相反，对外语学习持积极态度的人，其情感过滤的作用很弱。没有了“情感障碍”这堵墙，“大量可理解的输入”就会畅通无阻地进入“语言习得机制”中去，经过“内化”成为学习者的语言能力。

二、艺术专业英语教学的特点

我国高等院校艺术专业的招生制度主要是强调学生的专业特长，对文化课要求较低，大多数高校录取新生不设英语最低控制分数线，故部分学生英语基础薄弱。艺术专业强调学生的个性发展，主张学生在学业中发展自由个性特点。入学后，学生更重视的是专业课及专业技法训练课程，很多学生对英语等人文与社会学科课程的学习愿望不强烈，往往仅限于被动应付。在课堂上表现为不能积极思考问题和主动学习，对知识的接受、理解处于较低层次，英语教和学的各项实践活动很难开展，教师在课堂上需要花费大量的时间和精力去调动他们的学习热情和积极性。由于主要兴趣和大部分时间与精力都花在了专业学习与排练及完成专业作业上，同时还要参加很多的艺术实践活动，有些学生在英语课上就会感到没有兴趣，就会做一些与英语课堂无关的事情。由此，这样的学生对英语学习心理上的低成就动机、消极定式和思维惰性，都对教师的教学以及心态提出了严峻的挑战。“艺术类专业的学生受艺术思维特征的影响，一般更习惯于直觉和形象思维，更富于情绪、情感和想象，往往喜欢追求浪漫情调和美感”（李继红，2004），即艺术专业学生具有思维活跃、个性张扬、积极热情、富有丰富的想象力和创造力等特点。所以，要求英语教学与其他专业学科教学不同，不能单单停留在学科教学模式中，需审时度势，切中事理。需要改变教师的教育观、教学观、学习观、方法观和语言观。如何为学生创设一个良好的学习环境，如何在教学中运用“输入”和“情感过滤”假说理论，为学生创造一个高兴趣度、低情感过滤的氛围，从而有效地促进学生的语言习得，是摆在我们每位英语教师面前亟需解决的问题。

三、“输入”及“情感过滤”假说对艺术专业英语教学的启示

研究克拉申的“语言输入”和“情感过滤”假说，不难发现我们英语教学中出现的难题都与此有关。克拉申的理论为我们解决这些难题有一定的启迪作用。根据克拉申的输入假设，可理解性语言输入是语言习得的关键，是一个关系到英语教学成败的重要因素。就目前的艺术专业英语教学来看，要使学生在低情感过滤的氛围中获得更多的可理解性语言输入，从而提高语言习得的效率，必须在教学选材和英语课堂以及丰富语言学习及实践等多个环节上加大力度。

1. 注重语言的实际运用

克拉申认为，理想的外语教学环境应该能让学生获得更多直接使用外语的场所和机会，让学生沉浸于使用外语的环境中，进行有意义的沟通，如此才能激励学生学习。因此，学习外语首先要注重语言的实际运用，有了学习语言的动机，又有了真正国际间沟通交流的环境，必定会促使学生主动去提高自己的英语能力。社会语言学和心理语言学认为，语言的学习和使用是一个心理过程，同时又是一个实践过程。英语教学应从学生的学习兴趣、生活经验和认知水平出发，倡导体验、实践、参与、合作与交流的学习方式和有效的教学途径，发展学生的综合语言运用能力，使语言学习的过程成为学生形成积极的情感态度、主动思维和大胆实践、提高跨文化意识和形成自主学习能力的过程。艺术专业英语教学模式应是为技能、知识、情感、策略和文化相互作用的有机整体。当今社会是世界经济全球化的时代，英语学习的重要性不言而喻，对英语实际应用能力的要求也更加迫切。

2. 英语课堂教学应注重培养学生的语言应用能力

英语课堂教学要注重学生的语言应用能力的培养。目前，学生英语的“传出技能，特别是口语和书面语的表达比较弱，还不能很好地适应社会发展的实际需求”。

（张文霞、罗立胜，2004）挖掘和补充实践语言的机会和活动、为学生提供良好的语言学习环境、激发学习的兴趣和动力、重视学生学习主体地位是英语教师的要任务。

英语课堂教学是培养学生英语语言能力的主阵地，绝大部分的教学活动都是在课堂上进行的，因此必须运用有限的课堂教学时间来培养学生的英语语言应用能力，要加强师生情感交流，激发学生的学习兴趣。首先，学生创造性学习能力的培养，需要一个宽松、和谐、愉快的学习环境和情感氛围。课前可以安排学生做自我介绍、才艺展示、学唱英语歌、朗读英语小诗、讲故事、做报告等；课堂上，设置话题讨论、与学生交谈等活动，充分利用鼓励性语言，及时肯定学生，对他们的点滴进步进行表扬，这样学生在融洽、默契、和谐的心理环境中乐意亲近老师，有话敢说、有问敢提，初步形成运用英语交际的良好心理素质。其次，创设仿真的英语语言交际情景，培养学生的英语语言应用能力。英语课是一门实践性很强的课程，教学中应着重培养学生运用语言进行交际的能力，在运用英语进行交际的过程中英语语言情景是必要因素，没有特定的情景，言语交际就难以实现。因此，英语教师要从实际出发，想方设法地创设逼真的、有效的英语语言交际情景来丰富学生的英语信息量，帮助、激励学生理解英语和主动用英语表达思想。

3. 选好教材，注重文字材料的输入

根据克拉申的可理解输入假设，要使学生不断积累所学的语言素材，首先要注重文字材料的输入。在语言教学过程中，无论是理解还是表达，都应从整块的语言材料入手，要认真地对语言材料进行优选，也就是课文的遴选。以课本为载体，重视对基础知识的掌握。因为能力是以知识为基础的，课内学到的基础知识越牢固扎实，就越有利于将其转化为实际运用能力。同时，在语言教学过程中强化听和读的训练，有利于对学生语感的培养，而“语感是英语学习和使用的核心，教学的成败最终要落实到语感的强弱”。教材的编排要合理科学，要地道实用，符合自然习得顺序，应注重输入的质量。所选的语言材料应该难易适中，而且在教学的每个环节中应确保一定量的可理解输入。选用课堂教学的文字材料时，应面向大部分学生，选用能普遍接受的材料，既不可偏难也不可偏易，最好与学生所学的专业相关联。语言材料输入有多种来源，具体形式可以包括结合特定语境的时文选读、美文欣赏、阅读短文、影视台词，以及结合特定语境的听的训练，针对课文的有声阅读训练（即边听课文录音，边看文字，边理解词句意义）等。围绕学生在日常生活中熟悉并感兴趣的话题，提供大量真实的语境和语言材料。激发和培养学生学习英语的兴趣，养成良好的学习习惯和有效的学习策略，发展自主学习的能力和合作精神；形成一定的综合语言应用能力；培养学生的观察、记忆、思维、想象能力和创新精神；形成健康的人生观，使他们能够用所学的知识来解决新问题。阅读和听力材料都是扩大这种输入的重要渠道。因此，让学生进行大量的阅读和训练是非常必要的。为学生提供大量的最佳语言输入，重视优化学生的文化知识结构。重视大量的有趣的可理解性输入，在学生现有水平（i）上提供有趣的可理解性的输入（1）。教师要对内容把关，既要考虑到学生的语言水平和兴趣，还要种类丰富，涉及知识面广。学生在这些练习的过程中，自然而然地就会逐渐吸收材料中出现的“新”语言。

四、结束语

克拉申的输入假说为艺术专业英语教学提供了很多的借鉴和指导，尤其是可理解性输入和输出，因为语言学习的最终目的就是交际。英语教师应该结合自己的教学实际，加强对理论的研究与应用。为学生营造自然轻松的学习环境，使他们在情感上更加乐意学习外语，从而提高学生的语言应用能力。

参考文献

1. Dulay H.C., Burt，M.K. and Krashen. Language Two [M]. New York：Oxford University Press，1982.

2. Krashen，S.D. The Input Hypothesis：Issues and Implications [M]. London：Longman，1985.

3. Moos R.H.& E.J. Teickett. Classroom Environment Scale Manual [M]. California：Consulting Psychologist Press，1974.

4. Penny, Ur. A Course in Language Teaching: Practice and Theory. Cambridge: Cambridge University Press，2002.

5. 张文霞，罗立胜．关于大学英语教学现状及其发展的几点思考[J]．外语界．2004（3）

6. 吴丁娥．外语教学与外语习得中的“输入”及“情感障碍”[J]．外语与外语教学，2000（6）

7. 李继红．艺术类大学生专业特征与外语认同初探[J]．苏州科技学院学报，2004（1）

8. 魏向红．可理解性输入研究及其对外语教学的启迪[D]．福州：福建师范大学，2003

9. 邹为诚. 语言输入的机会和条件[J]. 外语界，2000（1）
10. 王德杰. 对艺术类学生英语教学与教材的探索[J]. 社科纵横，2005.6，VOL20（3）

作者联系方式：
苏璐，中央戏剧学院
地址：北京市昌平区宏福中路 4 号
邮编：102209

多模态话语视角下的美术英语翻译教学模式

邓小燕

（中央美术学院）

摘要：在多模态话语视角下，美术英语翻译课堂利用多种模态的相互作用，特别是强化、补充和协同作用，设计出相应的课堂教学方法。在教学中，老师要和学生转换角色，为学生提供实践的机会，使他们成为听觉和视觉模态的发出者，而不总是接受者，从而成为提升翻译教学的有效途径。

关键词：多模态话语　美术英语　翻译教学

Abstract: Based on Multimodal Discourse Analysis, the corresponding teaching method is designed to stimulate students' interest in class teaching of Translation in Art English with the multifunction of multimodal in enforcement, complement and coordination. During the teaching, teachers try to exchange their roles with students to inspire their auditory and visual sense while students are provided more practice in translation. This kind of teaching modal encourages students to participate in the professional translation effectively.

Key words: Multimodal Discourse　art English　teaching translation

无论是国际学术交流会议，还是国际文化艺术活动，抑或跨国企业合作项目，翻译已成为正常工作的基本条件（蔡基刚，2003）。在社会经济行为中，高质量的国际化复合型人才和“跨文化交际能力”人才是社会的稀缺资源。因此，艺术院校的学生也更加重视自己的文化科目素质，尤其是语言习得。同时，国家教育部颁布的大学英语教学大纲也明确规定，在帮助学生继续打好语言基础的同时，应特别重视培养学生英语实际应用和交际能力，尤其应加大对听、说、写等产出技能的训练强度和考核比重，为学生真正具有国际交流能力打下厚实的基础。针对客观环境所提出的挑战，中央美术学院外语教学与研究中心积极进行面向21世纪的大学英语教学改革，在通用英语教学的基础上，开设了结合美术专业知识的英语系列选修课。其中，美术英语翻译这门实用性强、语言综合能力要求高的课程得到学生很高的认可度。

一、美术专业学生特点

美术类高等院校的学生与普通大学学生不同，他们有着相对其他专业学生的特殊性。他们个性鲜明，形象思维活跃，往往特立独行、标新立异。他们善于用直观的、鲜明生动的形象思维去理解和表现客观世界，而回避严谨、精确的抽象逻辑思维。这些学生都具有一定的英语基础，但其英语基础参差不齐，整体水平相对普通大学学生普遍不高，英语基础比较薄弱，对语言学习没有兴趣，缺乏学习的主动性和积极性，双语修养差。在这种情况下，翻译课教学就不能只利用一种模式进行，如说话是口头、书写是文字等独立模态，而是用两种或者多种模式同时进行，如用PPT上课则是图像、文字、口语同时进行的多功能交际。这种以多种交际方式产生的话语就是多模态话语。本文重点探讨在美术英语翻译课上不同话语模态相互协作，对提高学生课堂参与度，积极进行有质量的翻译活动，培养翻译能力具有促进作用。

二、多模态话语理论

多模态话语（multimodal discourse）的研究兴起于20世纪90年代，是指运用听觉、视觉、触觉等多种感觉，通过语言、图像、声音、动作等多种手段和符号进行交际的现象。在数字化时代，多模态是现代社会各式各样语篇的一大特色。多模态话语分析的主要理论基础是以哈利迪（Halliday）为代表的语言学家所创立的系统功能语言学，哈利迪（1978，1985，1994）认为语言以外的其他符号也是意义的源泉，把语言作为社会符号具有的三大元功能，即概念功能、人际功能和语篇功能，并把包括语言在内的和延伸到除语言之外的其他符号系统看作相互独立而又相互作用的符号资源，在分析语言特征的时候同时强调图像、颜色、声音和动作等视觉、听觉和行为方面符号在话语中的作用。在语言教学中，一种模态不足以表达清楚交际者的意义，从而利用另一种进行强化、补充、调节、协同，达到更加充分或者尽量充分表达意义，让听话者理解话语的目的。在这种互补关系中，不同模态所起的作用是不同的，通常一种模态为默认模态或者基本模态，起基本的和基础的交际作用；另一种或几种起到补充作用。

三、多模态话语理论在美术英语翻译教学中的体现

1. 目前翻译教学存在的问题

众所周知，传统的翻译课堂教学的教法单一，导致课堂气氛沉闷。课堂上，教师基本先讲授翻译理论与技能知识，再将某语篇作为范例，进行逐句翻译；然后，布置课后翻译语篇；下一节课给出参考译文，再对学生的译文做点评分析。虽然授课教师备课认真细致，唯恐有丝毫的疏漏，认真评判学生作业，然而教学得到的结果却往往是：学生抱怨教师"一言堂"，课堂教学枯燥无味；教师则抱怨学生上课不认真，课堂互动无活力，同样的翻译错误频繁出现。课程结束后，就会发现教师为了教学费时费力，而学生翻译意识和翻译能力却提高不大。究其原因主要是传统的教学模式过分强调教师的主体作用，师生之间是单向式交流，学生处于被动接受状态，获得的是零碎、片面的知识，学生内在的学习兴趣和动机难以得到有效激发，造成对知识的消化不良，教师则担心教学内容能否按时完成，结果是学生对翻译"没感觉"，翻译能力停滞不前，教学效果不佳。

2. 教学模态的设计

克雷斯和卢纹（Kress & van Leeuven，2001）认为，"设计处于内容和表达的中间，是表达的概念面，概念的表达面"。然而，实际上，设计不仅受内容的制约，而是受整个语境的制约，包括决定内容的领域、交际目的、师生的情况和关系、教学环境等，以及由此决定的其他因素，如教师本人的一些教学理念和信念等。根据现有的条件、教学目标和教学内容以及学生的情况，老师需为每个教学阶段或每堂课选择合适的模态或模态组合。中央美术学院的教学环境均为多媒体教室或多媒体语音教室，语音教室内均配有黑板、投影仪、影碟机及学生独立显示屏等教辅设备；美术英语翻译是每周一次的选修课，每次上课的时间均在晚上，共有100分钟；课业结束后，学生应了解主要的翻译理论，熟悉常用的翻译技巧和方法，具备在实践中有意识地运用翻译技巧翻译各类美术专业相关体裁语篇的能力。由于美术专业学生英语基础薄弱，兴趣低，形象思维强势，因此，模态的选择需要以教授内容和教学法的选择为基础，教学模式应体现为模态的交叠和语境交互等关系。

（1）多模态选择的原则

古希腊著名哲学家苏格拉底曾说过："教育不是灌输，而是点燃火焰。"教学的首要任务就是激发和培养学生的学习兴趣。根据美术类学生的特质和教学内容特

点，美术英语翻译课上可以采用多模态教学手段，以期达到预想的教学效果。模态选择的原则是以模态选择的动因为基础的。为了取得更好的教学效果，教师要尽量选择多种有效的措施和方法，特别是技术手段；但从经济的角度讲，模态的选择则是越简单越好。所以，教学模态的选择是在最优化和最简单化的矛盾之中进行的，而教师还是尽力选用最先进的多媒体技术作为教学媒体。这样，我们可以把获得最优化效果作为总原则，即模态选择的总原则是：充分利用现代媒体技术，最大限度地充分表达讲话者的意义，取得最佳教学效果。

（2）教学内容体现视觉和听觉模态

由于课时少、时间紧，每学期只有 8 次课，迫使教师在教授内容上要精挑细选，不仅要选涵盖学院各个专业主题的语篇，而且还要在语篇上尽量体现所学的翻译方法和技巧，主要包括如下五种：①词量增减法:包括加词增益、删略凝练等；②灵活变通法：包括词类转换、成分转换、关系转换、句型转换等；③词义引申法：包括具体化、概括化、正话反说等；④色彩显示法：包括褒贬对译、主观评价、中性词的褒贬等；⑤形象传达法：包括比喻形象传达、谚语和俗语形象的传达、成语的译法等。教授内容完全是美术专业语篇，要让学生真正感到有所学、学能用，对其专业发展起到促进作用。教师尽可能采用不同的教学方式，以多元教学模式呈现给学生意想不到的精彩内容；课上采用笔译和口译交互使用的方式，以期使学生能适应未来的社交场景；教授内容不仅要选有趣的、涵盖学院各个专业主题的语篇，而且还要在语篇上尽量体现所学的翻译方法和技巧；因为选修学生来自全院各个专业，故在题材上会涉及所有专业论题，如人文专业的艺术评论文，造型专业的介绍名家及其作品的语篇，设计专业的学生可以学到建筑设计的意义及普利茨克奖得主及其代表作，时尚的含义及国际一线品牌的设计风格，产品设计和室内设计的视频翻译，等等，所有教学语篇均取材于名家翻译文集，国内外各类双语期刊，超文本语料库等；体裁基本上是美术篇章常用的叙述文、说明文和夹叙夹议文，另外还涉及时下国内外各媒体有关美术、设计及时尚领域的评论、推介文章和采访报道。以上所有语料均以 PPT 形式呈现于课堂，包括文字、图片、视频等元素，符合学生的认知水平，通过视觉和听觉两种模态交互补充，使课堂处于连续、积极的动态状态。

（3）教学方法体现多模态话语交际

在多模态话语时代，交际的模态不仅局限于语言和一些与语言相关的非语言模态，如手势和腔调等；而且扩大为多种模态，包括图像、音乐、空间布局、投影、网络等。在实践中，有意识地选择模态来表现现实的过程，是制造语篇和识读语篇的过程，是利用可利用的资源进行社会交际的过程。基于上述理论、翻译课程的性质及美术院校学生特点，每堂课可采取以下一种或几种教学法重叠的方式；在教学过程中应指导学生如何进行语言转换、如何平衡影响翻译的各种因素、如何选择翻译策略和方法等，注重将讲解两种语言的结构、语序及内在的文化映射贯穿于整学期的教学中。

①交际互动法。在学习基本翻译理论过程中，对于语篇的处理，可以采取小组讨论、学生相互问答、现场翻译等多种形式来实现生生互动；而在讲授翻译基本技能过程中，可以采用教师设疑、学生回答，学生提问、教师答疑等多种课堂提问形式进行师生互动式教学。实践表明，课堂互动可以影响课堂气氛，提高学生的积极性和参与程度，进而达到提高课堂教学效果的目的。

②“生态课堂”教学模式，即将课堂教学形成一个“知识积累—文本学习—课外延伸”的立体环形。强化课堂教学结构中学生的主体地位，教师的主导作用是要让学生“探求知识的圆圈”不断地扩大。只有学生的主动性、积极性和创造性得到调动并活跃起来，课堂才能成为在老师组织协调下的一种学生自主学习、多维发展的“环形”课堂。比如，课上老师就本节课要讲的语篇发给学生，让学生对照老师的PPT用彩笔画出语篇重点，每节课的重点基本都是翻译技巧、复杂句式分析、中英语言对比和中西文化对比等。然后，老师将段落分配给各小组，让各组协作翻译其段落，每组的每个成员都要参与发言，其他各组提出异议或给予补充修正；每组的任务结束后，老师将其表现记为平时分，再针对每段中的重点包括翻译技巧做简单解释，从中英语言特点和翻译技巧方面，对每段中的长难句做分析式翻译，然后再发给学生参考译文，让学生体会领悟其中的精妙。最后，将本课中涉及的翻译技巧留作全班的课后延伸任务，下一节课上正课前，叫学生以PPT的形式，将理论结合实例讲给大家听。这种多层次、立体型以学生自学和合作学习为基础的师生交互教学形式，能起到承前启后的知识链接和发挥学生主体性的作用，在“悟”中培养学生的翻译意识。

③频语境教学法。在美术英语翻译教学中也可以充分利用视频语料。可在视频教学设计时，通过软件把视频里的字幕去掉，视频的文本内容和人物讲话的语速都要选较符合学生水平的，内容基本都是设计规则和理念方面的，每个视频的播放时间从十几分钟到三十几分钟不等，然后在观看过程中进行同步翻译。翻译方式是各小组竞赛模式，老师评判每组表现并记录为平时分。等整个视频翻译结束后，老师再重新播放带有中英文字幕的视频，遇到难点，再加以解释，使学生能够内化并记忆。这种在具体语境下进行练习的课堂模式，使学生能够接触到图像、音乐、语言、声音、文本等多种符号模态，有利于培养学生的反应能力和翻译实践能力，生动的画面、和谐的色彩及有创意的话题也调动起他们参与课堂的积极性，并能保持听、说的兴趣。

④“发现学习”教学模式。布鲁纳提出的“发现学习法”理论强调学生主动发现并进行认知，注重培养学生的学习方法，进而建立注重过程和学生为中心的课堂教学模式。其特点有：第一，注重内在动机；第二，注重学习过程；第三，注重直觉思维；第四，注重信息提取。具体操作为：让每组学生课下找一篇美术专业双语语篇，小组协作分析此语篇的中英文语言特色、翻译方法、文化内涵等；然后让每组选派一名代表在课上以 PPT 形式做“语篇分析报告”，其他人可以提出异议来当堂讨论，老师再做点评和修正。整个过程是学生积极探究、老师帮助并促进学生主动思考并参与获得知识的过程。

⑤照分析法。比较教学法认为，翻译活动可以是一种自觉地防止母语负迁移作用的活动。提前一周把原文和译文发给学生，要求他们在课前研究原文，分析已有的译文，并提供自己的译文。学生会带着许多的见解和疑问来到课堂参与讨论，然后老师给予点评并对难点和重点作出总结。一节课下来，学生觉得这样的翻译课堂让他们印象深刻，对翻译活动的认识更加深入。

以上五种教学法的应用，基本上都采取了多媒体课件的课堂呈现形式，老师课上也采用人际意义来提高学生概念意义的获取，如表情应该是亲切、微笑，语言要幽默、诙谐，要尽量缩短老师和学生之间的距离，创造轻松的氛围，在讲台和学生之间移动，把学生的注意力吸引到主要的学习任务上来，从而体现出多模态之间的相互协同。教学的主模态是听觉模态，因为在以上课堂模式教学中，课堂都是由口头交际的进程决定的，所以尽管由视觉模态实现的课堂布局确定了老师的地位和角色，但它提供的只是背景信息和条件，对听觉模态仅到辅助和强化作用。重要的是，话语的交际是双向的，由于注重培养学生的翻译能力，提高其课上的能动性，学生在视觉和听觉模态的参与中，不仅话语量大，而且还亲自到讲台讲，同时，他们组成小组讨论和研究，这样就使他们从服从和从属地位上升到模拟、主导地位，从被动角色上升到模拟主动角色，是学生能力培养的主要渠道。这种涉及听觉和视觉角色的转化，对教学内容进行强化，也是培养学生翻译能力的主要手段。老师和学生的转换角色，为学生提供实践的机会，使他们成为听觉和视觉模态的发出者，而不总是接受者。课堂上常用的现代技术还可以从内部提供动力，使学生从内心愿意从事这种活动，把外因转化为内因。如果以语言教学三要素来衡量多模态协同教学环境创设的有效性，即投入（engage），通过不同的活动和方法来引起学生对所学语言材料的兴趣，促使他们参与；学习（study），就是通过课堂活动和练习，使学生掌握课程要求的内容；运用（activate），是指通过练习和课堂活动，使学生自由地、实际地运用语言，则可以看出学生课堂状态的变化，如表 1 所示。

表 1 2012 年和 2013 年美术英语翻译选修课课堂状态记录

项目	选课人数+课堂模式	全校各院：共 36 人（2012 年） 无多模态协同的传统翻译教学	全校各院：共 40 人（2013 年） 采用多模态协同+多种教学法
投入（engage）	1. 课上积极参与度（回答问题，小组活动等）	12 人（33%）	35 人（88%）
	2. 采集名家双语美术语篇作为课上分享篇	18 人（50%）	40 人（100%）
学习（study）	1. 在实践中注重翻译技巧和方法	6 人（17%）	21 人（53%）
	2. 培养翻译意识，有意避免“翻译腔”	5 人（14%）	17 人（43%）
运用（activate）	1. 自主习得翻译技巧，结合美术实例给全班讲解	2 人（6%）	15 人（38%）
	2. 积极给同学纠错，并做语法及翻译分析	4 人（11%）	10 人（25%）

注：（1）2012 年和 2013 年的选课学生均来自全校各院，各院的分布较均匀。

（2）在两个学期的第一次上课时，学生均做了随堂笔头翻译水平测试，结果表明两拨学生的语言及翻译层次相当，出错点的概率几乎一致。

（3）说明后续的课堂记录的可信度高。

（4）评估体系中的模态元素

由于平时课堂上的多模态教学积累了部分成绩，期末随堂做了一次语篇翻译，翻译的内容共两段，一段是平时讲过的，另一段是未讲过的，故期末的综合成绩主要是将形成性评估和互动评估有机地结合起来，该课程最终成绩由课堂汇报（10%）+考勤等课堂表现（10%）+期末考试（80%）构成。这种评估体制可以正确、公平及全面地评价学生的学习情况，有利于老师了解学生的学习动态，把握自己的教学现状，从而进行教学方式的调整，鼓励老师进行创新型多模态课堂设计。

四、结语

在多模态话语理论指导下，美术英语翻译课程被赋予区别于传统教学法的新理念，即翻译课程让学生多投入，使学习活动化，活动因此而交际化。利用多种模态的相互作用，特别是强化、补充和协同作用，设计出相应的课堂教学方法。不同模态之间的相互配合可以产生正效应，多模态交际可以使受话人通过多通道获得信息；以多项模态来呈现同一个意义能够强化理解和记忆，从而使教学的过程成为一种立体多维的创作过程，鼓励教师更加重视"有意识选择模态来表现现实"的教学设计。

参考文献

1. Halliday, M.A.K. Explorations in the Functions of Language [M]. London: Edward Arnold, 1973

2. Kress, G. & Van Leeuwen, T. Multimodal Discourse: The Modes and Media of Contemporary Communication [M]. London: Arnold, 2001

3. 蔡基刚．重视大学英语翻译教学提高学生英语应用能力[J]．中国翻译，2003

4. 王琳．布鲁纳的发现学习及启示[J]．当代教育科学，2005（21）

5. 张德禄．多模态话语分析综合理论框架探索[J]．中国外语，2008（1）

6. 张德禄，王璐．多模态话语模态的协同及在外语教学中的体现[J]．外语学刊，2010（2）

艺术类院校特色英语课程
——基于 CBI 的 ESP 教学初探

武　越

（中央音乐学院）

摘要：近年来随着大学学生国际交流频率和质量的不断提升，大学学生尤其是艺术类大学生在公共英语课中所习得的语言能力虽能满足日常普通交流，但对于专业性和学术性较强的交流沟通却力不从心。本文旨在探讨 CBI 教学理念下的 ESP 教学的基本概念、教学原则与教学目标，并试图设想在艺术类大学中开设 ESP 课程所涉及的教材选编、课堂模式和学习模式等问题。

关键词：以内容为依托的语言教学　专门英语　艺术类学生教学模式

Abstract: Colleague students, especially those majoring in arts recently found that those English skills they acquired in colleague English classes can well serve the casual daily talks, but fail their needs to do academic or professional communications. To help solve the problem, this paper intends to explore the theoretical foundation and methods of employing ESP teaching in teaching sessions, and to delve deep into the teaching texts, teaching mode as well learning mode concerning ESP teaching.

Keywords: CBI　ESP　Teaching Mode for Arts Majors

一、引言

自 2002 年实施大学英语教学改革以来，我国的英语教学取得了显著成就。大学英语的教学地位和学科地位得到显著提升，基于计算机和课堂的大学英语教学在教学理念、内容、方法、手段和环境等方面都发生了显著改变，高校本科生的四级考试成绩总体呈稳步上升趋势，截至 2009 年，四级考试通过率提高了 14 个百分点[①]。然而就艺术体育类院校学生而言，英语学习仍面临着一些尴尬境况——英语与本专业的结合不甚密切，突出表现为，学生们在英语课堂所学到的知识能基本满足日常沟通；但鉴于学校及自身所学的高度专业化，在与专业人士进行本学科内深度的学术沟通时表达不够精准，无论是口语还是书面语均不甚符合本学科的用语特点。若从专业角度深度剖析会发现，此类问题的根源在于高校尤其是专业类高校外语教学侧重于语言技能的通识教育，而非学生在实际沟通中所需的专业领域内的语言知识，此时学生们的英语表达技能则沦为花拳绣腿，无法在专业场合进行有效的交际。为解决学非所用的问题，笔者认为，以内容为依托的教学模式即 CBI 教学理念对艺术类大学英语教学具有非常现实的指导意义。

三、CBI 教学理念概述

CBI（Content-Based language instruction，以下简称 CBI）教学，即“基于内容的语言教学”，是“一种将特定的学科内容与语言教学目标结合起来，将当前学术领域的教学与第二语言的技能学习相结合的一种教法”（Briton, D., Snow & Wesche, M.B., 1989）。CBI 教学理念将目标语作为获取学科知识的工具，而非直接的学习目标，因此在教学环节将语言形式（如语法、句型）与意义（专业知识）的学习统一起来，在 20 世纪 80 年代流行于加拿大、美国等地。

CBI 以二语习得研究中的“有意义的内容学习理论”和认知心理学中的“知识建构理论”为理论依据，以“发展第二语言或外语能力，并在学习特定学科内容的过程中获得杰出的内容和语言的运用能力”为教学目标（Wesch, M.B., 1993）。CBI 教学理念有四个主要特征：①以学科知识为核心，即围绕学科知识而非语言形式、功能或语言技能展开教学，在学习学科知识的过程中获得语言交际能力；②使用真实的语言材料，即在教学中所使用的主要材料均为原汁原味的语言材料；③学习新信息，借助先前获得的某些知识图式学习和评价新信息；④符合不同学生群体的需要，因此学科知识、教学活动及所涉及的语言材料要符合学生的语言水平、认知程度、情感需要并符合未来的职业需求和个人兴趣等（邵军航，2012）。

笔者认为，在 CBI 教学过程中教师首先要对课程准确定位，避免“仅仅将内容

① 大学英语教学改革成果介绍及四级过级数据来自教育部网站：http://www.moe.edu.cn/ publicfiles/ business/ htmlfiles/moe/s3857/ 201011/110828.html

作为语言教学的外壳，学习浮于表面，因语言而牺牲对内容的掌握”，或是“为了学科内容的掌握……而减少完整的语言输入和使用”这两种错误倾向（张效珍，2010）。教师的教学模式应与学生的语言水平、认知能力以及情感需要相结合，以内容的学习引导语言的学习，同时以语言的学习促进内容的理解和输出。

三、ESP 教学概述

ESP（English for Specific Purposes，以下简称 ESP）指专门用途英语，即专业英语，是英语教学领域的一个分支，与公共英语（English for General Purposes，EGP）有显著区别。专门用途英语的“专门”是指“目的”而非“语言”本身，正如英国学者波林和罗宾逊（Pauline Robinson）所说：“语言本身的教学并不是 ESP 的中介，而利用语言实现一个确定的目标才是 ESP 的真正目的”(Pauline Robinson，1980：6)，而“确定的目标”具体则指在特定目标语境中获得有效交际的能力（刘慧莉，2003）。

ESP 将语言知识与专业知识相结合，涵盖的知识面广，因而具有多元化与多样性的特点。ESP 教学以特定目标为导向，且建立在对学生的需求分析的基础之上，因此各类教学活动坚持以学生为中心的原则。这一特点与 CBI 教学模式基本吻合。

ESP 课程专业性明显，在实际教学中多为专业课老师组织教学，然而专业课老师虽具备系统的专业知识，但语言能力、语言教学策略或许并非其研究所长，在教法上只能沿袭传统的翻译式教学，课程质量难以保证。笔者认为，在 ESP 课程设置时首先应确定课程所选定的专业知识的难度量表，根据不同难度适当配备师资，尊重 ESP 课程本质为英语课的事实，以英语教师为授课的主力；对于专业性强的课程内容或可采取专业教师与英语教师合作的授课方式。鉴于目前我国 ESP 课程教学效果不佳、科研停滞不前的现象，承担 ESP 教学任务的英语教师也应加强自己的理论研究，进而与教学实践相结合，唯有此举才有可能使我国的 ESP 教学境况彻底改观。

专门用途英语又有两大分支，分别为实用性更强的职业用途英语（English for Occupational Purpose，EOP）及学术性更强的学术用途英语（English for Academic Purpose，EAP）。学术用途英语，是涉及自然科学和社会科学共有学术语境特点的英语教学，其“把重点放在学术环境中某一特定群体的交流需求和行为上而惊醒的教学……是基于对某一学科认知、社会和语言等方面的需求而进行的教学”（Hyland & Hymp-Lyons，2002）。学术英语以帮助学习者提高学术写作、学术讨论、文献查阅等各个专业通用的语言知识技能为主要目标。

综上，笔者认为以 CBI 为基础的 ESP 教学在大学英语的课程准备以及教学环节中，应以具体知识为教学内容，在阅读或听力等信息输入的环节中不再流于选择泛泛的议论性或说明性文本，为避免所输入信息不连贯、授课内容仅以语法句型为着重突出点、所学内容关联性不强等现象，可选择符合学生需求的文学作品精读、英语国家社会与文化等专门知识为教学内容。此外，第二语言即英语不再是首要学习对象，而是教师教学和学生学习的工具，在以英语为语境的学习过程中，学生不仅构建了对某一话题或领域的知识和理解，同时也借助于真实的语境习得相应词汇、句型等语言知识，且在理解的基础上获得信息输出的比对练习机会。此举避免了由于语言转换所带来的信息歪曲和丢失，同时原汁原味的语言亦可帮助学生获得最原始的话语形式，实现内容和语言的双重收获。

四、艺术类院校基于 CBI 的 ESP/EAP 课程初探

目前各大艺术院校的英语课程普遍为公共英语。苦于考级、求职与升学的压力，学生的学习积极性虽有所提高但多数情况下依旧为被动学习，应试能力有明显提升，而口头沟通能力与书面表达能力仍然不尽如人意。以笔者所在的音乐院校为例，学生在外国专家大师课、演奏会等场合交流时，现场完全依赖翻译，私下与专业人士只能简单地寒暄几句，专业领域的沟通则只能借助个别术语和肢体语言，因而时常发出“英语不好学，学了也不会用”的感慨。

目前大多数学校在学生入学后的 1～4 学期开设 EGP 课程，个别专业仅在三年级开设 ESP 课程且作为选修课供个别学生选择。事实上，“人们在使用第二语言来获取信息而不是把语言本身看成是学习的终极目标时，第二语言的学习效果才最佳”(Brinton et al.，1989)。近年来艺术类学生毕业后出国留学的比率越来越高，笔者认为，无论是本科阶段还是研究生阶段，英语应为学生学习专科知识的工具，而不是被用来做语法分析的语料，因此教学重点应该是通过篇章或语篇来传递以及构建意义和信息。鉴于此，艺术类大学英语教学可摒弃大而空的公共英语课程，转而采取更加务实的 ESP 教学模式，围绕语言内容和技能展开教学，兼顾通用英语和专门英语两方面，既注重语言形式又强调语篇信息，打破传统的公共英语泛泛的学习语言知识的传统模式。综合考虑艺术类院校学生学习积极性和英语课学时受限等条件，笔者认为，普通的 EGP 课程可作为矫正型课程为英语水平较差的学生开设，其余学生直接进入 ESP 的课程学习，习得具体学科知识和语言内容，同时在高年级阶段开始 EAP 选修课程，提供专业学术英语导读，教授学术研究和学术写作规范语言模式，供有进一步学术研究志向的学生选修。这种设想并非异想天开。“与其提出过高的、

不切实际的大学双语教学要求，还不如扎扎实实地做好ESP教学的设计与实施工作，为学生真正打开外语英语能力基础”（束定芳，2004）。通过开设与学生所学专业密切相关的ESP课程，调动学生知识储备中已有的认知图式，使学生有机会用第二语言输出并分享自己所熟悉的内容，进而增加对英语学习的自信心，提高学习积极性。

在艺术类院校开设ESP课程不可避免的一个尴尬境况就是英语教师对英语学科（语言学、文学、翻译、英美社会文化）之外其他学科的了解和认知趋于泛泛，即缺乏对艺术各门类的专业知识储备；同时学生的英语能力尚不能研读过于专业和正式的学术语言，而且如果依据某一专业开设的ESP课程专业性过强，则会造成该专业学生英语课学习内容与自己的学科专业课相重合，导致教育资源的浪费；而其他专业学生又会出现与自己所学专业相去甚远的现象。笔者认为艺术类大学开设ESP课程应从教材、教学形式、练习类型、学习方式等方面入手。

1. 教材选编

目前国内有面向医学、科技、法律以及经济专业学生的ESP教材，但面向艺术类学生的ESP教材数量较少，且艺术一词内涵丰富分支繁多，如美术、音乐、戏曲、戏剧等，对教材编纂者而言很难综合如此繁杂的学术分支编写一本适用于各类艺术学生的教材。笔者认为各艺术类大学的英语教师可依据本校办学特色，尝试出版面向某一艺术领域的ESP教材。但在教材的选编过程中，仍有专业知识体系、文章难度和学生接受度等细节问题。

首先，国外学术英语课程设置方法中的需求分析和学习环境分析可以移植到国内的英语课程与教材选编的设置中。教师可采用需求分析找出学习者现有语言水平和未来目标之间的差距，或采用测评、问卷和访谈等方式对学生的现有水平定位，同时借助问卷了解学生的学习兴趣点，从而明确教学目标，在教学中做到有的放矢（张晓君，2004）。

其次，在选择专业知识体系时，笔者认为教材编纂者（本文假定为任教于各艺术领域大学的英语教师）可采取寻求本艺术领域内的最大公约数的原则。以笔者所任教的音乐院校为例，学校共设有包括西洋乐器演奏、中国民族乐器演奏以及作曲、指挥、音乐治疗等在内的10个系部，下属专业更是名目繁多。除具体所学门类不同之外，学生普遍通用的乐理知识也稍有不同，如民族乐器类学生不专研西方音乐史，而西洋乐器类学生对民族音乐史的了解也非常有限，即便对乐理、乐器了解颇深的指挥系、作曲系学生对音乐治疗专业（音乐与心理学相结合的专业）也知之甚少。要满足这些学生的ESP教学需求，对原本就不擅长音乐知识的英语教师而言可谓难度较高。此种情形下，教师只有在专业知识领域寻求最大公约数，在各专业学生固有的认知图式中才能找到最大共鸣。

最后，教材编纂者应清楚界定教材的使用目的，明确授课目标。对于艺术类院校的学生而言，ESP 教材首先应在与专业密切相关的同时满足其学习目标。不同于人文类学科学生最终呈现自己研究成果的方式是发表规范的学术论文，或科学类学生通过实验模型和实验数据展示其科研成果，各类艺术形式最直白的表达方式为艺术作品本身，如自创的音乐曲目、美术作品等。因此语言学习输出环节中的写作能力或许并非艺术学生们的首要关切，而口语表达尤其是涉及专业实质内容的沟通能力才是其英语学习的最终目的。因此 ESP 课程在侧重专业知识时，教材也应着重满足学生们的交流愿望，并最终通过用英语学习专业知识实现用英语流利准确表达专业知识的目标，实现“一箭双雕”。因此教材内的文篇在语言难度上既要符合艺术类学生的语言水平，也要满足口语沟通的实际需求，书面语倾向不宜过重。

综上，编纂艺术类学生所需的 ESP 教材绝非易事。艺术虽有不同门类之分但也彼此相通，如音乐类学校专修声乐和歌剧演唱专业的学生与戏曲类学校传统戏曲表演专业的学生在专业学习内容上或有交集。因此，笔者认为应建立开放且适用于艺术类学生 ESP 课程的语料库，各艺术类大学英语教师在编写符合本校学生教材的同时亦可参照语料库内的数据，互为促进。

2. 教学形式与练习类型

ESP 教学中语言输入的内容、方式和途径应多种多样。教师在保证内容连贯性的同时可选择多样的语言输入方式和途径，如讲义、讲座或公开课录像片段、纪录片等。因为多数学校英语大班上课情形所限，西方通用的研讨班和个别指导（Seminar，Tutorial）等授课形式在国内英语课堂的推广有一定难度。但教师仍可吸收其中精髓，统领课堂的同时亦在授课过程中扮演激励者的角色，以着重训练学生信息输出的能力为主，借助学生们普遍关心的专业内容调动学习积极性，并激励学生学习新知识的热情，将现有认知图式和所学知识有机结合起来。语言输出不是语言习得的必然结果，而是语言习得的必要过程，语言输出能强化学习者对语言输入的理解和巩固（Swain, 1985）。在每节课结束前教师可要求学生口头复述（retell）或书面总结（summarize）所学内容，以巩固和检验学生学习成果，更新学生的认知图式；另外小组报告（presentation）、分组讨论（team discussion）也能训练学生们的表达能力，并增强学生的学习信心。教师在此过程中起到一个评估者、组织者的作用，尽力为学生提供语言实践的机会，提高学生的语言运用能力（李健，2005）。

3. 学习方式

ESP 教学应大力倡导学生合作性学习，合作性学习提供了大量的在焦虑感较低的环境中参与并使用目的语言的机会……合作性学习为培养学生的自信心和提高学习动机、建立更积极的学习态度提供支持（李健，2005）。在 CBI 教学中，教师可将学生分为不同的小组，安排学生一起学习并完成小组任务，每人在小组内承担不同的责任，并在课堂活动中给予学生充分的讨论时间，借助评审督促学生相互影响，分享观点，“以一种低风险的论坛形式构建知识体系”（P. Shaw，1997）。由于艺术类学生 ESP 教材选材略为宽泛，教师可在一个学习小组中安排不同系别的学生，通过小组合作式的学习使彼此补充各自的专业知识，在输出的练习环节增加交流的新鲜感。在高年级阶段的 EAP 教学中，合作式学习更能方便学生交流学术研究思路，在语言表达方面更能彼此提示，互相启发，切实增强语言表达能力。

五、结语

CBI 教学是一种以学生为中心的教学理念，它侧重学习过程而非学习后的结果。不同于传统的公共英语课堂，学生的阅读、听力等输入性学习是为了获得基本语言知识，CBI 教学以习得信息内容为首要目标。专门英语教学正是基于 CBI 教学理念下的新型英语教学模式。

专业英语教学的概念最早在英国提出，并因其科学性和实用性在香港、澳大利亚和美国等地的外语教学中广受欢迎。目前我国大陆地区的专业英语教学仅限于医学、法学、科技英语等学生人数较多的专业。近年来随着我国文化开放和外播的速度加快，艺术类学生对英语的需求亦越来越大。传统的公共外语课已无法满足学生专业沟通的要求，将专业英语甚至是学术英语引入艺术类院校学生的英语学习，以学生普遍了解的专业知识为第二语言学习蓝本，通过学生们的合作性学习以及教师所引导的一系列课堂活动，能够达到获取专业知识、交流信息以及掌握语言的多重目的。在专业英语教学中实施 CBI 教学理念既可以帮助学生实现语言知识和专业知识的同步提高，消除学生语言能力和语言运用能力之间的差异，也为学生在以后的求学和工作中打下基础。

参考文献

1. Brinton, D.M. & Snow, M.A.& Wesche, M. B. Content-Based Second Language Instruction. [M]. Boston: Heinle & Heinle Publishers, 1989: 2-4

2. Hyland, K. Hedging in Scientific Research Articles [M]. Amsterdam: John Benjamins, 1997

3. Swain,M. Communicative Competence: Some Roles of Comprehensible Input

and Comprehensible Output in Its Development. Rowley, MA: Newburry House, 1985

4. Wesche, M. B. Discipline-Based Approaches to Language Study: Research Issues and Outcomes[A]. Lexington, MA: D.C. Healthy, 1993

5. 李健．CBI 教学理念新探——CBI 对 ESP 教学形式的启示[J]．齐齐哈尔大学学报（哲学社会科学版），2005（5）

6. 刘慧莉．试谈 ESP 的课程设计问题[J]．四川外语学院学报，2003（2）

7. 邵军航．大学英语 CBI 教学模式：问题与对策[J]．上海金融学院学报，2012（2）

8. 束定芳．外语教学改革：问题与对策[M]．2004: 93～99

9. 张晓君．英国 EAP 教学发展对研究生英语课程设置的启示[J]．四川外语学院学报，2004（6）

10. 张效珍．CBI 教学理念指导下高校英语与课程设计的策略[J]．广东外语外贸大学学报，2010（4）

作者联系方式：

武越，中央音乐学院教师

邮箱：wyue@ccom.edu.cn

当代美国文学中的体育

——兼及对教学的启示

王　敏　张西环

（北京体育大学）

摘要：当代美国文学涌现了大批以体育为题材的作品。本文以美式足球、篮球及棒球三大团体运动为例分类透析了当代美国文学中数目众多的体育文学作品及其各自的特点。同时，从课程、教材和教法方面对体育文学之于体育院校英语教学的启示予以提及。

关键词：当代美国文学　体育　教学

Abstract: A large number of works based on sports subjects have sprung up in contemporary American literature. Taking three major team sports, namely football, basketball and baseball as examples, the numerous sports works in contemporary America and their respective features have been categorized and analyzed. In addition, the enlightenments of sports literature to the English teaching in sports universities have also been mentioned from the aspects of course, textbook and teaching methods.

Key words: contemporary American literature　sports　teaching

"世界上的许多地方，一年有四季：春、夏、秋、冬。美国，却只有三季：足球、篮球和棒球季"。由此可见美国人对运动的热爱以及这三大团体运动在国民心中的重要性。在当代美国文学中，有很多表现体育领域生活的作品。但目前学者多关注中国文学作品中的体育，对美国文学这一领域却鲜有人涉猎。研究当代美国文学中的体育，可以了解其体育人特有的生存状况，体味其独特的体育文化，领略其精神超越的审美追求，亦会为中国相应的体育项目提供借鉴。此外，英美文学是英语专业学生的必修课程之一，不但能使学生深入体会英美文化，同时也可提升学生的文学审美鉴赏能力。作为体育院校英语专业的学生，体育特色不容忽视。笔者认为既然外国文学中有如此丰富的体育资源，体育院校课程设置则应引入体育文学课程，此举既能强化学生对文化常识和文学理论的掌握，也能使学生领悟其中的体育知识及内涵。

一、当代美国文学中的体育

1. 美式足球

“橄榄球仪式化的、分寸适度的暴力比棒球田园式的宁静更能精准地反映出美国生活的实际。棒球代表一种憧憬，橄榄球才是生活的现实”。20 世纪 60 年代，美式足球（橄榄球）在美国已经超越棒球成为最受喜爱的运动项目。2013 年 5 月，中国首届美式室内橄榄球教练员、裁判员培训班在北京体育大学举办，标志着美式室内橄榄球正式进入中国。美国国家美式足球联盟（NFL）的年度冠军赛是超级碗（Super Bowl），奖杯名称为“文斯·隆巴迪杯”（Vince Lombardi Trophy）。文斯·隆巴迪作为主教练曾率队夺得过超级碗的第一届和第二届总冠军，是 NFL 震烁古今的传奇人物。1970 年文斯·隆巴迪去世，为纪念这位足球史上的神话人物，美国国家图书奖获得者（1965）、美国第 18 任桂冠诗人（1966～1968）詹姆斯（James Dickey）专门为他创作了挽歌《致已故的文斯·隆巴迪》，迪基（Dickey）在诗歌中向身患癌症的文斯提出了价值观上的尖锐问题：

教练，难道您不知道吗？
我们中的一些人这一生都被毁了。
并非所有的人都能赢。
文斯，我们中的绝大多数人如何呢？
我们输了。

诗歌结尾处，诗人笔锋一转，写道：

你把我们千百万的人团结在一起……
我们和您在一起，
我们永远和您在一起，
文斯，您永不曾放弃。

除了诗歌，以橄榄球为题材的当代小说也层出不穷。这些小说多数以运动员为主角，讲述他们球场内外的故事，此外也有自传性质的、以爱情为主题的甚至涉及兴奋剂这一敏感话题的作品。后现代主义文学的代表人物唐·德里罗（Don Delillo）的第二部小说《球门区》（End Zone），可能是有史以来最好的体育小说。它是一本关于游戏的书——战争、语言、橄榄球。“所谓的球门区，指的就是足球守门员活动和把守的那个方框里的区域，小说的题目暗示了人在世界上的存在，就犹如在球门区等待着被射门时的那种紧张状态”，大学橄榄球队的跑卫盖瑞·哈克尼斯作为主角，以第一人称的口吻生动地讲述了他的球场经历和约会插曲。哈克尼斯天性好玩，他善于思考诸如核战争之类的问题。另一位美国著名后现代派作家罗伯特·库弗的《发生在芝加哥熊队的阴沉鬼身上的那些事》（Whatever Happened to Gloomy Gus of the Chicago Bears），以大萧条为背景，展示了“阴沉鬼”的足球生涯，赛场外的风流韵事，以及在共和钢铁公司大罢工期间的一次示威游行中的离奇死亡。该书以美国前总统尼克松早期的经历为原型，他一度想成为一名成功的橄榄球运动员，“阴沉鬼”是尼克松在杜克大学法学院读书时别人起的一个绰号，这是因为他有一幅愁容满面的脸和拼命好学的习惯。美国《体育画报》资深记者法兰克·狄佛创作的《爱到最高点》（Everybody's All-American）完整地展示了主人公加文·格雷从大学足球队到职业足球队的整个过程。格雷的足球生涯是一个悲情的曲线，先是逐步走向辉煌，后来由于嗜酒、婚姻问题和失利的生意而命运急转直下，膝盖受了重伤，不得不退役，这是格雷很难接受的现实，他痛不欲生，只能不断缅怀过去赛场上的荣光，最终用手枪结束了自己年轻的生命。

弗雷德里克（Frederick Exley）的《一个球迷的笔记》（A Fan's Notes）表面看来关乎名人崇拜，主要写体育球迷空虚的内心以及作者对纽约“巨人队”明星四分卫吉福德（Gifford）的狂热，但稍微细心的读者便会发现，吉福德是作者埃克斯利自身的投射，其中有埃克斯利的一种莫名恐惧，即无论在球场还是生活中，自己或许永远只是一名观众，而非真正的参与者。除了赛场内外的生活，兴奋剂这个体育热门话题在文学作品中也有涉及。彼德·根特（Peter Gent）曾是密歇根州立大学篮球队队员，后成为 NFL 的职业橄榄球手。退役后，他转型为小说家。他的第一部也是最著名的一部小说便是以他和他的球友为原型的半自传小说《北达拉斯队》（North Dallas Forty）。书中的主角菲尔（Phil Elliott）是一名职业棒球手，随着年龄的增长，他不得不依赖药物来保持自己的运动活力。该小说触及了药物这一敏感话题，暴露了美国职业橄榄球丑恶的一面。同时，作品也揭示了 20 世纪 70 年代 NFL 职业赛手场外的生活，酗酒、纵欲，而教练只专注队手的比赛成绩，对这些却视而不见。根特作品的高度是其他职业运动员转行的作家所难以企及的。

2. 篮球

篮球运动是1891年由美国的詹姆斯·奈史密斯发明的，他被誉为“现代篮球之父”。美国第一大职业篮球联赛即美国篮球职业联盟（National Basketball Association），简称“美职篮（NBA）”，是公认的世界上最高水平的篮球赛事，其中产生了威尔特·张伯伦、迈克尔·乔丹、科比·布莱恩特等篮球巨星。但就篮球小说而言，却远不如棒球和足球小说丰富。当代作家约翰·厄普代克的《兔子三部曲》可称得上是篮球文学的典范。厄普代克曾获普利策文学奖，声噪文坛。他的代表作《兔子跑吧》、《兔子回来》和《兔子富了》均围绕绰号为“兔子”的主人公展开。“兔子”是高中篮球队的明星球员，毕业后由于社会和家庭原因，他感觉十分压抑，于是屡屡离家出走，也曾在前教练的介绍下认识妓女并与其厮混，但这些都不能让他获得精神的自由。他回归家庭，却无法克制与妻子的冷漠，再度离家出走，向一名运动员一样跑啊跑啊。到了“三部曲”中的第二部《兔子回来》，“兔子”已变得比较世故，冷眼旁观社会中的一切苦难。在其妹的劝说下与妻子重归于好，共同筹划未来的日子。时间大概又过了10年，到了20世纪70年代，正如《兔子富了》的标题所显示的，“兔子”在人到中年的时候由于经营汽车销售生意而富有，人也变得富态了，不再擅长打篮球，只是为了锻炼而坚持慢跑。如大多数的中年人一样，他也经历了中年危机，经常回忆往事并意识到死亡迫近的现实。

篮球文学中出现了一些反映美国负面内容的作品。巴里·贝克汉姆（Barry Beckham）的《双灌篮》（Double Dunk）是一部颇具教育意义的篮球小说，主人公是纽约一家初中篮球队的高手，发明了“双灌篮”，曾在一次比赛中获得52分的高分，而刷新学校纪录。他被人们认为是最有前途的球星，但后来染上毒瘾，并因犯罪被送进监狱。后来他在狱中克服毒瘾，获得重生，甚至为年轻人创建了联赛，并给篮球小队员当教练。托德（Todd Walton）的《真正朋友》（Inside Moves）尽显人间冷暖。书中的罗里自杀未遂，因此残疾，经常混迹酒吧，与腿脚不好的酒吧招待杰里成为最好的朋友。后来一名职业篮球队员借钱给杰里做了腿部手术，他痊愈后加入勇士队，成为一名耀眼的球星，可他成名后却忘了之前所有的朋友，包括罗里。小说中的很多内容反映了20世纪70年代NBA的状况，具有很强的现实意义。杰里米（Jeremy Larner）的畅销书《开车，他说》（Drive，He Said）一度被改编成电影，书中讲述了一位大学篮球明星的辉煌赛场生活，与此相对的是他私生活的淫乱，两相对照，更真实地揭示了人物全景。

3. 棒球

文化历史学家雅克·巴尔赞的名言“谁想了解美国的心灵，最好就是要懂棒球”道出了棒球在美国的地位。约翰·P. 罗西也在他的专著《国民运动：棒球与美国文化》中指出，“没有哪种体育运动像棒球一样深深地嵌入美国人的心灵中，或者产生了诸多的严肃文学作品”。罗伯特·库弗的第二部小说《宇宙棒球联盟》（The Universal Baseball Association）主要讲述了中年会计亨利·沃利的故事，他感觉自己很不幸福，于是便通过每晚餐桌上的桌面棒球游戏来化解这种负面情绪。纽约大学校长约翰·塞克斯顿称此书是“所有棒球作品中最好的一部”。20 世纪美国最杰出的犹太作家之一伯纳德·马拉默德的经典棒球小说《天生好手》（The Natural）追溯了男主角罗伊跌宕起伏的棒球生涯。罗伊自幼便显出了棒球天分，19 岁离开他的女友爱丽丝去芝加哥追寻棒球梦，击败了当时的棒球冠军帕里斯。在这人生的巅峰时刻，遭遇了一个女人神秘的一枪，被迫退出棒球场。15 年后他加入了纽约骑士队，棒球事业刚有转机，一位漂亮女人又走入了他的生活，他的球技一落千丈。后来，他遇到了之前的女友爱丽丝，得知爱丽丝为他生了个儿子，他又重振士气，棒球场上再创佳绩。查德·哈巴赫（Chad Harbach）创作的《防守的艺术》（The Art of Fielding）被《纽约时报》评为 2011 年度十大好书之一。一位天才游击手加入了人气不断攀升的大学棒球队，令球队如虎添翼。故事整体上比较老套，但哈巴赫却将其描绘得风生水起，让读者静下心来思考无限天赋和有限能力之间的关系。比赛场上的每一次犹豫都会被放大，每一个错误都会被严厉刁钻、嗜血如命的观众所评判。

美国小说家马克·哈里斯（Mark Harris）以其棒球“四部曲”而著称。亨利·韦根是哈里斯假想出来的纽约长毛象棒球队的明星投手，也是贯穿四部小说的中心人物。“四部曲”中受到诸多关注的是前两部。《左投手》（The Southpaw）是“四部曲”中的第一部，全书以韦根的口吻叙述，展现了他早年的棒球生涯。哈里斯后来又创作了《战鼓轻敲》（Bang the Drum Slowly），讲述的是亨利和队友布鲁斯的故事。布鲁斯被查出患上何杰金氏淋巴瘤，亨利千方百计替他保守秘密，支持他。后来秘密泄露，大家都对布鲁斯格外友好，此事使原本各自为政的球队增强了凝聚力，取得了一个又一个的胜利。这里所谓的战鼓实际是为布鲁斯送葬的哀鼓，预示着生命慢慢终结。

棒球文学中也有一些反映真实历史事件的作品。格林伯格（Eric Rolfe Greenberg）的《神父》（The Celebrant）是一本十分值得一读的棒球小说，书中以纽约一家犹太珠宝商的三儿子杰基·卡普的角度再现了 20 世纪前 20 年的棒球史，卡普本人是纽约巨人队投手马修森（Christy Mathewson）的球迷，马修森是棒球史上最有统治力的右投手之一，书中的每个部分均围绕着马修森球场生涯中不同时期的重大比赛展开，以此展示马修森的伟大之处及其所体现的体育文化。金塞拉（W. P. Kinsella）的《没有鞋子的乔》（Shoeless Joe）以一位名为金塞拉的棒球谜和他的妻子为主角，反映了男主角追寻棒球史的始末，重点刻画了他对活跃于 20 世纪初期的职业棒球手乔·杰克森（绰号无鞋乔）及其涉嫌的“黑袜丑闻”的着迷。为了救赎这位心目中的英雄，他甚至听从内心的声音，在自家的玉米地里建了一个棒球场。亨普希尔（Paul Hemphill）的《强棒出击》（Long Gone）围绕美国战靴队领军人物斯托顿展开，其中体现了美国社会对黑人的歧视以及为了让对方主力队员不上场而背地里进行的肮脏的金钱交易。此外，当代知名作家菲利普·罗斯（Philip Roth）的《伟大的美国小说》（The Great American Novel）以棒球影射美国政治，暗讽尼克松“水门事件”。

还有一些棒球作品涉及父子关系。史密斯（Robert Kimmel Smith）《棒球小子》（Bobby Baseball）中的主角是一个10岁的小男孩，他所在棒球队的教练正是他的爸爸。《卡利科·乔》（Calico Joe）出自作家约翰·格里沙姆（John Grisham）之手。乔是一位棒球新秀，但在一次比赛中被一名投手的球击中头部，由此结束了二人的棒球生涯。后来投手的儿子又将二人重新联系起来。同《棒球小子》一样，这部作品也涉及了父子亲情。与此相对，威廉·肯尼迪（William Kennedy）的《紫苑草》（Ironweed）记叙了优秀的棒球守场员弗朗西斯·费伦误杀他的幼子而背井离乡赎罪的一生。

导演兼剧作家约翰·塞尔斯（John Sayles）的处女作《痞子的骄傲》（Pride of the Bimbos）是一部很有趣的棒球小说。其中的主人公是个小矮人，穿着破烂，但他棒球打得相当好，屡战屡胜。作品通过倒叙的方式讲述了他的经历，早年他曾是一个痞子团伙的头目，还当过侦探，颇富喜剧色彩。号称全世界最会说故事的鬼才斯蒂芬·金（Stephen King）于2010年推出了棒球恐怖小说《铁捕比利》（Blockade Billy）。比利是位优秀的棒球捕手，事业直线上升，可后来却神秘失踪。原来他不是真实的比利，他于几个月前已将比利一家杀害，全书剧情离奇，颇具恐怖色彩。

二、当代美国体育文学对教学的启示

当代美国文学中存在数目众多的以橄榄球、篮球和足球为题材的作品多出自名家之手，且在美国文学史上占有重要地位，笔者认为体育院校英语专业有必要开设体育文学相关课程，以使学生系统阅读并学习经典体育文学作品，在提升文学审美鉴赏的同时，掌握其中所体现的生动的体育文化。此外，由于体育文学素材很广泛，教师在授课中应尽量选取经典作家的代表作品，且各个体育项目的学时应尽量均衡分配，因此，筛选材料是很耗时的繁杂工作。同时，课堂应以启发教学为主，多设计思考题，锻炼学生的思维能力，使学生就相关体育事件形成自己的看法并思考体育之于文学的作用，甚至需要让学生阅读相关体育背景书籍或与体育人士交流才能完成部分调研活动。有鉴于此，寓教于乐、分模块设计的教科书会更受学生欢迎，也会让教师在备课的过程中有章可循。目前，体育文学类书籍相对匮乏，今后应重点加强教材建设，提升学科价值。最后，由于体育文学课毕竟不是单纯传授体育知识的课程，因此教师一定要用英美文学课堂上的有益教学方法，如通过组织学生进行文本分析及有效的课堂活动等形式调动学生积极性，引发学生深入思考，以达到诠释文学文本及透视体育文化的目的。

参考文献

1. 赵凌河，王纯菲．体育文学研究的理论视域[J]．北京体育大学学报，2012（6）: 38～42.

2. 陈俊松．“故事里面”的“嬉戏”——罗伯特·库弗访谈录[J]．外国文学，2011（2）: 146～155

3. http://2012.sina.com.cn/events/bk/

4. http://baike.baidu.com/view/582.htm?fromId=190930

5. John P. Rossi. *The National Game*[M]. Chicago: Ivan R. Dee, 2000: 3

6. http://en.wikipedia.org/wiki/The_Universal_Baseball_Association,_Inc.,_J._Henry_Waugh,_Prop

7. http://book.umiwi.com/excerpt/r/3208.html

8. http://news.koolearn.com/nce/20130411/751632.html

9. Novak, Michael. *The Joy of Sports* [M]. New York: Basic Books, 1976: 77

10. http://baike.baidu.com/view/51304.htm?fromId=377393&redirected=seachword

11. http://www.goupstate.com/article/19940821/NEWS/408210301?tc=ar

12. http://www.huanqiukexue.com/html/newzl/antigravity/2012/1221/22944.html

13. http://book.qq.com/s/book/0/21/21797/64.shtml

作者联系方式：

王敏，电话：13521872669

邮箱：wangmin810418@163.com

体育专业大学生的隐性语法知识及测试方法

陈 杰 魏惠琳

（北京体育大学外语系）

摘要： 本文通过文献法、归纳法等研究方法，通过显性与隐性语法知识的对比，对二语习得领域的“隐性语法知识”的概念进行阐释。通过对隐性语法知识的量化工具综述总结，归纳出适合艺体专业大学生隐性语法知识测试的方法。文中总结的两种隐性知识测试方法将对教师了解学生的语言水平提供可靠信息，对教师合理地设计课堂教学、关注学生的语言习得内化情况有一定的指导作用。

关键词： 隐性语法知识　限时语法判断　口头诱导模仿法　测试方法

Abstract: By means of literature review, induction and comparison between explicit and implicit knowledge, this paper aims to explore the theoretical understanding of implicit knowledge. This paper reviews the instruments for measuring implicit knowledge, and summarizes two feasible and reliable methods for testing the implicit knowledge of the college sports majors. Results from the methods will provide some information on the internalized grammar knowledge of the students and might be instrumental for the teachers concerned to rationalize their teaching.

Key words: implicit grammar knowledge　a timed grammaticality judgment test (GJT)　oral elicited imitation test　testing method

一、引言

中国外语教学改革以来，各个层次的外语教学思路、教学方法、教学模式以及教学资源等都发生了巨变。然而，多年的外语教学实践和相关访谈显示，高校的外语教学在应试教育的压力下，普遍存在重显性语法知识的灌输、忽视隐性语法知识培养的现象，这导致了学生的语言知识和语言能力不相匹配，外语应用能力严重滞后的现象。曾永红（2009）通过实证研究证明：隐性语法知识可较好地预测学生的英语水平。因此，对隐性语法知识的测量能对学习者语言能力评估提供重要参考，测量结果也可以为分级/分层教学提供可靠依据。目前，国内对隐性语法知识的研究集中在理论探讨，尚缺少对中国学习者隐性语法知识应用的实证研究，针对体育专业大学生的隐性语法知识的研究更是鲜见。本文拟通过文献检索和对比分析，归纳体育专业大学生隐性语法知识测试的可行方法。

二、隐性语法知识

自20世纪80年代以来，显性和隐性知识在二语习得领域的重要意义受到了很多学者的重视。在实际运用中，“隐性知识”与“显性知识”经常被具体化为“隐性语法知识”与“显性语法知识”。本文认为这种具体化是由测量工具（R. Ellis，2005）的特点决定的，即基于学习者在隐性知识和显性知识输出过程中的“有意识”与“无意识”状态的假设。比亚韦斯托克（Bialystok，1979）认为显性语言知识和隐性语言知识内容相同，都是学习者所掌握的目的语的语言知识，包括语音、语法和词汇等方面。隐性知识和显性知识的区分源于二语习得研究中可拉申（Krashen，1981）的“习得”和“学得”概念，显性语言知识存在于学习者的意识中，隐性语言知识存在于潜意识中。两者的具体区别归纳如表1所示。

表1　隐性知识与显性知识的具体区别

区别标准	隐性知识	显性知识
概念来源	对应可拉申提出的“习得”概念	对应可拉申提出的“学得”概念
存在形式	存在于学习者潜意识，往往无法用元语言描述	学习者可用元语言描述
意识的作用	输出无需意识加工	有意识的输出
知识种类	关于语言运用的知识	关于语言本体的知识
加工方式	自动加工	控制加工
系统性	具有系统性	非连续性和不一致性
可获得性	关键期以前获得	不受关键期限制

目前，各国学者对显性和隐性知识之间的关系意见存异，但笔者同意埃利斯（Ellis，2005）和德凯泽（DeKeyser，2003）等学者的理论，支持显性和隐性知识之

间存在“接口”的假说，也就是说二者并不独立存在。杜小红（2009）也认为，英语语法学习是一个过程，这一过程既有内隐特点也有外显特征，有意识获得的外显语法知识是内隐学习的基础，在一定条件下可以转化为隐性语法能力。目前的文献和书籍中通常对这两类知识分别采用非限时和限时的语法判断来考量，以获得相关信息开展外语水平预测和评估，从而进行教学调整等工作。

三、隐性语法知识测试手段

关于明确区分“隐性知识”和“显性知识”概念以及采用限时的手段保证受试者的输出是“隐性”知识的测试理念，学者们持有不同看法，同时也设计出不同的测试方法：奥斯汀和格拉夫（Hulstijn & De Graaff，1994）认为隐性知识是个理论假设，不宜通过完成语言任务的方式来测量；戴曼纯（2005）则对测试过程中受试者“是否对被考察的结构进行过有意识的分析和思考”、“有意识思考语言形式的时间占多少”、“分配给有意识思维的注意力占多少”等问题表示质疑；而汉和埃利斯（Han & R. Ellis）在1998年的一项研究中使用了离散项目测试方法，并通过实验数据表明，对受试者完成任务的时间加以限制，使其在接受语言输入时将注意力集中在语言内容而非形式上，即可对隐性语法知识进行可靠的测试。另外，德凯泽（Dekeyser，2003）分别设计了98个语法正确和语法错误的句子，以打乱题序的随机方式测试受试者隐性语法知识；埃勒姆（Erlam，2006）设计了口头诱导模仿法，用以测试学习者隐性语法知识。

埃利斯（R. Ellis，2005）通过考察语法知识的因子结构，对早先提出的测试模式加以改进，提出了隐性语法知识的主要测量工具是限时语法判断、重述测验和口头叙述。限时语法判断是埃利斯依据通常给学习者造成习得困难、容易出错的，包括词法和句法结构在内的17条语法结构，每条设置2正2误4个句子，共68题，每题时限为1.8～6.2秒。而重述测验则是要求受试者在听到一个包含上述语法结构的句子之后，在规定时间内重述。两者均对测试时间予以严格限制，即保证通过这种方法所获得的学习者输出为“隐性知识”，目前这个模型为二语习得研究者提供了较为有效的测试手段。研究者可以根据受试者的年龄、语言背景、语言水平、所处学习阶段等因素，从这些测试手段中选择一项或多项来帮助完成测试和研究任务。

在国内，曾永红（2009）综合埃勒姆（Erlam，2006）口头诱导模仿法和埃利斯（R. Ellis，2005）限时语法判断模式，并结合问卷考察了英语专业学生隐性语法知识的应用，她的研究结果表明：高、低水平组学生在隐性知识应用方面既有共性也有差异，隐性语法知识可较好地预测英语水平。张东波等（2011）以词汇量作为协变量，研究了高水平英语学习者的隐性、显性语法知识与二语阅读相关性，这个研究中的隐性语法知识测量工具是采用了德凯泽（Dekeyser，2003）的限时语法判断模式。其实验数据表明：词汇量因素得到控制后，隐性语法知识对阅读理解水平的预测力要大于显性语法知识。陈杰等（2013）基于埃利斯语法测试任务的17条语法结构设计了针对体育专业大学生的限时语法判断题目，其结果证实隐性语法知识可较好地预测学生英语水平。

国内外研究者运用不同的方法，从不同维度对隐性语法知识进行考量，这些结果都证明了隐性语法知识对语言水平预测的可靠性，足见隐性语法知识对语言习得研究的实践意义。

四、艺体专业大学生隐性语法知识的测试方法

依据学习者隐性知识输出过程中的“无意识”状态，研究者通常采用限时语法判断任务作为测量工具。笔者根据近十年的体育院校教学实践和研究，以及国内外的一些关于隐性语法知识测试手段的分析，归纳出两种比较适合中国体育专业大学生隐性语法知识的测试方法，这对当前一些体育和艺术院校及外语水平相似的大学生进行英语水平摸底、英语教学改革和分级/分班教学提供了一定的理论和实践依据。

1. 限时语法判断（timed grammaticality judgment test）

限时语法判断也叫限时合乎语法性判断法，是指受试根据自己的语感在规定的时限内对所提供的句子是否合乎语法作出判断，以此来检验受试者的语言能力（曾永红，168）。目前比较常用的限时语法判断是埃利斯（R. Ellis，2005）语法测试任务的17条语法结构，即动补结构、不规则过去式、反问句、是非问句、情态动词、非真实条件句、时间状语连接词、不定冠词、作格、属格、名词复数、第三人称单数、关系从句、内嵌句、与格、比较级和副词位置。研究者可以根据17条语法结构自行设计符合艺体专业大学生的认知能力的正误句子，在限定时间内完成对句子的判断。在设计句子的过程中，应避免使用过于复杂的单词以至于影响被试者对句子的理解。例如，下面一组四个例句可用来测试体育专业大学生的是非问句：

Did Mary finish her homework?

Did Mary finished her homework?

Does she meets her friend at the station?

Does she meet her friend at the station?

在具体设计测试题目过程中，除了要考虑符合艺体专业大学生的认知能力，测试题目从易到难之外，还要通过前测找到比较适合的限定时间，以保证被试者的判断“无意识”。

2. 口头诱导模仿法（oral elicited imitation test）

埃勒姆（Erlam，2006）设计了口头诱导模仿法用以测试学习者隐性语法知识，其研究证明口头诱导模仿法与其他的限时测试之间有较高相关，因此可以证明口头诱导模仿法在隐性语法知识测试中的可靠性。这种方法在测试中要求受试者听完目标语句3秒钟后进行复述，在此之间，受试者对所听到的句子进行评议。这样的时间限制可以保证受试者的注意力集中在句子的意思而非形式上，也可以避免受试者照搬原句。受试者所听到的句子，可以根据上面提到的17个语法结构进行编写，可以有正有误，负责测试的教师进行录音，观察受试者是否能够将正确的句子复述无误，能否将有误的句子改正或重构，以此判断受试者的隐性语法知识的水平，并对其外语水平进行较为可靠的预测。

与一般的口语测试相比，口头诱导模仿法更加客观、可靠。口头诱导模仿法注重受试对所听到的语言的重构；而一般的口语测试是考官对受试者的语言产出进行评价，考官的主观性和口语题目的熟悉程度等因素对语言的产出影响很大，因此，口语测试方法在客观的科学研究中鲜有使用。另外，在针对体育专业大学生设计口头诱导模仿法的题目时，目标语句的词汇和句子长度以及听完目标语句后进行复述的时间限制都要通过前测不断修正，以达到理想的测试效果。

五、结论

隐性语法知识能够比较可靠地预测学习者的语言水平，因此对学习者的隐性语法知识进行测试能够对语言评估和教学改进提供依据。本文区分了“显性”和“隐性”语法知识，综述了隐性语法知识的测试方法及发展，最后归纳出两种比较适合艺体大学生的隐性语法知识测试方法。两种测试手段对艺体大学生的语言水平预测、教学实践和语言评估等提供了可行的方法。

参考文献

1. Bialystok, E. Explicit and Implicit Judgments of L2 Grammaticality[J]. Language Learning, 1979 29: 81-103

2. Ellis, R. Measuring Implicit and Explicit Kowledge of A Second Language: A psychometric study. Studies in Second Language Acquisition, 2005 27: 141-172

3. Erlam, R. Elicited Imitation as a Measure of L2 Implicit Knowledge: An Empirical Validation Study [J]. Applied Linguistics, 2006 27: 464-491

4. 陈杰．隐性语法知识与英语阅读能力相关研究[J]．甘肃联合大学学报，2012（6）: 1～3。

5. 杜小红．高校外语教育专业语法教学模式研究[J]．山东外语教学，2009 42～45。

6. 曾永红．英语专业学生隐性语法知识应用实证研究[J]．教学与研究，2009（4）: 298～302。

作者联系方式：

陈杰、魏惠琳，通讯地址：北京市海淀区中关村北大街　北京体育大学外语系（教研楼 508 室）

邮编：100084

陈杰电话：13718631631

发挥学生主体作用，构建活力英语课堂
——艺体类院校提高大学英语课堂教学有效性探讨

许国彩　李杉杉

（北京体育大学外语系）

摘要：本文结合自身教学实际情况，分析了艺体类院校英语课堂教学低效的原因，并提出了改进策略；指出课堂教学只有以真实情景为基石，以真实情感为阶梯，以开展多元化英语活动为催化剂，艺体类院校大学英语课堂教学才能真正抓得住学生、吸引住学生，成为一种“磁性”课堂，才能真正提高课堂教学的有效性。

关键词：艺体类院校　大学英语　课堂教学　有效性

Abstract: In this paper, the author analyses the reasons of the low effectiveness in English class in Art and Sport universities on the basis of her own teaching experience and puts forward some strategies to improve the effectiveness of the college English class. In English class, the effectiveness of the English class should be based on the real language environment, the true feelings of the teacher to the students and diversified English activities. In this way, the students can be interested in English class so that they will be willing to attend the English class.Thus, the effectiveness of the English class can be greatly improved.

Key words: Art and Sport Universities　College English　English class　Effectiveness

一、引言

经济全球化对复合型人才的要求越来越高，严峻的就业形势对艺体类毕业生提出了更高的要求。然而，艺体类院校的英语教学中，却普遍存在“学生怕学，教师惧教”的现象（蔡秋文，2013)。英语课堂教学的现状不太理想，课堂气氛沉闷，课堂效果不理想。怎样提高艺体类院校大学英语课堂教学的有效性，已经成为艺体类院校英语教师必须认真研究思考的问题。

二、艺体类院校大学英语课堂教学低效的原因

1. 学生英语水平底子薄、基础差

国家对艺体类院校学生的入学标准要求相对较低。以体育院校招生为例，其招生对象一般分为两类：一是统招生，他们在体育专项上有一定训练基础，这些学生为了能被体育院校录取，在中学时，把大量的时间和精力放在了运动训练上，以致影响了他们对其他学科的学习，尤其是英语；二是学校的自主招生，这些学生有的基本没学过英语，有的学生入学时词汇量仅有百八十个。从北京体育大学2013级新生入学摸底考试中就可以一目了然，如表1所示。

表1 2013年北京体育大学新生入学摸底考试

专业	参考人数	最高分	最低分	平均分	及格率
休闲体育	59	63	17.5	35.8	1%
体育教育	60	65.5	9	31.9	1%

对艺体类院校的学生来说，由于中学英语基础没有打好，在大学学习英语就是一件令人头痛的事情（孙小孟，2006)。刚入学时，学生们学习英语的热情还是挺高的，很多学生想学好英语，但是由于基础差，对课堂上所教授的内容难以理解，最终慢慢地就丧失了学好英语的信心。上英语课对这些学生来说简直就是“遭罪”，上课走神、玩儿手机、看小说、睡觉的现象非常普遍，有的学生上课连英语课本都不带，有的甚至逃课。课堂气氛死气沉沉，哪有效果可谈！

2. 招生方式的多样性导致了艺体类院校学生英语层次分布不均，客观上增加了后续教学活动的难度（郑春丹，2012）

课堂教学中众口难调，有的学生高考英语成绩100多分，而大部分学生只有几十分；有的英语词汇掌握了近2000个，有较强的听说读写能力，而有的学生即使一

些简单的课堂用语，他们也听不明白，不能有效地参加教学活动。由于层次相差悬殊，教师难以施教，只能倾斜于基础差的学生，尽可能照顾两头。两年下来，成绩好的学生吃不饱，成绩差的学生吃不消。教师在英语课堂上很难满足这两个极端的学生，在很大程度上影响了英语课堂教学的有效性。

3. 体育类院校课程安排相对不合理

体育类院校的学生很多专业课都是在场馆或室外进行的，由于体育是他们的专业，所以学校排课也会优先考虑专业课，很多英语课被安排在激烈的专项课后，往往是学生从游泳馆、田径馆、武术馆直接到英语课堂。专业课的性质决定了他们用在专业上的时间和精力是非常多的，而且体育专业课体能消耗巨大，教师在英语课堂上看到的往往是精疲力竭的学生，英语课无形中成了学生训练后的休息时间。课堂上，英语教师经常是使尽了浑身解数，仍不能唤醒极度疲劳的学生，课堂教学效果可想而知。

4. 班级人数越来越多，导致因材施教难度加大

随着高校每年扩招，英语班级规模越来越大。以北京体育大学为例，每个英语班级人数都在60～85人之间。课堂互动受限，教师很难做到因材施教和对学生创造性及个性的培养，这在很大程度上影响了英语课堂教学的有效性。两年下来，除增加了少许词汇，大部分学生都感到英语水平没有提高，更有甚者认为两年的大学学习后，自己在语法基础方面的知识还后退了，不如高考前水平。对教师而言，教学没有成就感，极大地打击了他们的教学热情和积极性。

三、提高艺体类院校大学英语课堂有效性的策略

绝大多数艺体类学生都能意识到学好英语对他们是有很大益处的，因此他们内心深处对英语的重要性都有认同感，有学好英语的良好愿望。基于此，笔者结合近年来的教学实践，尝试从以下几个方面探索提高艺体类院校大学英语课堂有效性，以期对艺体类院校英语教学及改革有所帮助。

1. 让课本“生活性”延伸，创设真实情境，使学生“有话说”

课堂话题是鼓励学生积极参与、调动课堂气氛的一个重要策略，教师应该给学生提供丰富的和学生有关的生活素材，能使学生入情入境。所幸的是，大学英语教材的编写已考虑到要接近学生的生活，使英语学习和学生的生活联系起来，这样能有效消除他们对英语学习的陌生感，使“以学生为中心”的教学模式成为可能。例如大学体验英语第一册的主题就是——走进大学生活，如 unit 1 college life, unit 2 song of the soul，unit 3 leisure activities, unit 4 living on your own 等，都和学生的生活密不可分。教师可以教材为平台，充分发掘教材以外的生活资源，尽量做到教材主题的“生活性”拓展，尽量增强英语教育与探讨学生大学生活的关联度。如果每一单元的主题都能和学生们的日常生活息息相关，那么学生在课堂学习中就会有话可说，上课热情高涨，主动参与性强。例如，笔者在讲解大学体验英语第一册 unit one college life 时，我就以 college life 为主题，欢迎任何学生来描绘自己对大学生活的期望和计划。这些学生都是刚入校的大一新生，对大学生活充满了憧憬、信心和好奇。他们对这个主题非常熟悉，十分感兴趣。对此，每个学生都有表述的愿望，一上课就表现出十足的尽头，课堂气氛十分活跃。刚开始，笔者安排学生和自己的搭档一起谈论自己的大学生活，然后选几个代表和全班分享。充满期待的大学生活，同学们搞笑的语言、真挚的情感，使教学和生活融为一体，整个课堂教学氛围高潮迭起，既调动了学生学习英语的主动性和自主性，又大大提高了课堂教学的有效性。

2. 提高教师素质，实施情感教学，使学生“敢于说”

艺体类院校的学生英语基础薄弱，课堂上教师往往会遭遇到学生的“不合作”情况，很多学生对老师的提问都是“sorry, I don’t know”。实际上，这些现象都是学生信心不足的一种表现，不敢在课堂上开口，怕同学笑话，怕老师嘲讽，怕自尊心受到伤害，面子过不去。学生上课敢于发言主要取决于课堂环境是否“安全”，教学氛围是否和谐。只有让学生充分感受到心理安全，学生才能大胆、积极地发言，学习效率才能提高。课堂上，教师应以人为本，把微笑带进课堂，把鼓励带进课堂，实施情感教学，为学生创造一个“安全”的学习环境。教师以情施教应体现在以下几个方面：

首先，教师应意识到在整个教学过程中，所面对的是有丰富情感、有思想、有个性的大学生，而不是知识的被动接受者和服从者。教师要变师生关系为朋友关系，把学生当作自己的孩子一样关爱他们，要充分尊重学生、了解学生、真心喜欢学生，和学生沟通感情，让学生能感受到老师的关怀。笔者曾听到有学生抱怨说：“唉，跟着老师上了两年英语，老师都没记住我的名字，郁闷呀！”这句话对我触动很大。诚然，由于每班人数多，英语教师同时要给四个班授课，每个教师平均每学期要教二三百人，要记住每个同学的名字也是一个相当艰巨的任务。然而，在英语课堂上，如果你能亲切自然地叫出自己学生的名字，一下子就会拉近你和学生的距离。学生会觉得老师是喜欢我的。因此，教师要花一定的时间去了解自己的学生，让学生从教师的言谈举止中感受到爱。比如，面带微笑地授课，记住他们的名字，掌握他们的英语程度等，这些都是教师采取以情施教的有力保障。古人云“亲其师，则信其道”。只有建立良好的师生关系，学生才会主动亲近教师、接纳老师，喜欢上课，才能更好地提高课堂教学的有效性。只有让学生感到和老师没有距离感，心理安全，心理自主，学生才能在课堂上积极发言，才能激发学生的学习热情，课堂教学才能有效果。

其次，教师要打破用“一把尺子”评价所有学生的单一评估模式。既要做到因材施教，更要做到因材施“评”，这点在艺体类院校尤为重要。对不同的学生，教师应该有不同的要求、不同的考核机制。对水平高的学生要严格要求，对水平差的学生可适当降低标准，主要是看他们在学习中是否有进步。在教学过程中，尤其是对基础不好的学生，不训斥，不挖苦，不嘲讽，要肯定他们的进步，保护他们的自尊心。课堂教学中，针对成绩不同的学生设计难度不同的问题和作业，对他们的评价应采用多表扬、少批评的教学艺术，教师应能领悟“好学生是夸出来的”这句话的深刻含义。

最后，在教学过程中，针对艺体类学生的特殊性，教师应该适度降低教学标准，灵活使用教材，先要夯实学生的基础，由浅入深地安排教学内容（刘芬，2011）。先从简单的知识、识记类问题开始提问，例如在讲授大学体验英语第一册 unit 6 volunteering 时，教师可以先问同学们：what is a volunteer? Do you want to be a volunteer? 等。然后循循善诱，引导学生对课堂教学提问和回答认知能力高的问题。例如，what do you think makes a great volunteer ? can you list the advantages of being a volunteer? 等。同时，要尽量以较为简单的英语授课，注意观察学生对老师授课的反应，必要时辅以汉语翻译，以消除学生在课堂上的焦虑情绪，使学生放松紧张心理。

需要注意的是，教学毕竟是严谨的，实施情感教学，并不意味着对学生的错误视而不见，并不意味着教师充当老好人。对学生的错误和缺点，教师有责任和义务批评、指正，但要讲究方式方法，要在肯定成绩的同时进行有针对性的批评教育。

3. 开展多元化英语活动，采取奖励机制，使学生“乐于说”

为了更好地使学生融入到课堂教学中，更突出学生的主体地位，活跃课堂气氛，使课堂有张有弛，教师可以在课堂教学中有意识地组织开展一些丰富多彩的英语活动。如单词擂台赛、最佳英语 PPT 制作赛、英语微电影大赛、英语歌曲赛等。笔者为了鼓励学生学习英语，参与课堂，使学生有准备地配合教师开展课堂英语教学工作，提高课堂教学的有效性，曾在教学活动中穿插了最佳 PPT 制作赛，并给予相应的奖励。英语 PPT 制作赛是以小组为单位，让他们自选主题制作英语 PPT，范围是这一学期学过的内容为主题，PPT 制作包括主讲人、制作人、设计人、材料收集人等，要求每个小组成员都要参与。此活动一般是在教授新单元前，笔者将任务提前布置下去，给他们充分的准备时间，每个单元可以有两组同学来演示，每小组演示三到五分钟并用英语进行解说。这样，一学期下来，每组同学都可以有机会参与。

对于此项活动，同学们准备非常充分，幻灯片制作精美，内容新颖、丰富，而且还配有背景音乐。笔者根据PPT的制作质量、主讲人的表现和全班学生的意见评出一、二、三等奖，奖励学生平时分或小小的物质奖励，比如一支笔、一块巧克力等。整个比赛过程同学们热情高涨，积极参与。没有获奖的同学纷纷表示下学期一定好好准备、一定拿奖。

四、结束语

在艺体类院校的英语教学中，要真正构建有活力的课堂，教师就应结合艺体类学生的特点，作出有针对性的调整。使英语课堂“生活化”，体现英语教学的实用性。教师要因材施教，以情施教，并通过丰富多彩的教学活动和灵活有效的课堂教学形式，真正提高艺体类院校课堂教学的有效性。

参考文献

1. 蔡秋文. 师范院校音体美专业“大学英语”教学存在的问题与对策[J]. 淮海工学院学报（人文社会科学版），2013

2. 刘芬. 情感教学理论在体育院校英语教学中的运用[J]. 群文天地，2011

3. 宁春岩. 大学体验英语综合教程（第一册）[M]. 北京：高等教育出版社，2012

4. 孙小孟. 高校艺体类学生英语教学现状分析及对策研究[J]. 重庆文理学院学报（自然科学版），2006

5. 郑春丹. 体育类院校大学英语教学模式的现状与思考[J]. 哈尔滨体育学院学报，2012

社会文化理论在第二语言习得领域中的应用

魏惠琳　周春红

（北京体育大学外语系）

摘要：维果茨基的社会文化理论涉及多个领域，主要组成理论在二语习得领域引发了一系列相关的实证和个案研究，包括基于调节理论的研究、基于内化理论的研究、基于活动理论的研究和基于最近发展区理论的研究。本研究在综述以上研究现状的基础上，讨论了现阶段社会文化理论在二语习得领域中的应用的局限性。

关键词：维果茨基　社会文化理论　二语习得

Abstract: Vygotsky's Sociocultural theory covers different fields, with its main theories arousing a series of empirical and case studies, including researches based on internalization, activity theory, and the zone of proximal development. The present research reviewed the current state of the researches above, and then discussed the limitations of the application of sociocultural theory in Second Language Acquisition field.

Key words: Vygosky　Sociocultural theory　Second language acquisition

一、引言

苏联心理学家维果茨基（或译为维果斯基）是社会文化理论创始人，该理论涉及心理学、哲学、历史、文学评论、艺术、戏剧、教育学、语言学、医学等多个领域，由于政治的原因，维果茨基的思想观点沉寂多年，直到20世纪60年代《思维和语言》一书在美国出版（1962 年），才引起西方学者的关注，继而引起的西方乃至全球的维果茨基研究热潮。詹姆斯·兰托夫（James lantolf）将社会文化理论引入

二语习得领域，系统地介绍了维果茨基的理论，总结了相关的实验研究，引发了学者们从新的视角来研究语言习得，

二、基于社会文化理论的研究

1. 基于调节理论的研究

弗劳利和兰托夫（Frawley and Lantolf，1984）使用描述图片的方式，考察了西班牙二语学习者（包括中级和高级）和母语者的个体话语。他们发现高级学习者的语言类似于母语者。而中级学习者还处于客观调控的阶段，即对任务的控制来自任务本身而不是他们自身，他们也没有设法想要达到自我调控的阶段，原因在于在课堂上缺乏交流和语言实践。

弗劳利和兰托夫（Frawley and Lantolf，1985）使用调节理论来研究二语学习者的个体话语。被试为中高级英语学习者与儿童和成人母语者，他们需要根据六幅图片描述故事，通过对比被试的表述，研究者发现，虽然二语学习者使用了二语的形式，但在语义和语用方面存在问题。中级学习和儿童的个人话语有所不同，前者表现在英文表述的能力有限，而儿童母语者的困难在于语篇框架（discourse structure）方面。高级学习者的表现类似于母语者，都较少地使用了个人话语，表明随着语言水平的提高，学习者逐渐走向自我调控，不再需要个人话语对任务进行外部的控制。

麦考夫迪（McCafferty，1994）重复了弗劳利和兰托夫（Frawley and Lantolf）的实验，也使用描述图片的方式，考察了初中高级二语学习者语言水平与使用时态的关系。他发现随着语言水平的提高，个体话语逐渐减少，这说明高级学习者更有可能具备自我调控能力。

兰托夫、卡米拉和艾哈迈德（Lantolf，Dicamillaand Ahmed，1997）进行了一个有关语言调节的实验，要求英语母语者和高级英语学习者合作解决一个任务，即如何把农夫、狼、羊、菜用船运到河对岸，条件是船只能容下农夫和其他一件货物，且羊不得吃菜、狼不能吃羊。结果发现，二语学习者和母语者都表现出时态的不停转换（现在进行时和一般过去时），表明任务的难度决定了他人调控（使用现在进行时）到自我调控（使用过去时）的转化。

除了上面谈到的个人话语方面，调节理论还涉及其他一些领域的研究，包括手势（gesture）、比喻（metaphor）、词汇概念（涉及文化内涵）等，在这里不再做详细讨论。

2. 基于内化理论的研究

内化和自我调控是相互关联的，学习者通过内化的过程来开发语言资源，从而对个人心理和社会活动的进行调控。个人话语同时具备内化功能，因此也是内化理论研究的内容。

萨维尔（Saville-Troike，1988）研究了 9 名外国儿童学习英语的过程。通过 6 个月的观察，研究者发现其中 6 名儿童经常使用个人话语，表现为一系列的模仿，包括重复、回忆和练习（recall and practice）、创造新形式（creation of new forms）、扩展和替换练习（expansion and substitution practice）、人际交流前的排练（rehearsal before interpersonal communication）等。而另外 3 名儿童经历了从无声阶段到自言自语的模仿，到单个字、简单形式和重复阶段，再发展到创造新形式的阶段（虽有错误，但具备了某些 L2 特征）。

吉列（Gillette，1994）通过调查，发现有效的法语学习者经常独自练习 L2 的单词、发音和结构，而无效的学习者几乎没有此类活动，多单纯依赖于字典、语法书和课堂笔记进行学习。也就是说他们没有努力让语言内化。

奥塔（Ohta，2001）研究在课堂上使用第二语言的个体话语的情况，通过对 7 名日本成人长期纵向观察，研究者发现学生使用第二语言的个体话语的主要特点：使用时会很小声；在他人不注意到的情况下使用；或在遇到新的或是有问题的语言形式时使用。奥塔将第二语言的个体话语分成重复（repetition）、同感反应（vicarious responses）和运用（manipulation）三种类型。学习者个体话语能反映出学生对课堂活动的积极参与，发展对新语音和发音的控制，对句子构造进行假设检验，并且可以被看做模仿社会互动的过程。

3. 基于活动理论的研究

普莱特和布鲁克斯（Platt and Brooks，1994）研究了二语学习者完成不同交际性任务时的表现，他将被试配对，要求他们阅读地图和完成拼图。普莱特和布鲁克斯（Platt and Brooks）发现，由于学习者有着不同的经验，因而创造了不同的学习环境、不同的语言学习机会，有的被试可以使用 L2 详细地进行描述，而有的被试需要大量地使用个人话语进行调控。

考夫兰和迪夫（Coughlan and Duff，1994）要求 5 名被试（1 名柬埔寨、4 名匈牙利 EFT 学习者）根据图片（海滩场景）讲故事，其间可与一位研究者进行交流和互动。结果显示，被试的描述各不相同，原因在于个人的经验、目标和当前的能力各不相同，因此活动也不同。

兰考夫迪、罗巴克和韦兰（McCafferty，Roebuck and Wayland，2001）考察了

外语词汇习得与长效记忆（retention）的问题。被试被分为两组，第一组给出不认识的动物名，要求被试写篇参观动物园的短文；第二组被试需要与同伴设计并进行一段采访，内容是关于早期二语习得的经历。随后的两次延时测验发现，两组被试都记住了大部分词汇。但是第二组的情况比较复杂，起主要作用的词（目的指向性动作的对象，object of goal-directed action）记忆效果明显好于起辅助作用的词。

普莱特和布鲁克斯（Platt and Brooks，2002）使用拼图和完成表格的任务来研究学习者活动的持续变化。他们指出，当学生对课堂任务的表现从“服从”转移到“控制”，如请求同伴的帮助；发现解决问题的新办法并告诉同伴等，就说明学生已经参与了任务。

关于活动理论的研究让我们意识到，仅仅注意到语言的产出是不够的，要更全面地去了解语言产生的环境，了解语言产生的动态互动变化过程。

4. 基于最近发展区理论的研究

最近发展区理论揭示了学习、发展和教学之间的辩证关系，因此被广泛地应用于二语习得领域，相关的研究不胜枚举，限于篇幅，本文只做简要回顾。

多纳托（Donato，1994）对成人法语二语学习者的支架式合作。研究发现，虽然被试自己不清楚正确的语法形式，但是可以在互相帮助的情况下找出正确的形式。多纳托指出每个被试既专家，也是新手，通过同龄人之间的支架式合作，学习者不但能够提高自己的第二语言水平，同时还可以帮助同伴发展其语言能力。

阿尔雅夫和兰托夫（Aljaafreh and Lantolf，1994）研究了成人二语学习者介绍单独辅导的情况。学习者先对自己的文章找错，然后辅导者与学习者一起阅读并改错。经过 8 周的辅导，研究者发现，学习者的英语语法能力有所提高，表现为：语法形式的使用越来越准确；如出现同样的错误，学生能够自行改错，减少对辅导者的依赖。实验显示出学习者最近发展区的微观发展。同时，阿尔雅夫和兰托夫总结出从 1 含蓄到明确的 3 级调控标度（Regulatory Scale）。如果学习者与辅导者互动方式发生变化，就说明他们的语法调控能力正在由他人调控迈向自我调控。

纳萨和斯温（Nassaji and Swain，2000）也进行了类似的实验，如对被试的辅导按照从含蓄到明确的调控尺度，被试的写作水平有明显提高；如对被试进行随意尺度的辅导，其写作水平无显著提高。研究表明支架式教学可以引起微观变化。

奥塔（Ohta，2001）通过对日语二语学习者的研究，总结出同伴学习的调控尺度。调控尺度包括两个部分：当学习者努力产出二语时，同伴采取的帮助方式可分为等待、重复对话（以鼓励同伴继续）、合作完成（co-construction）和解释四个等级；发现错误时，帮助可以从引导修正转变为提供修正，再转变到询问老师。

最近发展区理论对第二语言习得领域的研究和教学产生很广泛的影响，使得语言学者从认知发展的角度来思考语言习得的问题，并且对师生、生生、新手与专家、互动、合作、构建的一系列关系进行更深入的思考，从社会构建主义的角度来发展新的教学模式。

三、社会文化理论框架下二语习得研究的局限性

社会文化理论打破了只重视抽象的内心发展的传统观念，西方传统心理学的研究方法是重视定量的评价和静态的评价，不同于西方只关注个人发展的研究方法，突出社会互动的重要意义，认为语言发展是与社会活动有关，从外部发展或社会发展的心理间层面（inter-mental）过渡到内部发展或个体发展的心理内层面（intra-mental）。

社会文化理论中已经深入到二语习得研究的各个领域，并且为第二语言习得研究和教学研究提供了新的视角，从技能发展的角度研究了词汇、语法的习得，从内化和自我调控的角度研究了学习者的个人话语等。但是，已有的研究，不可避免地存在一些问题和局限。

第一，研究的规模小，缺乏说服力，推广性不高。已有的研究大部分采用定性的研究方法，且以个案研究为主，很少有规模达到小样本规模的研究。

第二，研究的方法主要采用录音、日记、自我反思等人类学的研究方法，大部分属于解释性的方法，缺乏预见性和说服力。

第三，研究的结论尚不确定，由于涉及的因素较多，研究的结论尚不明确，比如支架式帮助的影响及影响因素等。

第四，研究的内容多集中在词汇和语法形式的研究，对于其他一些二语习得领域关注的问题涉及的较少。

第五，研究主要局限于对课堂活动的研究，缺乏非正式场合下的研究，无法反映语言在自然状态下的习得情况。并且考察的时间比较短，缺乏长时间的纵向研究。

运用社会文化理论研究第二语言习得还有广泛的空间有待开发，比如语言手势的研究、游戏在儿童语言发展中的作用、支架式教学中反馈的作用、词汇比喻意义的可教性等。社会文化理论为第二语言习得的研究领域带来全新的研究方法和角度，开辟了广阔的发展空间。

参考文献

1. Aljaafreh, A., and Lantolf, J. P. (1994). Negative feedback as regulation and second language learning in the zone of proximal development[J]. The Modern Language Journal. Vol 78：465-83.

2. Coughlan, P., and Duff, P. (1994). Same task, different activities: Analysis of a second language acquisition task from an activity theory perspective[A]. In J. P. Lantolf and G. Appel (Eds.): Vygotskian approaches to second language research[C]. 173-193, Norwood, NJ: Ablex.

3. Donato, R. (1994). Collective scaffolding in second language learning[A]. In J. P. Lantolf and G. Appel (Eds.): Vygotskian approaches to second language research[C]. 33-56.Norwood, NJ: Ablex.

4. Frawley, W., & Lantolf, J. P. (1984). Speaking and self-order: A critique of orthodox L2 research. Studies in Second Language Acquisition, Vol 6(2): 19-44.

5. Frawley, W. and Lantolf, J. (1985). Second language discourse: A Vygotskyan perspective. Applied Linguistics. Vol 6, No.1:143-159.

6. Gillette, B. (1994). The role of learner goals in L2 success[A]. In Lantolf & Appel[C].195-214. Norwood, NJ: Ablex.

7. Lantolf, J. P., F. J. DiCamilla, & M. Ahmed.(1997). The cognitive function of linguistic performance: Tense/Aspect use by L1 and L2 speakers[J]. Language Sciences. Vol 19: 153-165.

8. McCafferty, S. G. (1994). Adult second language learners' use of private speech: A review of studies[J]. The Modern Language Journal. Vol. 78, No. 4: 421-36.

9. McCafferty, S.C., R.F. Roebuck & R.P. Wayland. (2001). Activity theory and the incidental learning of second language vocabulary. Language Awareness, Vol. 10: 289-294.

10. Nassaji, H., and Swain, M. (2000). A Vygotskian perspective on corrective feedback in L2:The effect of random versus negotiated help on the learning of English articles. Language Awareness Vol.1: 34-52.

11. Ohta, A.S. (2001). Second Language Acquisition Processes in the Classroom: Learning Japanese [M]. Mahwah, NJ: Erlbaum.

12. Platt, E., and Brooks, F. B. (1994). The “acquisition rich environment”

revisited[J]. The Modern Language Journal. Vol. 78, No. 4: 497-511.

13. Platt, E. and Brooks, F. B. (2002). Task Engagement: A Turning Point in Foreign Language Development. Language Learning. Vol. 52: 365–400.

14. Saville-Troike, M. (1988). Private speech: Evidence for second language learning strategies during the “silent” period[J]. Journal of Child Language . Vol. 15: 567-590.

作者简介：

魏惠琳：1978 年生人，女，博士，吉林长春人，现为北京体育大学讲师，研究方向为二语习得。

作者联系方式：

电话：18710075320
邮箱：wei_hui_lin@sina.com.cn
地址：北京体育大学外语系大学外语教研室 北京市海淀区上地信息路 48 号
邮编：100084

体育类院校体育新闻专业外语类选修课课程设置研究

白毅鸿

（首都体育学院外语教研室）

摘要：以首都体育学院体育新闻专业学生为研究对象，采用抽样调查方法研究了体育新闻专业英语类选修课的必要性及学生对英语选修课程的需求。研究表明：在国际体育交流日益增多的大背景下，英语运用能力对于体育新闻专业学生的职业发展至关重要；开设英语类选修课程的主要目的在于提高学生的英语语言运用能力，拓展学生的国际化视野，增强学生的人文素质。针对以上需求，体育新闻专业开设的英语类选修课程应分为四个模块：英语知识类、英语技能类、英语文化类、专业英语类。

关键词：体育新闻专业　英语选修课　课程设置

随着中国整体实力的提升和改革开放的日益深化，体育赛事、经济、文化、人才方面的国际交流日益频繁，体育传播人才应具有良好的跨文化意识和能力已成为体育新闻教育领域的一个共识（黎莎等，2002；单晓颖，2008）。开设与体育新闻专业相关的英语类选修课程是培养体育新闻专业学生跨文化交际意识和能力的一个重要途径。

自2004年起，首都体育学院针对体育新闻专业开设的英语类选修课有“英语听说”、“英文报刊阅读”、“四级英语”三门课程。经过几轮的运行，我们发现这几门课程在课程设置、教学内容、教学时间等方面存在一定的问题，如针对性不强，没有结合体育新闻专业的培养目标和方向；过度重视英语知识传授和技能训练，忽视了学生跨文化人文素养的培养；“英文报刊阅读”课程的教学内容主要以传统纸质媒体材料为主，没有体现当今媒体形式的多样化。

鉴于以上原因，本研究计划对当前体育新闻专业的英语类选修课的课程设置方面的一系列问题进行深入研究，在英语类选修课的课程门类、教学内容、培养目标、学时的设定、考核方式等方面提出有建设性的意见和建议。

一、研究方法

本研究采用调查问卷的方式，对体育新闻专业 2008 级和 2009 级的学生展开调查，总共发放调查问卷 100 份，回收 96 份，其中有效问卷 78 份。

二、研究结果

1. 学生对于目前英语类选修课程设置的意见

关于当前所开设的英语类选修课程的门数，学生的意见比较对立，有 57.7%的学生认为已经足够了，而有 42.3%的学生认为太少了，说明我们有必要针对一部分对英语有较高需求的学生增加英语类选修课程的种类和学时供他们选择。为进一步了解学生对英语类选修课程的需求情况，我们在开设课程的内容方面进行了调查。从调查结果来看，选择教学内容生动有趣的“英美电影赏析”的人数最多，其次为与学生专业相关的“体育类专业英语”、“英美文化赏析”、“英语听说”、“英语新闻写作”等课程。由此可见：学生对于英美文化和与自己专业相关的英语类选修课程的学习需求最为强烈。

2. 对目前英语类选修课程教学内容的意见

学生普遍认为当前开设的三门课程选用的教材难度比较适中，但教学内容的趣味性较差，应在今后的教学中进行改进。如表 1 所示。

表 1　学生对开设的三门课程教材难度的态度

课程 内容	四级英语	英文体育报刊阅读	英语听说
难度太大	0人	0人	0人
难度适中	66人（84.6%）	63人（80.8%）	72人（92.3%）
难度太小	12人（15.4%）	15人（19.2%）	6人（7.7%）
内容新颖、有趣，能激发学习兴趣	6人（7.7%）	24人（30.8%）	9人（11.5%）
内容一般，有一定兴趣	60人（76.9%）	48人（61.5%）	60人（77%）
内容陈旧，完成没有兴趣	12人（15.4%）	6人（7.7%）	9人（11.5%）

3. 学生学习英语类选修课程的动机和需求

在被问到“选修英语类选修课程的原因”时，33 人（42.3%）选择了“英语对将来的职业发展很重要，不得不学”，42人（53.8%）选择了“喜欢英语，想进一步提高自己的英语水平”，只有极少学生（3人，占3.9%）选择了其他，如，“英语选修课学分高，为了凑学分才选的”，“看到别人选了就选了，也不知道是为什么”等选项。在被问到“对于新闻专业的学生来说，你认为英语重要吗？”时，66人（84.6%）选择了“非常重要”，12人（15.4%）选择了“重要”，没有人选“不太重要”和“没用”。对以上两个问题的回答清楚地表明：大部分学生都认识到了英语学习对于自己今后职业发展的重要性，认为一定要学好英语。在学习动机上，以工具性动机和自发性动机为主。

从学生对课程的需求来看，学生对于英语的交际能力（听力和口语）、输出能力（口语和写作）的重视程度较高，也是他们迫切想通过选修课程的学习进一步提高的能力。另外，专业英语、英美文化类课程和考试辅导类课程也是学生需求程度较高的课程，如表2所示。

表2　学生最希望开设哪些英语类选修课程

排序	课程类别	百分比
1	口语类	33.3%
2	听力类	18.5%
3	与专业相结合的英语类课程	14.3%
4	考试辅导类	12.9%
5	写作类	7.7%
6	阅读类	5.4%
7	介绍英美文化知识背景类	5,1%
8	语法类	2.8%

通过英语类选修课程的学习，学生最想提高哪些能力，如表3所示。

表3　学生希望通过选修课程提高能力情况

排序	能力	百分比
1	口语能力	33.1%
2	听力理解能力	29.8%
3	写作能力	23.8%
4	阅读能力	13.2%
5	翻译能力	9.9%
6	语法能力	9.8%

4. 学生对于当前我院英语类选修课程教学的满意程度调查

从调查结果来看，大部分学生对于教师教学感到满意。当被问及“你对目前担任英语选修课教学的教师感到满意吗？”时，21人（26.9%）回答“非常满意”，57人（73.2%）回答“比较满意”；当被问及“你觉得通过本门英语选修课的学习，自己的收获如何？”时，21人（26.9%）选择“很大”，66人（84.6%）选择“有一定收获”，6人（11.5%）选择“没什么收获”。但同时，调查结果也表明：学生对于教学过程存在一些意见，21人（26.9%）认为“选用的教材不好”，63人（73.1%）认为“教师的教学手段不灵活，课堂教学气氛不好”；当被问及“课堂教学效果不佳产生的原因”时，50%的学生认为是“课程设置本身的原因”，26.9%的学生认为是“教材的原因”，3.8%的学生认为是“教师的原因”。

三、结论与建议

通过此次调查，我们了解到了学生对于英语类选修课程的设置、教学内容、教学过程和教师教学的基本意见，以及学生对于英语课程的重视程度，他们对于英语类选修课程的基本需求情况。鉴于以上调查结果，初步建议如下：

第一，为满足社会对提高体育新闻专业人才的国际化需求，提高学生的综合素质和市场竞争力，针对体育新闻专业开设的英语类选修课程应包含以下四个模块：英语知识类课程、英语技能类课程、专业英语类课程、英语文化类课程。

作为选修类课程，英语知识类和技能类课程设置的主要目的是在学生以往英语学习的基础上，保证学生在大学三、四年级的英语学习不断线，并进一步得到提高和拓展。设置专业英语类课程是为了提高学生以英语为交际工具进行专业交流的能力。随着体育交流国际化程度的日益加深，网络交流、出国采访、国际赛事的采访报道、与外国同行进行沟通、阅读其他国家媒体的新闻已成为体育新闻工作者的重要工作内容。此类课程可以采用体育英语报刊阅读、体育英语、体育新闻英语等。英语文化类课程设置的目的在于拓展学生的国际化视野，比较深入地了解语言和英语国家的文化，为其以后的职业交往奠定一定的文化基础。课程形式可以为英美文化背景、英美文学赏析、英美电影赏析等。当然，受教学条件所限，不可能开设以上谈及的所有课程，但可以此四个模块为框架，选择开设每个模块中的一、两门课。

第二，鉴于学校的整体课程设置情况，应对体育新闻专业英语类选修课程予以科学安排，在各门课程所开设的学期、学时、学分上进行合理布局。在保证学生在校四年期间英语学习不断线的前提下，要根据学生的具体需求、课程的性质安排每学期开设的课程。

第三，此次调查的教学方面的结果显示：学生普遍认为目前英语类选修课所选用的教材在形式和内容上比较单调、乏味，缺乏生动性和趣味性；教师的课堂教学方法也比较死板，在今后的教学中，教师要针对教材和教学方法展开深入研究。

从目前国内出版的相关教材来看，英语知识类、英语技能类的教材品种很多，配套的多媒体资料也比较丰富，关键问题在于要从中挑选出适用于我院学生实际水平和兴趣特点的品种。英语文化类和专业英语类的教材虽然品种也不少，但往往存在难度偏大、内容陈旧、配套资源少、趣味性不强的问题。教师可先根据我院的具体情况搜集一些资料编写成讲义，通过教学实践再不断进行补充、完善，等条件成熟时再将讲义作为正式教材出版，通过这种方式达到以教学带动科研的目的。

在课堂教学中教师还应注意贯彻“以学生为中心”的指导思想，利用网络、媒体等调动学生的学习兴趣，拓展学生文化和专业视野；以现代英语教学理念为指导，运用任务教学法、交际教学法的理念精心设计课堂活动方式，组织、调动学生动嘴、动脑、动手；培养学生的自主学习能力和小组合作能力，将课堂学习延伸至课外。

参考文献

1. 黎莎，徐丽，周雪蕾，谭康．体育新闻专业课程的设置．体育学刊，2002，9（5）：142～144

2. 单晓颖．新闻学专业英语教学存在的问题与改进方法．传媒教育，2008（8）：80～81

构建首都体育学院口语虚拟学习社区的反思[①]

湛 冰

（首都体育学院）

摘要：虚拟社区是近几年随着计算机和网络的蓬勃发展而产生的，其灵活的组织形式，多方位、多层次的交互方式很快引起了人们的注意。本文从虚拟社区的概念和特征出发，分析了如何利用虚拟社区构建首都体育学院大学英语口语教学环境以及虚拟社区环境下的口语交流行为动态模型，最后对教学效果进行综述和反思。

关键字：虚拟社区　口语教学　学习资源　交流互动

Abstract: Virtual Community has been popularly applied in English teaching with the high development of the Internet, which attracts attention especially for its feasible forms of organization and its multi-leveled interaction. The paper analyzes the establishing of the oral English virtual community environment and its dynamic model of oral communicative acts. In the end the paper sums up the teaching effects and implications.

Key words: Virtual community　Oral English teaching　Learning resources　Inter-communication

一、什么是虚拟社区

所谓虚拟学习社区，源于社区、虚拟社区、学习社区等概念。社区就是集中在固定地域内的家庭间相互作用形成的社会网络[②]。虚拟社区是指具有不同兴趣爱好和需求的个体，借助计算机网络和通信技术，构筑网上多功能、立体化的虚拟交流

---

① 本课题为北京市教委青年英才项目资助，项目编号：YETP1709。

② Howard R. The Virtual Community: Homesteading on the Electronic Frontier[M]. London: MIT Press, 1993.

空间。在这里，具有相对稳定的人际关系，可以向人们提供信息、物质、情感等多方位的互动平台；而且，成员都必须遵守相同的基本准则。这是一种全新的电子生活方式。虚拟社区，有人称之为在线社区（Online Community），有人称之为电子社区（Electronic Community），还有人称之为网络社区（Network Community）。本文采用的是虚拟社区（Virtual Community）①。

二、虚拟学习社区的特征

1. 社区的生命周期现象

虚拟学习社区是基于某个任务或话题的产生，也就意味着任务和话题是虚拟学习社区群落形成的沃土。要培养思维活跃且种群众多的群虚拟学习社区落，要求任务和话题具有挑战性和吸引力，总体来看虚拟学习社区的生态过程也经历创立、成长、成熟和衰亡的过程，在共同的任务和话题引导下有着相似追求目标和兴趣爱好的群体集合。虚拟学习社区群落得以创立，当任务和话题进一步深入后，更多的志同道合的个人参与讨论与交流，共同协作完成某个方案，这时虚拟学习社区群落进入快速发展期。随着群落的发展这时生态文化开始形成群落队伍，逐渐稳定分工、协同明确，虚拟学习社区群落步入相对成熟期。到了群落衰亡期，由于话题和任务的解决或群体内容矛盾的激化，这个群落开始解散。虽然群体解散了，但是在新的任务和话题产生的前提下又会重新组织新的群体。虚拟学习社区群落是一个周而复始不断成长和完善的过程。

2. 社区的交互效应

虚拟学习社区群落中不同群体和个体不是孤立的，而是存在着各种联系，相互促进，相互激励。在学习社区中，教师和学习者、学习者和学习者之间发生了交互作用，实现了思想和信息的互通。同时，虚拟学习社区群落中多样的交互方式也为群体之间的交流和沟通提供了前提和保障。知识交流对于虚拟学习社区群落具有基础性的作用。因为每个个体都有不同的成长环境，他们的知识结构也存在较大的差异，正是这种知识差异引起了知识的交流和交互。社区中的每个参与人既可以向其他主体提出建设性的建议，也可以得到其他主体对自身的评价，从而能强化认知实现虚拟学习社区知识的生态平衡。

① 齐剑鹏．网络学习社区的理论与实践[EB/O L]. http://www.iteonline.net/, 2002

三、利用虚拟社区构建大学英语口语教学环境

2007 年教育部修订的《大学英语课程教学要求》提出，“各高校要充分利用现代信息技术，采用基于计算机和课堂的教学模式，改进以教师讲授为主的单一教学模式。新的教学模式应以现代信息技术，特别是网络技术为支撑，使英语的教与学可以在一定程度上不受时间和地点的限制，朝着个性化和自主学习的方向发展”。

1. 网络平台建设

虚拟学习社区包含诸多要素，比如网络平台、成员组织、管理方式等。根据这些要素，作者在自己搭建的英语教学平台上配套实施英语口语虚拟学习社区构建。按照英语虚拟学习社区教学设计的要求，首都体育学院购建了一流的网络及多媒体硬件环境——蓝鸽教学系统，该虚拟网络平台配置了教学传播功能模块，可支撑网络课件和教师公告的发布、教学资源的下载、学生作业的上传、教师批改点评作业、成绩统计、作业共享浏览、答疑讨论等各个环节，能够在网络上展开教学活动。

2. 为口语教学教师和辅导员成立社区成员组织

以 2012 级新闻 2 班 38 名学生为研究对象，各组组长担任社区组长并作为社区核心成员，各组英语成绩较好并有一定组织能力的学生组成各小组核心成员，随着社区学习活动的开展，普通学生作为社区成员加入到社区中，根据角色划分、权限划分、评价措施等对成员进行管理，各成员采用多重互动方式进行交互活动。

3. 学习交流模块

学习交流模块是口语虚拟学习社区的主要功能，如图 1 所示。

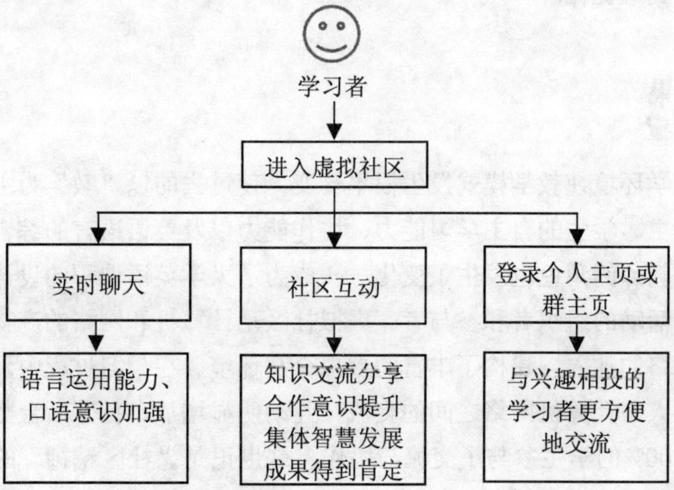

图 1　英语口语虚拟学习社区动态行为模型

学生可以就教师提供的有关话题或问题进行讨论和交流，发表自己的看法。学生本人也可以提出自己感兴趣的话题。实际上，交流渗透于每一个环节，不光局限于学习交流模块。从一定程度上来说，教师可以根据留言的多少判断学生对知识的掌握情况，从而采取相应的对策。在适当的时候，教师也能利用留言的形式来解答学生提出的问题。虚拟社区中的交流和协作形式是多样的，它可以发生在学生和学生之间、教师和学生之间、教师和教师之间以及人与计算机网络之间。学习交流的方式有很多，在我们设计的社区中，主要采用了答疑、评论、小组报告和实时英语聊天。（1）答疑：有点类似于传统意义的协作方式，不过"协作"是通过网络完成的。在实际使用中，参与者要多得多。（2）评论：要求学生就某一问题提出自己的看法、建议，教师也可以参加评论。（3）小组报告：将学生分成若干小组（Webcl），完成一项学习任务后，做各自的陈述报告，并回答其他小组提出的问题。（4）实时英语聊天：聊天是语言虚拟社区中学生进行小组协作、交流的重要手段之一，它能使学习活动更为集中，富于趣味性和建设性。而且，用英语进行聊天，还是对所学知识的操练，是"知识外化"的体现。聊天服务的形式有基于文本的聊天、基于语音的聊天和基于视音频的聊天。

4. 管理系统模块

不同权限的管理员承担不同的社区管理事务，包括用户管理、版面管理、资源管理、学习进度监测、学习成绩管理等。另外，现代教育理论确实强调学生之间的互动、学生和教师之间的互动，但我们在实际教学中发现，教师之间的互动同样应予重视，这种交流的作用是不言而喻的。教师在交流的过程中可以互相取长补短，使教学效果达到最优化。

四、教学效果

虚拟的教学环境使教学模式发生根本转变，使过去的以"教"为主，成为现在的以"学"为主。学生的自主学习能力、协作能力以及英语语言的综合能力都有大幅度的提高。教师的角色也发生了变化——成为了大学英语课程的设计者、学习的指导者、学习活动的组织者和参与者。虚拟社区是计算机和网络的产物，也正是由于计算机和网络的加入，建构了丰富的虚拟交互环境。在学习过程中，我们发现人与人之间以及人与计算机网络之间的交流、互动明显增加。社区后台数据库的数据显示，几乎 100%的学生参与了交流与协作，这也正是"社区精神"的体现，直接使学生的英语口头和书面表达能力大大增强。对于绝大多数学生，困扰了多年的

“哑巴英语”现象已不复存在，取而代之的是他们对自己英语表达能力充满自信。

五、虚拟社区环境下的口语教学反思

1. 如何提高师生互动的效率和效果

一方面，在混合型教学模式中，虚拟学习社区的快速传递信息的功能发挥得更好，教师的教学内容和测试等传播概念性的信息超过学生参与师生、生生沟通与互动。另一方面，教师由于工作量太大，无法及时批改作业并上传网络，大多数的师生互动只能靠延时交互方式完成。学习者没有统一进入社区的时间段，教师作为辅导者不能与进入社区的每位同学进行交流和沟通，学生的问题不能得到时时解答。另外，由于学生英语交流和表达存在困难，管理员（辅导员）、任课教师与学生交流时解决问题效率低，日常口语交流多于活动任务话题。

2. 如何加强边缘人群的主观能动性

在网络学习过程中，不同的学习者参与情况不同，个体差异较大。网络学习的讨论主要在核心参与者与半边缘人群之间展开。核心参与者是指一些积极发起和响应他人发起的讨论话题的学习者，也是网络讨论的推动者；半边缘人群是指一些学习者有时会发起讨论话题，并回复一些学习者发起的讨论话题；还有一些学习者很少或者没有参与讨论，只停留在 BBS 上看贴而不回帖的“观站”层次，是网络交互的边缘性参与者[①]。

3. 如何改善改善社区学习氛围

VLC 虽然能有效地减少学生“出镜”，大胆地在网络中与社区成员交流，但如何协助学习者建立结构依赖，使其在网络空间中有效互动，提高学习者进入学习社区的频率和参与度，如何提高学习共同体中的学习者的归属感、忠诚度、认同感以及从其他成员身上所得到的尊重感，建设一个“失败的安全社区”是学习社区的生存和发展的重要前提。只有友好、平等、互惠的社区才能促进学习者更积极主动的交流经验，分享知识和信息。

六、结束语

口语虚拟学习社区是一种理想的英语学习环境，建构了一个真正自主互动的学习社区，学生互动的对象主要是学习软件和学习社区中的其他学生，教师的作用主

① 王陆．虚拟学习社区社会网络结构[M]．北京大学出版社，2011

要在对互动的学习资料和学习过程的设计与研究上。学习者可以通过移动手机随时随地上网进行英语学习和交流。这是一个具有深远意义的研究领域，以英语学科为中心建构多重交互的英语虚拟学习社区，重构课堂教学模式，提高课堂教学效率，任重而道远。

参考文献

1. Howard R. The Virtual Community: Homesteading on the Electronic Frontier[M]. London: MIT Press, 1993

2. 齐剑鹏. 网络学习社区的理论与实践[EB/OL]. http://www.iteonline.net/, 2002

3. 张旭. 浅议大学英语多媒体网络课程教学[J]. 中国电力教育，2007（10）

4. 曹雯. 和谐校园建设的思考[J]. 职业圈，2007（18）

5. 王陆. 虚拟学习社区社会网络结构[M]. 北京大学出版社，2011（6）

作者简介：

湛冰，女，1980生人，首都体育学院外语教研室，在读博士，研究方向：双语课堂教学，社会学。

作者联系方式：

电话：13811731900

邮箱：zhanbing@cupes.edu.cn

多元化评价在艺术类院校英语教学中的应用

田　芸

（中国戏曲学院）

摘要： 评价及考试制度改革是大学英语教学改革的重要步骤。为了建立并完善科学的英语学习评价体系，弥补传统评估方法的不足，多元化学生评价正日益受到高等院校的重视。本文探讨了多元化评价应用于艺术类院校英语教学的优势及常用方法。

关键词： 英语教学　多元化评价

一、引言

教育改革的关键问题是课程改革与学生评价改革，后者是学生学习结果的重要体现。由于受到人才选拔模式和传统教学理念的影响，英语学习的评价体系一直以考试（尤其是笔试）为主要模式，弱化了语言应用能力的考核。这与社会对人才的需求存在较大差距。再加上艺术类院校的学生，英语基础参差不齐，如果只强调传统的评价，显然是不合适的。多元化评价体系强调对学习形成过程的认可，其目的在于建立适合于教育对象的教学与测试模式，真正切合学生的实际需要。

二、单一测试模式的弊端

1. 对学生的影响

传统的学习效果评价多采用标准化测验，主观题因评分标准的问题所占的份额较少，而语言本身的交际功能在这样的考试中是没有办法体现的。这种评价方式无法考察学生在动态的、真实的背景中会如何应用知识；容易误导学生认为英语学习主要是死记硬背，使他们缺乏对学习过程的关注。我们经常看到学生在期末考试前突击复习的情景，而教师平时在课堂上组织的实践活动，学生往往很难认识到参与其中的意义。教育的最终目的是要让学生成为一个主动的探索者和学习者、一个训练有素的思考者。因此，这种以考试为主的评价方法不利于调动学生学习的主动性、创造性，也不利于学生综合运用语言能力的培养。

2. 对教师的影响

单一的测试模式也会在一定程度上限制教师对教学内容和方式的改革与探索。为了让学生能够应对期末的考试，教师不得不增加对所学内容的机械练习，减少那些对语言灵活运用的教学设计和练习。而这些原本应该由学生主动参与的课堂活动，其实对语言能力的培养是非常有意义的。

三、多元化评价体系的理论基础及优势

1. 形成性评价

美国芝加哥大学斯克里芬教授于1967年提出“形成性评价”这个概念。形成性评价是在教学过程中对学生的学习情况进行评价，为教师与学生提供反馈信息，评价中收集到的信息用于调整教学以满足学生需求，提高教学质量。形成性评价的应用能帮助教师及时了解学生的学习进程，适时调整教学内容，满足学生不断变化的需求，促进教学质量的提高。它为多元化评价体系提供了理论依据。

2. 多元智力理论

多元化学生评价的另一理论基础，是美国心理学家加德纳的多元智力理论。他根据多年对人类心智的研究认为，人类至少具有七种智力：语言、数理逻辑、视觉空间、身体动作、音乐、人际与自我智力。他认为，不同的人在这七种智力上的表现是不同的，每个人都有自己最擅长的智力领域。多元智力理论主张对学生的评价要在实际生活及学习情景中进行，从多方面来观察、记录、分析和了解学生的优点和弱点。教师应在此基础上，设计出适合学生特点的评价标准，从而帮助学生扬长避短，发挥潜力。

四、多元化评价在艺术类院校英语教学中的应用

在上述多元化评价体系的理论指导下，考试制度改革成为我院大学英语教学改革的重要一步。首先，大学英语期末考试的内容由“一份试卷”改为“多份试卷”，针对不同专业、不同水平的学生，用不同的考题进行测试。更为重要的是，我院提高了平时成绩在总成绩当中所占的比例，便于教师将多元化评价方法应用到日常教

学中去，在英语教学上取得了积极的成效。

1. 调整教师的课堂教学模式

（1）增加英语课堂的实践活动

多元化评价理论要求教师尽可能多地获取学生的学习信息，以作为评价的依据。同时，平时成绩的增加也意味着教师应提供更多的实践活动，为学生创造提高平时成绩的机会。结合不同的专业设置，我们为学生提供了不同的口语交际实践环节。认真贯彻“学一点、会一点、用一点”的教学方针，坚持以学生为主导，教师成为学生的指导者。另外，作为教学中监控手段之一的小测验，教师应及时给予认可和点评，使学生了解自己下一步的学习方向，提高学生的学习主动性。也就是说，开展英语的课堂实践活动时，教师要对每个环节有清楚的设计和有效的监控，实现教与学的双赢模式。

（2）采用模块式教学

根据学习深度的不同，我们可以把学习分为两种：初级学习与高级学习。初级学习是学习中的低级阶段，教师要求学生知道一些重要的概念和事实，在测验中只要求他们把所学的东西按原样再现出来（如背诵、填空、简单的练习题等）。而高级学习则与此不同，它要求学生把握概念的复杂联系，能够把知识广泛而灵活地运用到具体情境中。基于这种理论，当我们把多元化评价用于英语教学，并且对象是水平参差不齐的艺术类院校学生的时候，可以采用模块式教学，即分为基础技能模块、专业技能模块，使基础差的学生掌握大纲要求的基本词汇、语法，而基础好的学生可以增学与所学专业相联系的对话、短文甚至写作，拓宽学习范围。

（3）合作学习

合作学习也是与多元化评价关系密切的一种方法，它可以促进学习者的合作意识和合作能力。让学生在能力各异的小组或小团队里一起学习，互相帮助，以取代为了获得承认而进行的竞争。针对我院一些学生人数较多的班级，我们在实际教学过程中，按照自愿和教师指导的原则把学生分在不同的学习小组。就课堂表现等方面组员之间互评互测，被评价的学生根据别人对自己的评价进行总结思考，确定自己的改进目标。人人参与互评活动，能增进同学之间了解，又能增强学生的信心和兴趣，促成良好的学习动力。

2. 重视学生平时成绩的记录

（1）课堂观察记录

课堂观察是指在课堂教学活动中观察学生参与时的各种表现和反应。教师可以列一些基本的项目，并做成表格的形式。例如回答问题的次数、答案的准确度和完整度、小组活动时的参与度等，观察学生在一段时间内的课堂表现和点滴进步。课堂观察可以帮助教师了解到：①自己教学中存在的问题；②学生对知识的掌握情况；③学生对学习材料感兴趣的程度。通过分析这些观察到的现象，教师可以全面和客观地获取教与学的信息，从而指导自己下一步的教学工作。

（2）学生的“学期表现”

教师应做好学生的“档案记录”，它记载了学生某一学期或一学年的学习过程，“档案”中可以包括学生的作业、读书报告、课堂发言记录、小测验成绩等内容。教师应该把这些信息及时反馈给学生，在教学的各个阶段，让学生掌握自己的学习信息及学习效果，形成学习的良性循环。所以好的评价方式不仅能帮助教师了解学生在英语学习中的问题，反思教学，提高教学效果，还能促使学生对自己的学习产生一种责任感，培养他们自主学习的能力。

3. 避免偏差

经过一段时间的尝试，我们认为，多元化评价方法在实际应用过程中应注意以下几个方面：①由于在艺术类院校，不同专业的学生英语基础差别很大，教师在面对不同班级时，对评价标准的掌握可能不一致。②教师个人看待学生的学习态度、进步程度等方面时，可能会带有个人偏见，造成评估出现偏差。③教师对学生原有的基础把握不准确，可能导致作出不切合实际的评估结果。

教师如果不能给学生有用的建议和反馈，或者评价不具备针对性，学生也就不能及时了解自己存在的问题。因此，教师在多元化评价体系的具体运用当中，要竭力避免出现以上可能出现的偏差问题。

五、结语

1. 多元化评价体系的实施成效

由于我院学生的英语基础差异明显，使得教学过程容易出现脱节现象，互动环节也较难顺利进行。而将多元化评价理论应用到大学英语教学中以后，教师在课堂教学中引发学生思考问题，补充文化背景知识，训练学生运用英语思维的能力，并对他们的思考能力进行评价。小测试中也尽量包括考查学生运用、分析、综合、评估等思维能力的试题。同时，对学生的作业给予及时具体的反馈信息，帮助学生了解自己的发展水平和提高的途径。教师定时分阶段系统地对学生进行形成性评价，培养学生成为自主学习者。结果表明：在日常教学中，运用多元化评价体系的班级，教师肯定学生取得的进步，指导学生自我完善的技巧，培养学生的创新学习能力。学生表现活跃，学习兴趣较浓厚，课堂思维积极，形成自主学习的良性循环。

2. 多元化评价对艺术类院校英语教学与测试的启示

随着全球化进程的加快，语言作为沟通交流工具的实用性更为突出。针对艺术类学生的特点，面对英语课堂里各种不同层次的学生，本着提高学生综合素质的方针，合理地在英语教学中使用多元化评价方法，可以有效弥补传统英语测试评价的不足，也符合大学英语教学与测试的发展趋势。

参考文献

1. 龚怡祖．论大学人才培养模式[M]．江苏教育出版社，1999（10）

2. 李湘祁．美国著名大学新生录取标准的多样化述评[J]．上海教育科研，2004（4）

3. 李淑梅．形成性评价在大学英语教学中的实践［J］．黑龙江教育学院学报，2008（3）

4. 袁荣儿．对高职英语教学中形成性评价的思考与实践［J］．教育探索，2010

外语教学与中国传统文化的传承与创新①

张慧琴　罗　冰

（北京服装学院）

摘要：语言的文化性使外语教学肩负着重要的文化责任。作为外来文化的引介，外语教学必须立足本国文化，把握其在文化交流中的双向性，处理好外来文化与本国传统文化之间的关系，为民族传统文化的创新和传承履行文化责任。

关键词：外语教学　传统文化　创新　传承

Abstract: Foreign language teaching should be push forward through basing on its' own culture, grasping its exchanges in two-way cultural communication, and building up the good relationship between foreign culture and Chinese traditional culture, so that to take the great responsibility to the innovation and inherence of our Chinese traditional culture.

Key words: Foreign language teaching　traditional culture　creative inherence

一、引言

现代文化学研究认为，文化是人类有意识活动的综合成果。中国传统文化是在长期的历史发展过程中融合、发展起来的，具有稳定形态，汇集民族历史上各种思想、文化、观念形态的总体表征，并以华夏民族为鲜明的民族特色的多元文化，是中华民族几千年文明的结晶。然而，随着东西方文化的碰撞与交融，中华传统文化

① 该论文是北京市社科面上项目（SM201310012003）、2014 年研究生教育教学改革项目以及 2014 年北京服装学院“服饰文化研究与传播”创新团队的阶段性成果。

受到前所未有的挑战，我们该如何保持传统民族文化的传承与创新？外语教学责无旁贷。

二、外语与文化性

外语作为语言，是人类社会发展进程中的一种特殊产物。语言和文化相互依存，语言是文化的载体，也是文化的表现形式。人们借助语言，交流思想，描绘世界，学习和掌握文化。

1. 外语的文化性

相对于汉语而言，外语是一切外国语言的统称，作为外国文化的载体，外语一方面揭示了外语所在国家的人文习俗、社会心理、意识思想和价值观念等，而当我们在民族文化背景（民族的文化环境、文化观念、文化思维）下教授外语时，民族文化和外域文化之间将不可避免地发生聚合、比较、相容或者排斥；在另一方面则表现出外语的外来文化特性。于是，外语的内在文化性和外在文化性便作为一个互相关联、互相作用的辩证统一体，在辩证统一中构成了外语文化性的主要内容。同时，"外语的内在文化性是固有的，相对稳定的；而外语的外在文化性是在外力（外语传授）作用下产生的，是可变的，它因外语教授者与学习者的思想基础、文化阅历、思维能力等的不同而有所变化。外语教学者经过对文化信息的分析、综合、比较、抽象与概括的心理过程，可以形成不同的文化观点"（孙立春，2007）。

2. 外语与外来文化的相互影响

对我国而言，产生文化影响相对较大的外语是英语。英语被广泛用于全球科技、金融、医疗、贸易、外交、教育等各个与人们生活密切相关的领域，而英语所承载的文化也对汉语和其他语言及其文化产生了一定的影响。

从英语语言教学（English Language Teaching）的历史来看，14、15 世纪随着英国殖民教育政策的推行，殖民地人民的语言一度面临消失的危险。第二次世界大战以后，由于美国经济的迅速崛起与全球化进程的加速，英语逐渐成为全球通用语言，而英语所代表的先进文化和文明，不仅使全球范围内掀起了学习英语的狂潮，而且使英语语言教学也得到蓬勃发展。作为对英语语言发展起重要推动作用的英国与美国，则积极为他国提供英语语言教学援助，如派出外籍援助教师、捐助英语原版图书、提供英语教学师资培训等，使英语学习者在学习语言知识的同时，也逐步了解了英语国家的文化、生活方式、价值观和世界观。然而，英语语言在向非英语国家"输入"的同时，也不自觉地融入了当地的异域文化。类似好久没见（Long time no see）、加油（jia you）、给力（Gelivable）、大妈（dàma）和土豪（tǔ háo）之类的中国英语句式和词汇正在不断丰富英语语言，这些都足以证明我们可以依据特定的语言环境，创造性地用英语表达中国独特的文化，构架不同文化桥梁，促进不同国家的经济、文化交流。

三、外语教学的文化责任与作用

谭念（2007）认为外语教学的目的呼唤重视中国传统文化。因为外语教学不仅仅是培养介绍与引进国外的文化、知识、技术、科学等人才，同时也担负着本国文化的输出，为政治、经济和贸易等服务。这就要求我们在实际的外语教学中，不仅要科学地把握外语的文化属性，积极发掘语言的文化内涵，尽量避免外来文化的冲击所带来的负面影响，而且要懂得吸纳与创新，为本土文化注入新生力量和有益成分。

1. 外语教学的文化责任

现代教育理念中，教育的作用不仅仅在于“传道授业解惑”，教育有着更为广泛的文化作用。从人类文化发展的整体过程来看，追求文化发展的先进性是人类文化进步的重要途径，教育的地位愈加重要，教育在科学进步、文化传播上的作用也日益突出，外语教学更是站在两种文化之间，充当导引的角色。

外语教学在文化交流过程中应具有双向性，一方面引入外来文化，一方面输出本国文化。纵观古今，我们可以发现中华民族的一大文化特色就是“容”与“融”的结合，“海纳百川”之后自然“有容乃大”，但还要兼容并蓄，为我所用，于是中国文化在不断地吸收与融合、完善与创新中发展壮大，这才是中国文化历经千古昌盛不衰的重要原因。在外语教学过程中，引介外来文化的同时，应甄别外来文化的良莠，取长补短，于吐纳之间成就文化创新，积极输出本民族的文化。

2. 外语教学对于传统文化的传承与创新作用

文化传承指的是两代人之间或一代人中掌握着不同文化的两部分人之间进行的文化传递和交流，这是一个文化的历史纵向运动过程，强调的是文化进化中的时间变迁，它是民族文化向前发展的前提条件。一个民族的文化发展必须借助文化传承来实现，是文化传承的逻辑基础和必然结果。文化是民族的重要特征，也是构成民族的核心要素。文化传承形成文化传统，传统文化在不断地被传递和被吸收的过程中形成了民族特色。民族文化的传承是民族共同体形成和发展的重要机制，而民族文化的发展则是传统文化传承的必然结果。

文化传承最核心的问题就是文化的民族性。文化是人类适应生存环境的社会成果，为人类社会群体所共享，所以文化与民族须臾不能分离（赵世林，2002）。一方面，相同的民族文化不仅是民族共同体可以识别的符号，而且也是这个共同体存在和发展的精神维系。只有通过民族文化的传承，才能实现这种维系民族共同体的精神文化的生产和再生产，民族共同体的再生产才不会中断。另一方面，民族文化的深层次结构构成文化的核心，联系着民族的深层次心态结构和认同意识（黄惠，1993）。

中国传统文化创新是经济全球化时代日趋激烈的综合国力竞争的需要，是知识经济时代人类生产方式和生活方式深刻变革的需要，也是先进文化的内在本质要求。创新是人类发展的灵魂，有没有创新精神已经成为关乎国家和民族命运前途的关键，也是一个国家和民族发展的强大动力。创新也是一个系统工程，经济需要创新，理论需要创新，而民族的传统文化更需要创新在民族的传统文化的创新发展中，要坚持“取其精华、去其糟粕”的原则，把文化的创新内容与民族的传统习惯结合起来，真正解决好“继承和发展”的关系（王东星、李文孝，2005）。在实际的外语教学过程中，通过汉语和英语的对比学习，逐步培养学生在中国文化背景下的语言创造力。

因此，在动态的文化传承中，外语教学在教授学生学习外国语言知识的同时，还要帮助学生理解民族文化形成的原因，正确认识学习中涉及的文化差异，在中西语言文化对比中珍视中国传统文化，吸纳西方先进文化因子，从而创新发展本民族的传统文化。

四、中国传统文化的传承与创新在外语教学中的实践

在外语教学过程中，应充分发挥外语教学的文化作用，做好文化向导和中介，在注重引入和输出的同时，不断学习和扬弃，以实现中华文化的传承与创新。

1. 树立平等的文化观，正确认识和丰富传统文化

林语堂认为，文化输出的民族是比较发达的民族，而接触外来文化的民族，由于环境的变化，总不免引起纷扰。因此，以平等、平和的态度对待外来文化是成熟文化的标志之一，而这种文化平等交流的意识是建立在对外来文化的尊重与包容和对中国传统文化的了解与认同的基础上。如果不了解、不认同本民族文化，对民族文化的缺乏自豪感和自信心，面对外来文化特别是强势的西方文化，就只能处于屈从的地位。我们学习外语的目的，是为了打破语言的藩篱，进行文化的彼此交

流和借鉴。一方面借助外语了解和研究异文化，学会如何与外国人用外语成功地进行交流；另一方面学会用外语来传播我们自己的文化，向外国人介绍和展示中华民族的历史、文化习俗和价值观念，让外国人在相互比较中进一步了解中国文化。在实际外语教学中，我们既要教会学生以平和的心态对待一切异文化，也要反对“我为华夏，彼为蛮夷”的文化霸权思想，更要警惕望洋兴叹、自惭形秽的“文化失语”现象。教育学生以中国传统文化修养为基础，以文化平等交流为目标，取彼之长，补我之短；以我之花，添彼之锦。

2. 加强外语教师传统文化传承与创新意识的培养

从欧洲中世纪的“文明在东方”到中国清王朝后一百年的“西学东渐”，从“五四”运动推崇“德先生、赛先生”（科学民主）、“打倒孔家店”到马列主义作为唯一真理，及至现在，论必言“与国际接轨”，谈必说“西方先进”的风气之盛，使得中国传统文化和价值体系从强势转为弱势。包括在教育方面，对外来文化的引介不断投入大量的精力和财力，但对中国传统文化的投入力度相对较薄弱，这就使得我们在开拓国人视野、丰富国人知识、培养国人世界意识的同时，在一定程度上冲淡了对中国的传统文化的重视，甚至导致部分青年对西方文化趋之若鹜。特别是随着整个社会对外语的不断重视，接触外来文化的年龄呈现低龄化趋势，与之相伴的是对中国传统文化缺乏系统深入的了解，甚至许多英语教师，也不具备古文化大国学者所应有的深厚文化素养和独立的文化人格，进而形成了一种轻视本民族文化，盲目崇拜外来文化的风气。正如袁芳（2006）指出，纵观我国多层次英语教学，都存在不同程度的片面性，对作为中国文化背景下的中华传统文化的英语表达，基本上仍处于忽视状态。要改变这种情况，就必须充分重视传统文化，加强对于外语教育工作者传统文化传承意识地培养，使其熟知、热爱、尊重传统文化，在外语教学过程中充分发挥文化中介作用，真正做到融汇中西、贯通古今。

3. 加强英语教学中传统文化内容的渗透与融入

目前我国的外语教学大多数地区始于小学阶段，部分地区甚至始于幼儿教育阶段。“从娃娃抓起”虽然可以从小培养孩子的外语技能和跨文化交际意识，但如果不同步重视本民族优秀传统文化教育，就可能导致一系列的后续问题。试想：学生从小学三年级到高中毕业，校内外语课时和语文课时基本持平；学生进入大学后，无论选择何种专业，仍需在外语学习上投入大量的时间和精力；而中国传统文化教育明显没有得到如同外语教学相当力度的支撑和保证。从学校、教师到学生都在不同程度上表现出对中国传统文化的轻视或力不从心。因此，在外语教学中有必要加强中国传统文化教育的渗透与融入，制定系统的中国传统文化教学计划，增设中华统文化英文选修课程，如北京外国语大学的丁往道教授从20世纪80年代初开始使用英语教授中国文化课，颇受学生欢迎。包括哈佛大学在内的许多国外知名大学都开设了中国文化课，内容涉及我传国传统哲学和历史。与此相比，我国大学英语的课程设置却远没有体现中国传统文化在英语教学中的重要性（张为民、朱红梅，2002）。可喜的是，目前我国的高校已经逐步意识到该问题的严重性，比如艺术类院校正在为非英语专业的大学生增设符合本校特色的有关中国传统哲学、历史、宗教、文学艺术以及社会习俗等的英语课程，甚至在公共英语的教材编写上也尝试通过《艺术类大学生大学英语读写教程》、《艺术类大学英语》和《艺术类大学英语视听说教程》等特色教材，从教学内容中艺术专业知识的增强，到教学方法的逐步艺术化，使艺术类学生将专业知识与英语学习完美结合，使英语学习不仅局限于过去的语言工具，而是成为学生探求专业知识、了解本专业最新信息和发展动态的渠道，在如此转变的教学过程中，英语教师更加了解了艺术类学生的学习需求、性格特点和学习习惯，由过去一味地认为艺术类的学生学习基础差、对英语学习缺乏兴趣的笼统评价转变为对艺术类学生专业特长的认可和感叹，对学生求知渴望和发展需求的更加理解和关怀，学生对教师也由过去表面的客气转变为发自内心的敬重。

实践证明，随着教材编写理念的改变和实际使用过程中的感受，以及笔者所在院校艺术类学生近年来由于学习效果的变化，结合专业特色的英语教学是专业学习的铺垫，是吸引学生热爱英语学习的手段，也是教师提高教学效果的基础和保障，更是教师实现教学相长，结合学校特色，实现专业拓展的捷径。事实证明，艺术类学生在不断的学习实践中逐步校正了自己的学习目标，能够自觉主动地将英语学习与未来专业发展、职业发展相互结合，在教师的引导下，艺术类学生从一年级就开始加强口语学习实践，扩充专业词汇，甚至主动参加国际英语水平资格认证考试，在不断的挑战自我中，艺术类学生全国大学英语四级通过率逐年平均提升 5 个百分点。在此基础上，笔者尝试结合专业特色，通过大学生实训项目的开展，师生共同建立艺术类学生的英语视听说资源库，从学术类的艺术学资源，如设计师成长史、服饰文化特色资源等，到生活类的艺术资源，如电影、时装秀等资源的搜集和整理，多渠道激发学生对艺术学的热爱，并将师生不断充实的资源库在全校范围共享。同时，通过开设传统文化选修课程，帮助学生了解专业历史，增强对专业的了解和热爱，也促进了教师科研水平的提升（张慧琴等，2014；张慧琴等 2013）。如通过开设传统服饰文化课程，将传统文化与服饰历史巧妙融合，实践证明，该类课程的开设，提高了学生的中国文化意识，增强了学生的民族文化自豪感，并吸引了部分留学生也来听课，在一定程度上促进了中华传统服饰文化的对外传播和传承。

五、结论

人类的文化是多元的，多元的文化具有民族性，而文化的民族性在于它的传承属性。语言作为文化载体，带有浓厚的文化性，因而在艺术类的外语教学中，一定要以文化平等的态度来处理好本民族文化和外来文化的关系，积极发挥外语教学的文化作用，在培养学生外语语言能力的同时，把握好正确的文化方向，学习、借鉴国外的先进文化，对民族传统文化进行改革和创新，在培养高素质艺术类人才的同时，积极地传承、发扬和传播中华传统文化艺术。

参考文献

1. 黄惠．祭坛就是文坛[M]．北京：国际文化出版公司，1993

2. 孙立春．外语的文化性与外语教学的文化责任[J]．学科教育，2007（2）: 26

3. 谭念．中国传统文化在英语文化教学中的地位[J]．湖北民族学院学报（哲学社会科学版），2007（5）: 65

4. 袁芳．试析外语教学中“母语文化”的地位与作用[J]．外语教学，2006（5）: 70

作者简介：

张慧琴：女，博士，教授，北京服装学院外语系硕士生导师，主要研究服饰文化翻译学与外语教学。

罗冰：女，硕士，副教授，北京服装学院外语系硕士生导师，主要研究服饰文化翻译学与外语教学。

作者联系方式：

联系地址：bfzhhq@163.com

电话：13501073042

通讯地址：北京服装学院外语系

邮编：100029

修辞能力的培养与英语阅读写作能力的提高

杜京晶
（北京服装学院外语系）

摘要：大学英语教学对能力的提高是逐渐由技能训练转变为思维培养，外语教学应该要求语言学习者在掌握基本语音、语法和词汇的基础上，培养他们成为一名敢于表达、善于表达、具有独立思维、能够迅速获取有效信息的语言创造者，本文从修辞能力和外语读写能力的关系入手，结合教学实际，分析如何在教学中通过修辞能力培养提高学生的读写能力。

关键词：英语修辞能力　阅读能力　写作能力

Abstract: College English teaching has been changing its teaching aim from skills training to competence building, which would make language learners become skillful language creators. The author intends to explore the ways of cultivating students' reading and writing competence from the perspective of rhetoric based on teaching practice.

Key words: rhetoric　reading competence　writing competence

一、引言

英语课程的性质一直被视为"实践技能性"课程，很多外语学习者简单地把学习外语视同学习驾驶、厨艺等技能一样，认为只要反复操练基础语音、基本语法并掌握一定词汇就可以顺畅交流，即掌握了这门语言。很多外语学习者抱有这样的学习认识，继而就出现了这样的情形：用英语打招呼、做自我介绍都可以非常顺畅，但是没有准备的话题就不会去表达自己的感受；写出来的文章，大部分都是由背下来的套话构成，真正能够表达自身感受的语言寥寥无几；阅读文章，看完之后对文章的精妙之处没有任何印象，看不出作者的真正意图。这些问题在大学生英语学习过程中普遍存在。通常我们把这些问题归因于考试，简单地认为考试中某个题目考查某一个语法能力等。但是，随着四六级考试题目的改革与完善，以及不断涌现的各类国外英语测试考试，如雅思、剑桥通用语等级考试等，我们逐渐发现，掌握了基础语法和一定量的词汇，并不能在这类考试中取得高分，如同一名舞者，仅仅掌握舞蹈的基本动作，观众看到的只能是动作的堆垒和内容的单薄，没有对动作、内容的理解，就不会跳出舞蹈的精神和内涵，欣赏不到舞蹈的灵魂和召唤。因此，大学英语教学过程中对能力的提高逐渐由技能的训练转变为思维的培养，外语教学应该要求语言学习者在掌握基本语音、语法和词汇的基础上，培养他们成为一名敢于表达、善于表达、具有独立思维、能够迅速获取有效信息的勇敢的语言创造者，而不是人云亦云的语言搬运工。

要实现培养学生成为语言创造者的目标，简单地从英语的"实践技能性"课程性质出发去指导英语教学内容和手段是不全面的，在学生听、说、读、写四个方面的能力基础之上，思维能力的培养应该落实到学习者的修辞能力方面，如果将听、说、读、写视为有形的能力的话，修辞能力，这对隐形的翅膀，可以视为语言能力的灵魂，是语言创造者驾驭语言不可缺少的能力。本文将从修辞能力和外语读写能力的关系入手，结合教学实际分析如何在教学中通过修辞能力培养提高学生的读写能力。

二、文献综述

西方修辞学，起源于公元前 5 世纪的古希腊罗马，迄今已有 2500 年的历史了。最初，修辞学以雄辩术的形式在人们的生活中起到了重要的作用。17 世纪末英国哲学家洛克曾经把修辞称作"演说术"（the science of oratory），是"说话得体、优美和有力的艺术"（the art of speaking with propriety，elegance，and force）。实际上，修辞学深入到人们进行口头和书面交际的各个方面，包括演讲修辞、作文修辞和文体修辞。修辞学作为一门基础性学科，包含了一系列的系统思维过程，如择句、选句、组段到谋篇等，对提高语言运用能力具有重要的意义。

在我国外语教学领域，对于英语修辞与外语学习和教学方面的研究已经进行了很长时间。有学者（魏耀章、王同顺，2004）从心理发展的社会历史理论和认识发生论角度开展实证研究，结果表明，大学生已有的修辞结构知识可以被激活，进而提高和改善学生阅读理解水平较低的状况；有学者（鞠玉梅，2008）认为，注重对学生修辞能力的培养有助于培养创新型外语人才，从而培养大学生成为一个遇到问题会动脑筋、积极主动去探索的有思想并且善于表达的人；有学者（姚兆宏、杨跃，2010）从认知语言学象似性理论出发，结合课本教学，研究修辞手段的认知动因；有学者（吴敏之，2003）通过英语思维模式的分类和语篇分析建立联系，从而形成教学实践中的“模块化”语篇分析；有学者（刘政元，2012）从概念隐喻角度出发开展词汇教学，对学生的词汇运用能力具有一定的意义；有学者（晏雪、周晓玲，2008）对我国开展的隐喻研究进行统计、分类，进行了综述和评析。这些研究表明，我国外语教师已经认识到修辞对于有效开展外语教学的重要意义和作用，对修辞从不同的视角进行了分析和解读，对培养学生的修辞能力进行了有益尝试和实践总结。但是，如何让学习者清楚地意识到修辞能力和其他能力的正确关系，从宏观和微观角度如何开展有效地修辞能力训练，还需要教学实践中不断探索和研究。

三、修辞能力培养与外语读写能力提高

1. 语篇修辞模式与读写思维能力的培养

描述语篇修辞结构的语篇修辞模式被认为是英语的思维模式，在发展学生的阅读与写作能力上具有重要的意义和作用，是现代英语修辞学的重要研究内容之一。根据以往学者的研究成果，英语思维模式有几种划分模式，有学者（Hartwell & Bentley，1982）将思维模式划分为列举型、对比型、问题回答或问题解决型和原因结果型；也有学者（Sotiriou，1984）将英语思维模式划分为原因结果型、定义型、事件顺序型、空间地理型、主题例证型、比较对照型和描写型；还有学者（Messenger & Taylor，1989）将思维模式划分为描述型、叙述型、例证解说型、分类型、定义型、过程分析型、比较对照型和原因结果型。

语篇修辞模式对外语学习者读写思维能力的培养具有重要意义。语篇修辞模式中的语篇指示词可以使学习者迅速地查找到作者的写作逻辑，从而明确洞察到作者的主要观点和写作意图，语篇修辞模式还可以帮助读者发现作者写作的逻辑问题，形成批判性思维，从而使作者成为一名具有独立思维能力的学习者，使阅读能力能够有效地促进写作能力提高；同时语篇修辞模式对于学习者有效地开展写作学习具有重要意义，语篇修辞模式可以帮助写作者谋划出符合英文思维的篇章结构，使逻辑分析方式更加符合英文的思维方式，增强文章的可读性和逻辑性。

2. 运用修辞方法使学习者语言更具灵活性

在英语修辞学中，常用的修辞方法大概有20种，如明喻、暗喻、类比、拟人、移就、借代、通感、夸张、提喻、矛盾修辞法、双关、委婉语、仿拟等，在大学英

语课本中，重点学习的是明喻、暗喻和拟人，这三种修辞方法在汉语中同样存在，学生很容易明白和辨析这三种修辞方法，但是在写作中很少见到学生使用它们。由此，学习修辞手法更应当仔细剖析和比较句子，从而明白作者描述程度的微妙差异和写作的真正意图。以《新视野大学英语》第三册第一单元B课文中，描述"爱"的句子为例：

…but this love is comparable to the beginning of a long road up a mountain with many ups and downs. (Para. 3) 明喻

Mature love is like a living organism. It parallels the life of an oak tree, growing slowly from a seed in the mud to a slender trunk with barely any leaves and finally into its sheltering glory. (Para. 3) 明喻

It （love）is a coming tide whose waters retreat a little after a single wave, but the next one is closer to your heart than the one before. (Para. 10) 暗喻

Love is not a single act, but a lifetime adventure in which we are always learning, discovering, growing. (Para. 12) 暗喻

通过这四句描述"爱"的句子，读者可以感受到作者对"爱"的多种理解方式，"爱"是难以用语言概括和诠释的一个主题，不同时代、不同人物对"爱"这个话题都有自己的认识和理解，学生可以通过对比分析更好地理解文章，并在与之有关的写作话题中，有效地表达出自己的观点。

3. 通过概念隐喻理论丰富学生的语言表达方式增加学生的词汇量

概念隐喻是美国学者兰考夫和约翰逊《我们赖以生存的隐喻》（Lakoff & Johnson，1980）一书中提出的，他们认为隐喻是人类的认知现象，是一种思维方式；隐喻在日常生活中无处不在，隐喻不仅仅存在于语言中，更存在于人的思维中，隐喻是人们赖以生存的方式，是人们认知世界的工具。同时他们还认为，隐喻是人们进行概念化的一种方式，通过隐喻，人类用其某一领域的经验和认识来说明或理解另一领域的事物，隐喻得以发生的前提，是两个概念之间具有认知相似性。概念隐喻在英语中大量存在，在教学过程中，对于概念隐喻的了解和把握，有助于学生对词汇意义的深层体会，并能够帮助学生理解隐喻与词汇之间的内在联系，尤其是多义词、习语等内在含义与发展。我国学者对于概念隐喻进行了一些研究，通过英汉比较，编纂出《英汉概念隐喻用法比较词典》，从时间、空间、色彩等方面进行了英汉隐喻的比较，对开展外语学习具有一定的指导作用。在《新视野大学英语》中同样可以运用概念隐喻的理论开展教学，丰富学生的词汇使用能力。例如：

第三册第一单元A课文

…and no amount of words could penetrate the vacant expression he wore on his face.

(Para. 4)

第三册第一单元 B 课文

My mother put down her sewing and joined him on the bench and then my brother drifted to the piano as well. (Para. 1)

第三册第二单元 A 课文

For a woman who already has a poor iron status, any additional iron loss from exercise may be enough to tip her over the edge into a more serious deficiency," notes the expert. (Para. 5)

penetrate、drift、tip 如果能够从概念隐喻的角度去分析，学生将更好地理解作者的写作意图，从而能够更灵活地运用语言。

四、结语

通过以上分析，修辞能力在外语学习中的重要地位和作用不言而喻，修辞能力的提高，可以使学生提高思维能力和读写能力，真正掌握一门语言，在语言的使用中豁然开朗。外语教师应该在教学实践中不断尝试，探索出符合学生认知水平的外语修辞教学的方法和途径。

参考文献

1. 魏耀章，王同顺．从 Vygotsky 和 Piaget 看修辞结构的可激活性[J]．外语教学，2004: 66～69．

2. 鞠玉梅．修辞能力与外语专业创新人才培养[J]．外语界，2008: 47～51

3. 姚兆宏，杨跃．大学英语教学中修辞的标记象似性研究[J]．时代文学，2010: 48～49

4. 吴敏之．英语思维模式及其知识传授的几个问题[J]．四川外语学院学报，2003: 151～154

5. 刘政元．外语词汇教学中的概念隐喻[J]．语文学刊，2012: 127～129

6. 晏雪，周晓玲．中国隐喻研究综述[J]．考试周刊，2008: 194～195

作者联系方式：

杜京晶，讲师，硕士，karen8983@sina.com

针对艺术类大学英语第二课堂活动的反思

张丽帆

（北京服装学院）

摘要： 本文通过对一次艺术类大学英语第二课堂活动得失的深入分析与反思，探索了艺术类大学英语第二课堂教学实践的重点与难点，提出了整改方案，对于同类院校的艺术类大学英语第二课堂活动的组织与开展提供了有益的建议。

关键词： 艺术类大学英语　第二课堂　反思　建议

一、艺术类大学英语教学所面临的困境

1. 学生缺乏角色意识，学习动机弱，惰性强

艺术类学生大多从高中起就把绝大部分时间和精力放在对专业课的研习上，这造成考生重视专业课、轻视英语课的学习。雅克博维茨（Jakobovits）曾根据一些心理语言学家的调查研究提出了影响外语学习的几个主要的学习者因素以及这些因素所占的比重：才能占33%，智力占20%，坚持性或动机占33%，其他因素占14%。一般来说，经过高考的选拔，学生的智力差别并不太大，学习成绩上的这些差别在很大程度上是非智力因素造成的，显然坚持性或动机这个因素对于艺术类学生的英语学习影响巨大。语言学家贾尔斯（H. Giles）认为，学习第二语言的动机是学好语言的决定性因素。动机好，学习能力就增强；动机不好，学习能力就减弱。由此可见，动机是影响学生英语学习的一个关键因素（马自奋，2010）。艺术类学生没有意识到英语学习对于其专业提升和未来事业发展的重要性，导致他们英语学习动机弱，惰性强。

2. 艺术类学生对于自身专业的背景文化了解甚少，普遍文化底蕴不足

目前艺术类学生的专业学习重点是对专业技巧的探索，很多学生对于本专业的背景文化了解并不多。例如服装设计专业的很多学生，非常关注服饰的细部设计，但对于时尚发展史、艺术史的演变则一知半解。艺术是与文化密切相关的，如果不

了解它产生的文化土壤，无论是创作还是设计都是毫无营养和前途的。

目前，我国艺术类高等教育对人才培养模式变化的要求已经从单纯的“专业化教育模式”向“通识教育”，或向“通识教育”和“专业化教育”相结合的全面素质教育转变。按照国家“宽专业、厚基础、重能力、高素质”的基本原则，在艺术类人才培养中，首先应确立艺术类大众化人才的通识教育基础平台，然后进一步规划艺术专业方向。实际上，通识教育有助于知识整体性的形成与知识结构的优化，在此基础上才能进一步确定宽口径教育的内涵（钟安华，2009）。艺术类大学英语教学应该把大学英语教学与艺术类人才培养相结合，普及艺术类通识教育，全面提高艺术类学生的综合素质。

3. 大学英语教学与艺术类学生专业脱节，无法引起学生的学习兴趣

目前大部分艺术类院校学习的教材与普通大学的英语教材毫无差异，教材里没有与艺术相关的内容。艺术类学生认为英语学习对自己的专业发展毫无裨益，于是英语学习被放在了无足轻重的位置。如何通过英语教学促进学生的专业发展，把消极的英语学习体验转化为积极的学习体验是艺术类大学英语教学必须直面的现实。因此教学内容的改革、教学手段的更新以及对于艺术类学生专业领域学习内容的补充，都是提高艺术类学生英语学习兴趣、加强英语学习动机的关键。

4. 课时有限，学生缺少英语实践机会

艺术类大学英语教学面临的另一个困境就是英语教学课时有限。大学英语大班授课，学生根本没有用英语交流和互动的机会，大部分英语课堂就是老师讲课、学生聆听，气氛沉闷，毫无激情。艺术类学生天生感性，参与意识强，如果不能够有效调动学生的积极性，艺术类大学教学将很难达到理想的教学效果。

二、结合艺术专业进行英语第二课堂活动促进艺术类大学英语教学

针对艺术类大学英语学习内容缺乏吸引力、学习时间有限、教学对象学习动机弱、互动参与缺失等情况，笔者选取艺术类学生喜爱的学习内容，开展艺术类大学英语第二课堂活动，希望通过第二课堂的学习，有效利用学生课外时间，调动艺术类学生的主观能动性，并通过第二课堂活动深化大学英语教学，同时完成针对艺术类学生的通识教育。

1. 活动设计

本次第二课堂活动的参与对象是2012级艺术类A班50名学生，学生英语基础

中上，能够完成英语阅读任务，部分学生有一定的英语口语表达能力。第二课堂的学习任务是针对 20 世纪著名时尚品牌进行资料查找、整合，并以演示文稿的形式在全班进行展示。展示时用英语进行讲解，分享个人观点，并进行深层讨论。学习任务由教师随机布置，准备时间为一个月，在英语课上轮流展示。

2. 活动结果

全班 50 名学生，最终有 45 名学生完成了本次第二课堂的学习任务。在任务结束后，笔者进行了一次问卷调查，如表 1 所示。

（1）学生参加本活动的积极性

表 1　参加该活动积极性的调查表

积极性很高	有一定积极性	积极性不高
37.8%	57.8%	4.4%

从表 1 可以看出，虽然表示积极性不高的学生只占总数的 4.4%，但是积极性很高的学生也只有 37.8%，并没有超过半数，这个结果并没有完全达到最初设计的预想。通过个别访谈，笔者深入了解了学生对该活动的态度，以及积极性不太高的原因。具体原因有几点：第一，部分学生反映，由于演示的同学声音小，听不清，并且缺乏自己的观点，因此感觉在分享环节中收获不大；第二，演讲题目由老师指派，分配的品牌不是自己喜欢的，所以参与活动的积极性不高；第三，大部分学生口语能力有限，不能胜任长篇口语演讲，使得信息传递出现问题；第四，资料查找困难，整合能力不强，资料收集不全面；第五，时间有限，无法全心投入该活动。但通过调查发现两类学生对该活动表现出极大的热情，第一类是英语表达能力好的学生，因为他们能够表达出自己的想法，进行深入的挖掘与分享，因此收获相对较大；第二类是酷爱服装艺术的学生。一个平时英语课总睡觉的学生写道：“我对一切跟服装有关的内容都感兴趣。”这说明，该活动的确能够促动一部分学生的英语学习积极性。

（2）参加本活动的体会

本题要求学生对各个选项进行排序，把最符合的选项排在前面，本题共 5 个选项，排在第一位的加 5 分，以此类推，排在最后一项的加 1 分。如图 1 所示。

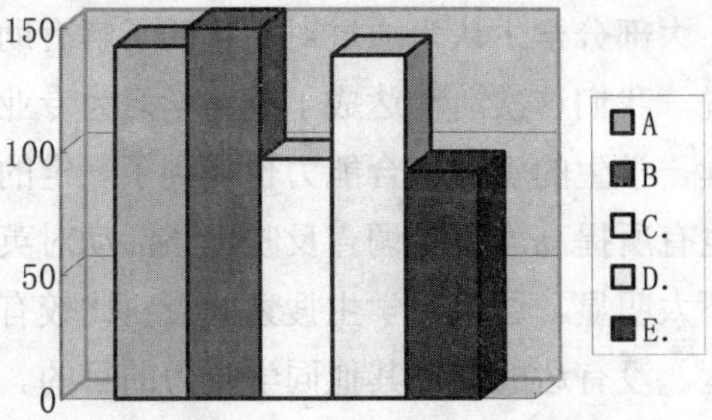

图 1 学生参加活动的体会

注：

A. 对于之前没有关注的服装品牌方面的内容产生了好奇和兴趣，打算进一步研究和探索品牌文化。

B. 认识到了服装设计不是单纯的服装款式的设计，而是融入文化因素的一种创造，应该提高自己全方位的修养。

C. 通过了解大师们的经历，认识到努力的重要性，从这个活动中得到了励志的启发。

D. 通过分享大家的作业，了解了很多新鲜、有趣的时尚新闻资讯，开阔了眼界。

E. 英语学习和专业学习结合，能够充分调动学习积极性，感觉学习起来很有乐趣。

通过对该问题的调查我们发现，学生通过此活动能够对于自己学习的专业有进一步探索的兴趣，能够认识到文化修养对于专业设计的重要性，也开阔了眼界；但是由于英语口语能力有限，全英文的口语演讲对于艺术类学生难度过大，在一定程度上打击了学生的学习积极性，所以在英语与专业学习相结合调动积极性方面并没有收到预期的效果。因此，在活动安排上必须考虑选择与学生水平相符合的活动，才能更有效地提高学生参与的兴趣。

（3）本活动对自身各方面能力提升的作用

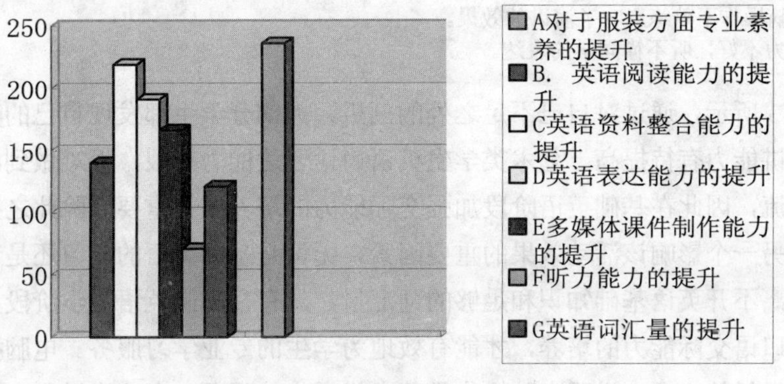

图 2 本活动对学生能力的作用

从图2可以看出，大部分学生认为通过对品牌的了解有助于他们服装方面专业素质的提升，也就是说，我们这次活动达成了英语学习为专业服务的目的；同时通过大量资料收集与阅读，学生的资料整合能力也得到了一定的提升；由于要进行演讲，学生的表达能力也有所提高。但是调查反映出该活动对英语听力水平的提高以及词汇量的扩充作用不太明显。这说明学生搜索的资料比较有限，而演讲的学生不能使用标准的英文表达，没有达成锻炼其他同学听力的目的。教师在设计活动时需要考虑周全，并给予更全面的指导。

（4）通过本次活动发现自己的不足

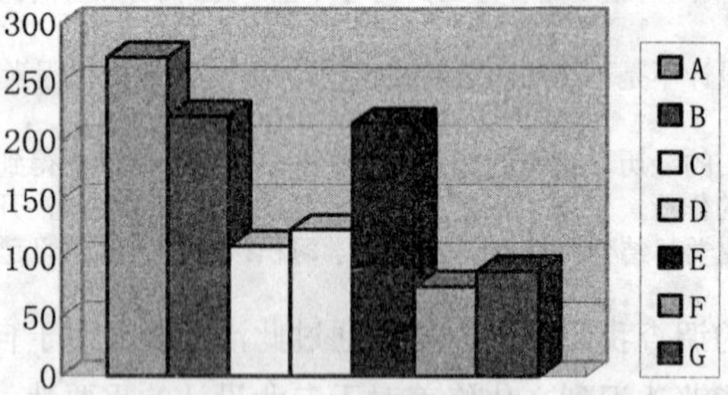

图3 学生从活动中发现自身不足

注：
A. 感觉自己的英语表达能力有待提高，很多东西表达不出来。
B. 临场控制发挥的能力不强，不能清楚、简洁地表达，不能有效引起大家的兴趣。
C. 学习态度不够认真，准备不充分，有点应付了事。
D. 跟其他同学相比，发现自己资料整合能力不是很理想，需要提高自己的相关能力。
E. 词汇量不够，收集资料时很多内容看不懂，影响了作业完成质量。
F. 电脑操作不熟练影响了演讲的效果。
G. 听力不好，听不懂同学的表达。

如图3所示，通过对自己不足之处的剖析，大部分学生都发现自己的英语表达能力和演讲能力有待提高。艺术类学生英语口语表达能力有限，很难做到游刃有余地进行交流，因此在基础英语阶段加强交际能力的培养至关重要。除此之外，词汇量不够是另一个影响该活动效果的重要因素。无论是基础英语的学习还是专业英语的学习都离不开英语基础知识和足够的词汇量，只有在基础英语教学阶段，加大词汇扩展和口语交际能力的培养，才能有效地为学生的专业学习服务。电脑操作不熟练是得分最低的一项，说明电脑操作是艺术类学生的强项。在演讲过程中发现学生往往PPT做得很华丽，但是内容空泛，这是艺术类学生作业中普遍存在的问题。对于视觉美感的要求，让他们在活动中有些舍本逐末，过于追求华而不实的表象，而达不到真正练习英语的目的。

（5）对本次活动整体不足之处的评估

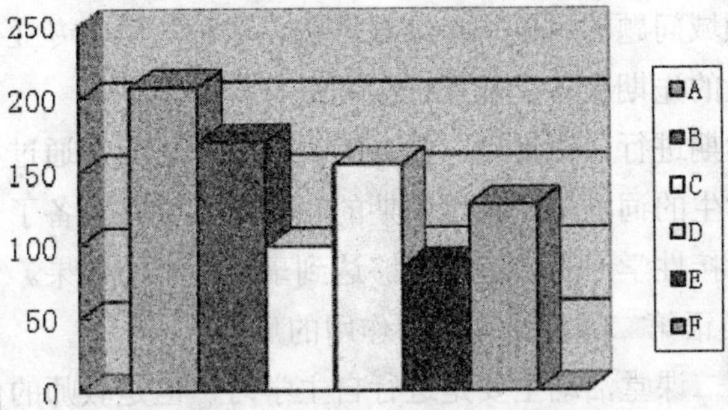

图4 本活动存在的不足

注：

A. 部分同学使用中文表达，没有达成锻炼英语口语的目的。

B. 部分同学只是照着文稿读，没有达成训练即兴演讲和表达的目的。

C. 部分同学投入不够，作业完成不认真，没有抓住机会提升自己的能力。

D. 作业的重点放在了具体的服装款式上，没有围绕文化主题进行研究，对品牌文化研究的主旨没有抓住。

E. 部分同学PPT制作精良，美轮美奂，但是介绍思路不够清晰，让听者抓不住重点。

F. 部分同学没有演讲经验，不能吸引大家的兴趣。

通过对活动整体不足的分析发现，学生英语表达方面的欠缺直接影响了该活动的效果。由于艺术类学生很难操控长篇的英语表达，要么不得不用中文进行，要么只能照着稿子读，这在很大程度上影响了该活动对于学生英语口语的训练。通过反思发现，该活动让艺术类学生进行长篇的英语表达有些免为其难。英语活动应该由浅入深、逐层深入、循序渐进地进行，在学生有足够能力的情况下再进行相关活动才能达成良好的效果。其次是艺术类学生还是意识不到服装文化的重要性，没有把重点放在服装文化的研究上，只是把重点放在服饰细部设计上，没有能够清楚地认识品牌文化的重要性。

三、针对本次艺术类大学英语第二课堂活动的反思

1. 关于本次英语第二课堂活动开展时间的反思

本次第二课堂活动暴露出来的最大问题就是学生的英语交际能力不足以驾驭涉

及专业内容的口语表达。这有两方面的原因，第一，由于应试教育，学生在大学之前的口语训练不多，因此口语表达能力较弱；另外，就算受过口语训练，也主要是围绕着日常用语，深入的探讨与思辨性问题的阐述让他们难以胜任。第二，专业方面相关词汇匮乏。学生在介绍专业相关内容时，众多专业词汇不能理解，或者运用不当，使得专业领域问题的讨论举步维艰。所以这种与学生专业有关的第二课堂活动，需要进行充足的先期准备才能保证顺利进行。

建议在第一学期进行口语集训，提高听说能力，然后再通过相关专业文化方面的文章阅读扩大学生的词汇量。通过先期的积累，学生在具备了一定的听说以及阅读能力后再进行衔接性学习和训练才能够达到事倍功半的效果。

2. 关于本次英语第二课堂活动教师作用的反思

尽管学生的第二课堂活动主要是进行自主学习，但是教师的作用是绝对不能忽视的。教师应该是主导者、辅助者、信息提供者，在活动中教师掌控能力的强弱直接影响着活动的成败。首先，教师对于学生的英语水平要有正确的评估，避免发生拔苗助长的情况；其次，教师应该给予学生更大的主动权，选择他们自己感兴趣的学习内容，有效激发学生的学习积极性；再次，在资料搜集、整理等方面，教师应该为学生提供有效的资料查找方法，授之以渔，为学生的自主学习提供助力，避免学生的自主学习进入瓶颈状态；最后，教师需要与时俱进，了解更多的资讯。教师应该给予学生更多的自主权，同时又提供有效的帮助，让学生通过自己的努力做自己有兴趣的事情，顺利完成自主学习。

艺术类大学英语第二课堂活动作为大学英语课堂教学的有益补充，能够增强艺术类学生英语学习的兴趣，补充学生自身知识结构的欠缺，并且有效提高其自主学习能力。第二课堂的设计应该做到严谨地构思、一丝不苟地执行，再加上认真地反思。一个好的英语第二课堂活动必将大大提高英语教学效果，让学生无论是英语学习还是专业学习都获益良多。

参考文献

1. 马自奋．艺术类大学生英语学习动机研究[J]．浙江理工大学学报，2010，27（6）

2. 钟安华．服装人才培养[M]．北京：中国纺织教育出版社，2009

音乐学院英语教学模式改革策略研究
——基于消费者行为模型的分析

张慧丹
（中国音乐学院）

摘要：学生个人状况、教学环境、课堂教学方法、课外英语实践活动等是影响音乐学院英语教学模式改革的关键因素。教学模式改革的首要任务是培养学生的英语学习能力和创新能力，为学生提供个性化、体验式、交互式、自助式的英语学习解决方案。具有音乐学院特色的英语教学模式改革的主要策略是进行跨学科的教学模式融合，课堂教学和课外实践活动相结合等。

关键词：英语教学模式改革　消费者行为模型　教学创新　教学方法

Abstract: Students' personal status, language teaching environment, classroom teaching methods and extracurricular practice are key factors that influence English language teaching model reform in conservatories. The primary mission of teaching model reform is to cultivate the students' abilities of learning and innovation and provide such learning solutions as individualization learning, experiential learning, interactive learning and autonomous learning for students. The main strategies for English teaching model reform with features of conservatories include the convergence of interdisciplinary teaching modes, the combination of classroom instruction activity and extracurricular practice and so on.

Key words: English teaching model reform　model of consumer behaviors　teaching innovation　teaching method

一、引言

著名指挥大师小泽征尔曾经说过："音乐是没有国界的语言。"相对于其他艺术形式，音乐在民族文化传承和国际文化交流传播中发挥着无可比拟的作用。随着国际艺术、文化交流的日趋频繁，共住"地球村"的人们通过超越国界、超越民族的音乐交流传递着各国文化的内涵，促进了世界音乐文化的交融。

在各类音乐体裁相互借鉴的过程中，英语作为普遍使用的语言对音乐的传播起到至关重要的作用，可以使人们准确地、迅速地交流音乐文化和沟通所要表达的感情。音乐学院的学生是未来从事音乐理论研究、创作、表演和教育，推动民族音乐文化继承和发展的高级专业人才，必须通过熟练掌握英语来汲取世界音乐文化的精髓，洞悉世界音乐文化的最新创作成果，在传承世界音乐文化的基础上进行创新，音乐学院需要培养既精通英语又深谙音乐创作的复合型人才。培养复合型人才的目标，对音乐学院的英语教学提出了更高的要求。因此，很有必要结合音乐学院的教学实际，不断探索与创新英语教学方法和教学模式，努力提高音乐学院学生学习英语的积极性和主动性，全面提高英语教学质量。

二、基于消费者行为模型的音乐学院教学现状调研分析

英语和音乐均是实践性很强的课程，音乐学院的学生具有坚毅、执着等特质，音乐学习除了依靠课堂教学以外，同样需要学生积极进行课外实践，培养实践能力。但音乐学院的学生往往忽视英语等文化课程的学习，逐渐丧失了英语学习的积极性和主动性。

随着社会的发展和信息技术的不断进步，高校英语的教学模式也在不断地发生着变化。音乐学院的英语教学更是如此，英语教师除了传授知识之外，还应极具人格魅力，能够做到因材施教，利用和谐风趣的教学风格激发学生学习的积极性，为学生提供"以学生为中心"的学习解决方案。

美国消费心理与行为学家D. I. 霍金斯的关于消费者心理和决策行为的消费者行为模型（见图1），为我们提供了一个进行消费者消费决策行为特征分析的框架结构。霍金斯认为消费者在文化、个性、家庭等内外因素影响下形成自我概念与生活方式，基于这种自我概念与生活方式产生的消费需求和消费欲望要靠获得相应的产品和消费体验来满足。模型中的消费者决策行为过程包括认识消费需求问题、搜集相关问题进行了解、评价所要选择的产品、购买产品和购后行为等几个方面。在获

得产品和消费体验后，此次消费过程的经验会对消费者的自我概念和生活方式具有调节作用，影响后续的消费心理行为。

笔者把霍金斯的消费者行为模型引入到教学领域，把学生获得知识的过程看成是学生对知识信息的消费过程，基于消费者行为模型提出了学生接受英语教学方法的行为模型（见图 2）。利用霍金斯的消费者行为模型来对音乐学院学生学习英语课程进行分析，把学生比作消费者，把学生进行学习活动看作是消费者购买产品，教师为学生提供学习信息产品，通过给学生提供更优质的服务来激发音乐学院学生的学习兴趣，从而使学生采纳英语教学信息，转化为自己的语言能力。因此，霍金斯模型中消费者对产品的接受过程就转化为高校学生对知识的接受过程，消费者购买产品的过程看作是学生接受教师教学方法的过程。影响音乐学院学生进行个性化英语学习的因素分为外部影响因素和内部影响因素。外部影响因素包括家庭状况、系别状况、学习成绩、学校政策、班级风气等。内部影响因素包括个性、记忆、学习动机、情绪和态度等。

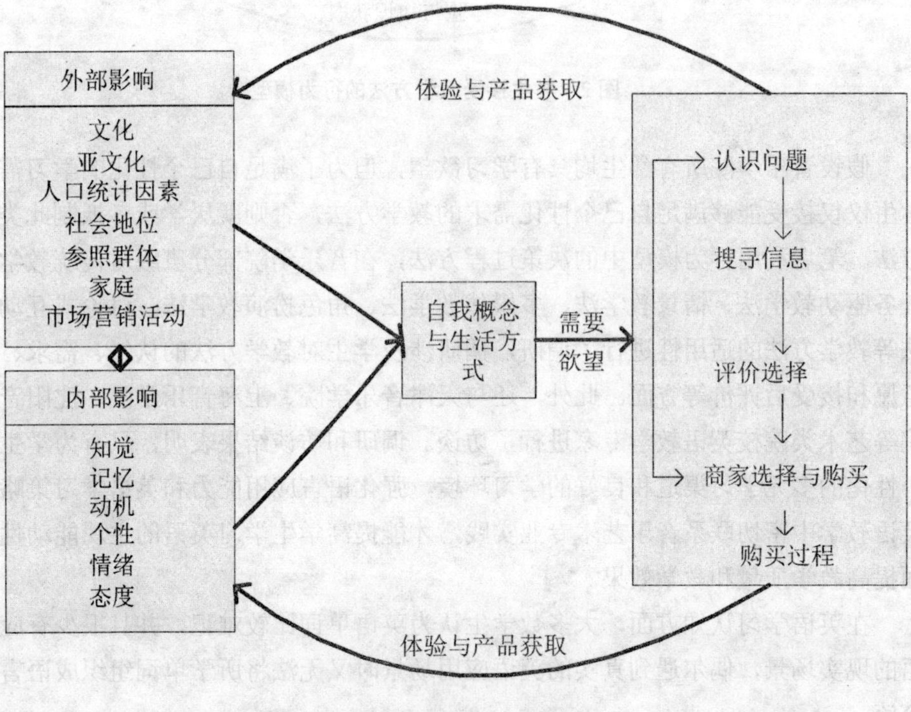

图 1　霍金斯的消费者行为模型

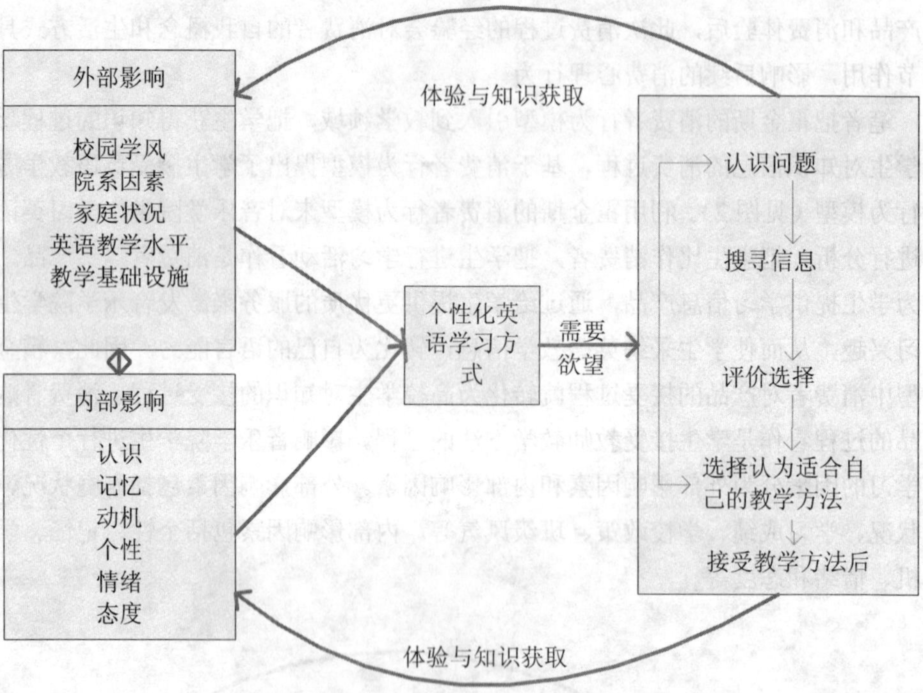

图2　学生接受教学方法的行为模型

假设音乐学院所有学生均具有学习欲望，但为了满足自己个性化的学习需求，学生仅仅接受能够满足自己个性化需求的教学方法，否则就厌学或者抵制此类教学方法。笔者利用行为模型中的决策过程方法，在音乐学院部分班级对传统教学法、任务驱动教学法、情景教学法、多媒体教学法、角色扮演教学法、讨论式互动教学法等教学方法的适用性进行了调研，调研涉及学生对教学方法的认知、需求、接受意愿和接受后评价等方面。此外，还与天津音乐学院、上海音乐学院、沈阳音乐学院等艺术类院校英语教学专家进行了访谈。调研和访谈结果表明，只有为学生建立个性化的多元学习渠道和良好的学习环境，强化语言应用能力和英语学习策略，在英语教学中密切联系音乐艺术专业实践，才能提高学生学习英语的主观能动性，全面提高教学质量和教学效果。

在英语学习认知方面，大多数学生认为英语单词比较难记，并且很少有应用英语的现实场景，偶尔遇到真实的英语应用场景时又无法将所学单词组织成语言进行交流。

在英语学习需求方面，第一，学生喜欢教师使用最先进的信息技术进行教学，例如使用 FLASH 动画、计算机网络教学、多媒体教学、微博、微信等信息技术，这些信息技术的使用可以带给学生全新的学习体验。第二，学生乐于接受趣味性和互动性的教学方式，学生希望利用在线电影培养语感、在线游戏记单词、建立论坛进行英语学习的在线讨论等。第三，学生注重学习英语的实用性，音乐学院的学生有很多去国外演出和交流的机会，希望在英语教学过程中能够模拟交际场景，通过角色扮演等方式提高应用能力。第四，希望通过学习英语了解西方国家的历史、社会文化、音乐文化，未来可以用英文和外国友人交流音乐创作思想和分享创作经验。第五，学生希望学校组织英语角、讲座、英语歌剧演出、演讲等更多的课余英语学习活动。

在对英语教学方法的接受意愿方面，学生们普遍认为老师不应该采用单一的传统教学模式，应该结合英语的听、说、读、写、译等不同能力的培养进行教学方法的选择。例如在听说能力培养方面，学生们倾向于接受有视频画面的教学方法，并且喜欢刚听完就直接跟读的模式。

在未来想要接受的教学方法方面，学生们希望教师能利用虚拟现实技术开发专门针对英语学习的游戏软件，设置语言情境，利用微博、微信等进行英语讨论式教学。教师可以提前设定学习任务，例如可以让学生利用互联网搜集某歌剧的创作背景和创作手法，小组共同组织成英语资料，然后再以歌剧的形式进行表演。也可以由学生设定自己感兴趣的话题和知识点，全班师生进行讨论式互动教学。

三、音乐学院英语教学模式改革策略

根据调研和专家访谈的结果，我们对音乐学院英语教学模式进行了全面设计和创新，从影响学生英语学习行为的学习环境、教学方法和学生自身情况等因素入手，结合音乐学院的教学实际，不断探索和创新英语教学方法和教学模式，旨在努力提高音乐学院学生学习英语的积极性和主动性，全面提高英语教学质量。

1. 具有音乐学院特色的多元英语教学模式改革体系设计

音乐学院英语教学模式的改革创新就是以深度挖掘学生个人、学习环境等影响因素为切入点，以学生为中心，通过与思想政治教育、艺术专业教育等学科进行教学模式融合，在课堂教学上对体验式、情景式、互动式、讨论式、任务驱动等教学方法进行组合和优化，在课外实践中通过英文电影鉴赏、英语演讲比赛、英语角、英语歌剧、英文歌曲等活动进行英语运用能力锻炼，使学生形成个性化、体验式、交互式、自主式英语学习方式。笔者结合音乐学院英语教学实际，对音乐学院多元英语教学模式改革体系框架进行了设计（见图3）。

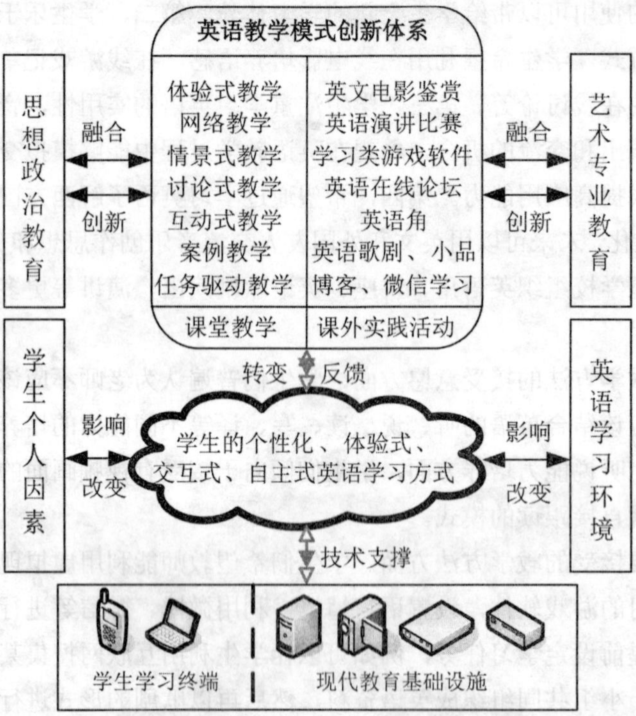

图3　具有音乐学院特色的多元英语教学模式改革体系框架

2. 营造具有音乐学院特色的多元英语教学环境

现有音乐学院的英语教材针对性不强，如果按照传统的教学模式进行教学，则很难做到因材施教，音乐学院学生很难实现个性化发展。因此应该按照教学大纲进行音乐学院的英语教学设计，建设英语课堂教学和课外实践活动相结合的教学氛围，利用现代化的多媒体技术，在教学工作中增强与学生的互动环节，使学生融入到书本知识的学习情境中，营造以课堂教学为主、网络教学为辅的多元英语学习环境。通过探索参与式、体验式的教学设计提高音乐学院学生学习英语的兴趣。

（1）以学生为主体的多元教学方法融合。根据英语教学听、说、读、写、译等不同的教学内容的特点和音乐学院学生的知识水平的不同，采用灵活的教学方法。教师可以通过“角色扮演教学法”来提高学生学习的主动性和积极性。例如模拟音乐制作公司招聘大学应届毕业生的场景，让学生分组扮演音乐制作公司招聘工作人员和音乐学院毕业生。教师制定相应的场景提纲让学生们提前准备，学生结合对提纲的理解，搜集相关资料，准备相应的场景对话材料，教师通过设置教学情景来让学生把搜集的资料展现在角色扮演活动中，这样大大提高了学生的参与程度，激发了学习英语的积极性和主动性。学生通过参与课堂活动，用英语来表达自己的观点，锻炼了英语语言表达能力和语言组织能力。

积极探索可以提高学生学习能力和创新能力的组合教学方法。在教学的过程中在向学生传授文化知识的同时，更要重视培养学生的学习能力和创新能力，培养学生获取知识的能力和创造性思维能力，培养学生运用语言知识解决学习和生活中的实际问题的能力，使学生形成终身学习的意识。建立课堂教学为主、网络教学与多媒体教学为辅的教学方法，侧重于培养学生的英语的实际运用能力。探索涉及体验式教学、网络教学、多媒体教学、情景式教学、讨论式教学、互动式教学、案例教学、任务驱动教学等教学方法的最优组合。侧重学生知识和能力的培养，在教学大纲和教学要求的基础上，探索多种教学方法互补的语言情景教学模式。

（2）精心设计丰富多彩的英语课外实践活动。学习语言的目的在于交流和应用，而交流和应用的前提是锻炼和实践。教师要想提高英语教学效果，必须设计丰富多彩的课外实践活动，将课外活动看作是英语课堂的延伸和拓展。结合音乐学院学生特点，鼓励学生加强英语语言的应用，组织学生开展与课堂教学内容相关的英文电影鉴赏、英语演讲比赛、学习类游戏软件、英语在线论坛、英语角、英语歌剧、英文歌曲、英文小品、撰写英文博客、英文微信交流等活动。课外实践活动的开展，增加了学生使用英语进行交流的机会，锻炼了学生的英语语言应用能力，提高了学生学习英语的积极性，成为改进英语教学质量的有效辅助手段。

3. 跨学科教学模式融合创新

（1）将思想品德教育融入英语教学过程。作为音乐学院的英语教师，必须要充分认识社会主义核心价值体系的重要性。音乐学院的学生学习英语，接受西方文化的熏陶是为了更好地传承和发展中华民族音乐文化，他们未来从事音乐理论研究、创作、表演和教育，必须坚持社会主义先进文化的发展方向，因此很有必要把思想品德教育融入英语教学，例如在英语教学中有针对性渗透传统文化中有关礼仪、尊重他人和服务精神等品德教育，促进学生社会主义核心价值观的形成。

（2）将音乐专业教育融入英语教学过程。教师必须不断优化音乐学院的教育观念，在英语学习中不断融入音乐专业文化特色，使英语学习和音乐专业学习有机的结合起来，既可以有效提高语言学习的灵活度，又可以增强学生对艺术专业的学习。音乐学院的学生大多是痴迷音乐艺术的专才，有的甚至到了废寝忘食的地步，如果能在语言教学与音乐专业教学之间找到最佳契合点，在英语教学过程中融入音乐专业知识，使英语知识和音乐知识的学习有机的结合起来。一方面，可以大大提高学生学习英语的兴趣和积极性；另一方面，可以使学生在学习英语知识的同时又学习和巩固了专业知识。例如在英语教学中，向学生布置给外国友人写信介绍我国某种民族乐器的发展历史和发展现状的任务，让学生在课下完成相关知识的搜集和整理工作，并以书信的方式完成学习任务。在课堂教学中，教师将相关专业词汇融入到教学中，然后针对学生的信件完成情况展开讨论，提高学生对此种民族乐器的了解，依托民族乐器的知识，提高学生在教学过程中的参与度，使学生们认识到英语学习的重要性。

教无定法，英语教师应该和政治教师、音乐专业教师共同进行跨学科教学模式设计，共同找出适合进行跨学科英语教学的知识点和教学任务，进行跨学科的教学模式融合创新探索，带给音乐学院学生英语、政治和音乐专业知识学习方面全新的学习体验。

四、结语

本文在调研和专家访谈结果的基础上，从影响学生英语学习行为的学习环境、教学模式和学生自身情况等因素入手，在霍金斯消费者行为模型的基础上，建立了音乐学院学生接受教学方法的行为模型，从学生对教学方法的认知、需求、接受意愿和接受后评价等方面进行了调研分析，提出了以培养学生的学习能力和创新能力为首要任务的具有音乐学院特色的教学模式改革策略，旨在使学生形成个性化、体验式、交互式、自主式英语学习方式。笔者多年的音乐学院英语教学实践经验表明，跨学科教学模式融合、课堂教学和课外实践活动相结合等教学模式的创新，可以全面提高音乐学院英语教学质量。

参考文献

1. Krashen, S. D. Second Language Acquisition and Second Language Learning [M]. Oxford: Pergamon Press, 1981

2. Skehan, P. A Cognitive Approach to Language Learning [M]. Oxford: Oxford University Press, 1998

3.（美）德尔·I. 霍金斯，罗格·J. 贝斯特，肯尼思·A. 科尼. 符国群等译. 消费者行为学[M]. 机械工业出版社，2003

4. 肖俊一. 新疆艺术院校英语教学改革与发展构想[J]. 新疆艺术学院学报，2005（9）: 86～88

5. 朱彦. 艺术专业大学英语教学的现状及对策分析[J]. 湖北广播电视大学学报，

2007（4）: 48～49

6. 张逸岗，王雪梅. 全球化背景下的中国外语教学：创新与发展[J]. 外语界，2008（3）: 76～81

作者简介：

张慧丹：1978 年生人，女，中国音乐学院社科部讲师，硕士，从事英语教学及英语语言文学研究。

作者联系方式：

通讯地址：北京市朝阳区安翔路 1 号中国音乐学院社科部

邮编：100101

邮箱：zhdpatience@163.com

浅析艺体类院校大学英语教师专业化发展的问题与解决途径

刘　雯

（解放军艺术学院）

摘要：教师专业化逐渐成为高等教育改革关注的热点问题，大学英语教师的专业化发展是大学英语教学改革和长远发展的关键。大学英语教师的专业素质直接影响着英语教育的质量和学生英语水平的提高。因此，在此背景下，艺体类院校大学英语教师专业化也是必然的发展趋势，本文在简要分析艺体类院校大学英语教师专业化存在问题的基础上，探讨提高大学英语教师专业化水平的解决途径。

关键词：大学英语　教师专业化　解决途径

一、艺体类院校大学英语教师专业化是必然的发展趋势

近几年来，教师专业化的发展方向成为了越来越多的专家与学者所关注和讨论的问题，事实上，教师专业化已经逐渐成为世界各国教师教育研究普遍关注的热点问题之一。所谓教师专业化，是指教师在整个职业生涯中，通过专门训练和终身学习，逐步习得教育专业知识与技能，并在教育专业实践中不断提高自身的从教素质，从而成为一名合格的专业教育工作者的过程（王长纯，2001）。在如今信息化、全球化的时代背景下，教师专业化发展对于教师的自身品格、专业素养、知识结构、教育水平等方面也必然提出了新的更高的要求。大学英语教师的专业化发展是大学英语教学改革和长远发展的关键，大学英语教师的专业素质直接影响着英语教育的质量和学生英语水平的提高程度。作为艺体类院校的大学英语教师，语言不仅是他们的专业，同时又是他们的教学工具和教学内容，他们要在学生没有工具的情况下传授语言知识。这一点决定了艺体类院校的大学英语教师不仅要有优秀的英语专业知识技能，还要有特殊的教学方式和方法，要熟悉并了解艺体类学生所学的专业知识，

从学生的角度去设计教学内容，这样才能达到较好的教学效果。因此，这对于艺体类院校大学英语教师专业化提出了更高层次的要求。

二、影响艺体类院校大学英语教师专业化的问题

1. 繁重的教学压力影响了英语教学的热情与教学研究

目前，艺体类院校的英语教师普遍存在课时量较大的问题。根据调查，许多大学英语教师周平均课时量为10～16节，繁重的教学任务使得教师每天在不同层次的班级转来转去，几乎没有时间和精力去研究并增加新的教学内容或实践新的教学方法，因而教学内容大部分是重复的。虽然有时平行班级教学可以减轻备课工作量，但是，较大量的教学任务会对教师教学的热情和兴趣造成负面影响。周而复始的重复课程使得教学内容缺乏新意和挑战，久而久之便会影响教师自身的专业知识的提高。此外，艺体类院校的学生有着自身的特点，英语基础较差，对英语学习缺乏兴趣，如果教师在授课过程中没有结合学生的特点和专业特长进行英语课程设计，英语课堂必然缺乏趣味性，既影响了教师教学热情也影响学生的学习积极性，英语教学效果难以得到实质的提高。

2. 师资力量不够影响了英语教师专业技能培训

虽然越来越多的院校已经认识到加强教师专业化的重要性，但实际上能够参加专业素质培训的教师数量并不多。另外，英语教师能够参加的培训途径也比较有限，而且大部分的培训时间较短，培训缺乏系统性，培训效果不尽如人意，对教师专业素质提高的影响力十分有限。

三、艺体类院校大学英语教师专业化的解决途径

1. 构建教学与专业学习共同体，以此提升英语教师的专业化发展

由英语教师团队组成一个教学与专业学习共同体，使教师团队及整个专业群体为了共同的目标而聚集起来，这样可以提供更为丰富和激励的场景，形成一个支持性的、自我创设的共同体。而且，在教学与专业学习共同体的模式中，发挥英语教师团队的力量来解决课时量过大等问题，在组织教学过程中集合各个英语教师的知识、技能来促进共同学习和进步，英语教师之间可以分享各自教学经验及教学资源、专业学习经验及专业学习资源，彼此沟通协作，通过互动、互助、互相激励来实现互相学习与共同进步。

2. 增加自身学习的动力，提高英语专业知识技能及补充其他专业知识

在这个信息化、知识化、学习化的新时代背景下，面对不断进步的教学理念及新时代生长背景下的具有个性及新思想的艺体类专业大学生，在大学英语教学的过程中，教师常常会觉得自己的知识过于陈旧、知识面越来越窄。面对这样的问题，从教师本身而言，从内心深处需要更新自己的知识，不仅需要提高英语语言技能，还需要补充更为广泛的英语专业知识，比如西方文化、外国文学等，除此之外，还需要了解心理学、教育学等相关学科的知识和技能，这样才能全面提升自我专业素养。作为艺体类院校的英语教师，还需要了解学生所学的相关专业知识，比如文学、音乐、舞蹈、戏剧表演、绘画等，这样才能更进一步地与学生沟通，了解学生特点，为自己教学内容和教学设计提供更多的素材。这些知识的积累不仅需要教师自身的努力，还要通过参加专业和教学知识技能的培训、网络培训等方式来提高并丰富自己的语言专业知识，提升专业技能，还可以通过阅读学术期刊、专业书籍、英语文学作品，观看英文影片，参加学术研讨交流等方式，来不断补充其他专业知识，了解英语学科发展的前沿动态，从而不断提高自我专业素质和技能。这也是新时代大学英语教师专业化发展的要求。

3. 增强对教师职业的责任感及对学生的热爱与了解

大学英语教师对于自身的职业应该有一份责任感，对于艺体类院校的大学生来说，英语是他们的“软肋”，英语基础弱，缺乏英语学习兴趣和英语学习自信心，因此，艺体类院校大学教师对学生的英语学习起着更为重大的作用，英语教师的鼓励尤为重要。如果教师缺乏责任感与教学热情，学生更会对英语产生厌恶情绪，形成顽固的学习障碍，影响英语学习效果，长期以往便会形成恶性循环。因此，教师对于艺体类专业学生的教学更应多下功夫，从学生的角度出发设计课程内容，改进教学方法，充分与学生进行沟通，了解学生的想法、差异以及学习偏好，了解学生的学习困难，不断地鼓励学生通过努力来提高学习效果。

4. 进行有效的英语教学研究

大学英语教师的专业化发展需要教师主动、有效地开展英语教学研究，以科学的研究方法来分析、评价自己的教学行为，最终实现自身的专业化转变。对于艺体类院校的大学英语教师而言，如何能够提高学生的英语学习兴趣和积极性是更需关注的问题，教师应通过不断的思考、尝试和探索，寻找适合艺体类专业大学生英语教学的方式和方法，并不断地进行总结和归纳有效的教学经验，形成灵活的、符合实际的、科学的英语教学体系。

5. 强调反思教学

成为一个优秀教师的过程是教学过程加反思的过程。大学英语教师应该以解决

实际教学问题为出发点，不断反思教育问题，使教学过程变为从“教学实践+反思教学”到“反思教学+改进教学”的良性循环过程，不断地在反思和探究中进行合理的教学实践。这也是实现大学英语教师专业化发展的有效途径。大学英语教师可以采取教学日志、教学反思等形式，将教学学习与专业学习结合起来，使自己成为成熟的学者型的教师。

四、结束语

大学英语教师专业化是大学英语教学改革的必然发展趋势，提高大学英语教师的专业素质需要我们不断研究、分析大学英语教师发展的问题和影响因素，一方面可以通过构建教学与专业学习共同体，发挥大学英语教师团体的知识、能力与智慧，共同促动大学英语教师的互相学习和提高；另一方面，要发挥每个大学英语教师自身的主动性，通过其自身不断的努力学习与研究来提高自身素质，拓展专业内涵，加强专业水平，成为创新型、成熟型的教师，在不同条件下协调好师生关系，不断挑战自己、丰富发展自己，把专业的成长与发展和赋予课堂教学的活力作为自己的责任。

参考文献

1. 王长纯．教师专业化发展：对教师的重新发现[J]．教育研究，2001（11）

2. 梁忠贤．美国外语教师发展的新趋势[J]．外语界，2004（6）

3. Mulkeen T. A. Tetenbaun T. J. An Integrative Model of Teacher Education and Professional Development [J]. Educational Horizons (Winter), 1987

4. 甘正东．反思性教学：促进外语教师自身发展的有效途径[J]．外语教学，2000（2）：12～16

作者简介：

刘雯：解放军艺术学院文化基础教研室，讲师

作者联系方式：

地址：北京市海淀区中关村南大街 18 号解放军艺术学院文化基础教研室

邮编：100081

电话：18611092081

体育院校 EAP 英语教学改革初探

宋玉梅　孙曙光

（北京体育大学）

摘要：很多国内英语教学研究学者呼吁，为了进一步提升中国高等教育的国际地位，大学英语教学需要进行革命性的改变，要成为中国高等教育国际化的有效工具。本文以北京体育大学英语写作选修课 EAP 教改为例，介绍了该课程的教学目的、内容和教学设计，提出了体育院校 EAP 教改建议，期望能促进和丰富体育类院校的英语教改实践。

关键词：EAP　教学改革　高等教育

Abstract: It is time to undertake the reform of College English teaching in China, which should be the effective tool for the internalization of higher education. This paper introduces the reform of Beijing Sport University concerning its English Writing Course, including the course aim, course content and teaching design. Suggestions on the EAP teaching reform are also offered. It is expected that the reform in BSU will enrich the practice of English teaching reform in other sports colleges and universities.

Key words: EAP　Teaching reform　Higher education

一、ESP 和 EAP 简介

专门用途英语（English for Specific Purposes，简称 ESP）研究成形于 20 世纪 60 年代，其理论基础是哈利迪（Halliday）的功能主义语言观。吹钦森和沃特世（Hutchinson and Waters，1987）认为，“ESP 是一种教学途径，是基于学习者需要的语言学习理念”。80 年代起，我国有越来越多的学者关注 ESP 的发展动向。90 年代中期，随着培养复合型人才呼声的高涨和英语教改的深入，ESP 成为了英语教育界的热点话题（秦秀白，2003）。2010 年 1 月《中国 ESP 研究》杂志的创办确立了 ESP 在中国的发展地位。ESP 是建立在需求分析之上，即分析学生在学习和工作中要进行的交际及活动时对专业英语的需求，并以此设置课程、编写教材和选择授课教师，因而直接影响整个教学过程。

作为 ESP 的重要组成类别之一，学术英语（English for Academic Purpose，简称 EAP）研究是指专门用于学术目的的英语，倡导将英语教学与某一领域的专业知识或某一个学科相结合（Richards & Rodgers，2001）。特别是近 10 年中，EAP 教改在中国各高等院校如火如荼地进行着，并不断创新发展。

二、大学英语教改必要性

目前，国内大学英语教学面临的最严重问题是现实目标的缺失。多数英语教学的目的是帮助学生通过全国大学英语四级或六级考试。换言之，目前大学生的英语学习没有任何实际目的。很多英语教学研究学者已经呼吁多年，为了进一步提升中国高等教育的国际地位，需要进行革命性的改变，大学英语教学要成为中国高等教育国际化的有效工具（束定方，2013；蔡基刚，2010）。

现今，英语已不再单纯是一门语言，它涉及国际化的商业交流、学术交流、军事交流等。随着 2008 年北京奥运会的成功举办，我们更清楚地意识到国际化的体育交流仍然是以英语为主导。北京体育大学作为新中国成立后国务院确定的首批全国重点院校、国家“211”重点建设院校，唯一拥有体育学一级学科、国家重点学科的高等院校及进入“111 引智计划”的高等体育院校，提出了“成为世界一流体育大学”的办学目标。然而，我们是否理解国际化的真正含义？是否思考过大学英语教学在其中所要起到的作用？

三、北体大 EAP 教改的实施

事实上，北体大的英语教师们一直在认真思考并努力实践如何能有效提高本校学生的英语水平。随着 ESP 和 EAP 在国内的蓬勃发展，我们开始探究将 ESP 英语教学定位到学术英语上，如何能提高体育类院校学生的体育学术英语水平，同时探索体育学术英语教学对促进体育高等教育国际化发展过程中的作用。

北京体育大学于 2007 年开设了“英语写作”全校选修课。结合本校学生特点和课程设置要求，授课教师在过去的三年中对英语写作课进行了 EAP 教改尝试。该课程的创新点具体反映了这门课程的教学内容的前沿性、基础性和创新性。通过该门课程的教学实践，期望能推进体育类院校的英语教学改革实践。

1. 课程简介

北京体育大学开设的英语写作课程是为全校各专业学生开设的公共选修课，共计 16 学时。教学对象为大三、大四学生，均已完成了大学英语 1～4 级必修课的学习。因此，选修该课程的学生已经具备英语语法知识和英语阅读技巧，并具有继续英语学习的动力（英语写作课程不是选修课的唯一选择）。

在 2011～2013 年授课期间，授课教师通过问卷调查和学生访谈等方式，了解到学生的选课目的和对本门课程的需求。学生选修本课程的目的是进一步提升自己的英语写作技能，以应对毕业论文、毕业求职、出国深造或各类英语水平测试等。因此，该课程侧重分析学生在语言学习过程中应怎样学习和该学哪些内容，以保证学生不论是现在还是将来都能自如地面对所处的各种语境。

2. 教学目的及内容

学生作为外语学习者，体裁写作教学法的应用能够使其认识到写作是一种可操控的工具，人们经常通过写作来达到不同目的（Paltridge，2001）。该课程旨在构建以学生为中心的英语写作训练教学模式，学生通过了解不同类型文本的语体特征，能够依据特定学术要求写出规范英语，综合提高其演讲展示等方面的技能，因此可以考虑从以下几个方面来满足学生的实际需求：

（1）如何进行自我推销。进入大学高年级阶段，同学们需要开始考虑毕业后的出路问题，无论是应聘外企工作还是出国进修，都需要一份英文自我介绍，让用人单位或国外学校快速、全面了解自身的情况。

（2）如何完成本科毕业论文的英文摘要。

（3）如何进行项目研究并发表论文。

（4）如何准备各类考试的英文作文。

3. 教学设计

具体教学设计原则包括：

（1）针对学生的具体需求，以全新的教学模式综合提高学生的英语写作能力，模拟现实生活中的真实情景。

（2）写作训练内容新颖。材料真实，语言地道，贴近学生的实际需要，能够激发学生的学习兴趣。

（3）课内和课外任务形式灵活多样，利于培养学生独立思考、分析和研究的能力。

（4）通过“研究型写作项目”的训练和实施，培养学生研究性学习的能力。学生通过“研究报告”的展示，增强学生的英语实践能力，一起分享学术写作的快乐。

（5）重视优质资源共享，利于开阔学生的视野，提升学生的语言实践能力。

整体教学过程包括：课程介绍、写作语言技能训练、演讲展示技巧训练、学术写作规范训练和应试写作训练。每次课堂安排基本包括：教师引领（范文阅读、写作技巧和展示技巧）和任务展示研讨（科研任务和写作任务）。科研任务包括对学术术语的理解，如 genre, book review, abstract 等。写作任务包括：简历或 PS 写作、书评或影评写作、英文摘要写作和应试作文写作。

因此，教学模式上注意将理论与实践紧密结合，让学生从阅读、写作和讨论中发现和体会写作技巧，避免枯燥地讲授理论知识，从而使学生体会到英语写作的快乐。同时，注意加强对学生思辨能力的训练和演讲展示能力的提高。最后，鼓励学生小组合作，互惠互益，共同进步。教师为学生提供其所需的知识和技能，以适当的体裁分析、演讲技能和知识讲解为基础，为学生安排“真实”学习任务，如“口头报告”和“文摘写作”等。

四、体育院校 EAP 教改建议

近年来，大学英语教学改革围绕着先进的教学理念（如以学生为中心、交际教学法、基于内容教学理念、社会构建教学理念和边缘发展区域理念等），不断向前发展着，EAP 教学应用策略也在不断更新。依据目前体育院校英语教学实际情况，EAP 教改的真正全面实施需要做的工作还很多。

一方面，英语教师应明确体育学术英语教学目的，英语应该成为体育院校学生完成大学高等教育不可缺少的工具，成为其基本生存技能。另一方面，将目前的教学内容调整为体育学术英语课程，或大一和大二专业基础课程中渗入大学英语教学。简而言之，大学英语教学应该服务于高等教育国际化。具体而言，大学英语教师应该承担体育专项相关专业的部分授课，协助创建英语授课体育学位课程，目的是吸引国际学生，最主要的是帮助学生完成英语授课的体育学位课程。

参考文献

1. Hutchinson Tom and Waters Alan.. English for Specific Purposes[M]. Cambridge: Cambridge University Press, 1987

2. Paltridge Brian,. Genre and the Language Learning Classroom[M]. University of Michigan Press, 2001

3. Richards Jack C. and Rodgers Theodore S.. Approaches and Methods in Language Teaching[M]. New York: Cambridge University Press, 2001

4. 蔡基刚. 关于我国大学英语教学重新定位的思考[J]. 外语教学与研究，2010（4）

5. 秦秀白. ESP的性质、范畴和教学原则——兼谈在我国高校开展多种类型英语教学的可行性[J]. 中国英语教育，2003（1）

6. 束定方. 高等教育国际化新进展及其对外语教育的启示[J]. 外语教学理论与实践，2013（2）

作者联系方式：

宋玉梅，北京体育大学外语系

电话：13910000375

邮箱：songyumei@ hotmail. com

大学英语改革趋势下的大学英语教师角色转变研究

何星莹
（中央戏剧学院基础教学部）

摘要：在“教学不仅是工作，更是一门艺术、一种挑战”的指引下，在大学英语教学改革进行得如火如荼的情况下，教师该如何重新审视自己的角色呢？本文将从大学英语教学中教师角色转变的必要性、优越性，以及实现教师角色转变的可行性方法等方面进行探讨。

关键词：大学英语　教学改革　教师角色转变

Abstract: Under the guidance of the idea that teaching is more than merely a job, but a challenge and an art, the reforming of college-level English teaching is being intensively discussed. Critical questions such as how teachers reshape their mind and fit in the current trend are consequently raised. In this paper, the author will cover the necessity, benefits and methods of the change of teachers' role in the English teaching reform.

Keywords: college English　teaching reform　change of teacher's role

一、大学英语教学改革趋势

大学英语教学是高校素质教育的重要组成部分，随着社会的发展，年轻人学习外语已不再看成是单纯地掌握一门知识，而是这一人群文化素质的标志，这种观念不断地被年轻人所接受，他们能正确地对待它，以此来激励自己的学习，从过去的被动学习转变为积极、主动地接受英语教育。那么针对高校的特点，应进一步深化大学英语教学内容和方法的改革，提高教学的质量和效果，帮助青年朋友尽快提高英语水平。

“我们的普通外语教学，从小学三年级一直学到大学二年级，学那么长的时间，从一个普通大学毕业出来，既不能看，又不能听，也不能讲。再不讲这个问题能行吗？”这是李岚清同志在与有关专家谈我国的外语教学时的一番话，从中我们确实感到大学英语教学改革的迫切性和重要性。其中的三个“不能”充分反映了大学外语教学中实践与应用环节没有得到应有的重视，致使学生虽然经过了十几年的外语知识学习，却达不到将语言知识转化成交际能力的目的，这的确是我们当前研究从应试教育向素质教育转化、培养学生综合素质和应用能力时特别需要注重的问题。

2014年4月19日，在教育部高等学校大学外语教学指导委员会、高等教育出版社、国际语言研究与发展中心联合主办的高等学校大学英语教学改革与发展学术研讨会上，教育部高教司文科处处长刘向虹表示，大学英语是高等学校重要的基础课程，推动大学英语高校改革过程中，要把握四项重点：建立大学英语教育质量标准体系，改进大学英语教学方法，建设优质教学资源共享体系，提高英语教师教学能力。

在教育部高等学校大学外语教学指导委员会、高等教育出版社、国际语言研究与发展中心联合主办的高等学校大学英语教学改革与发展学术研讨会上，刘向虹表示，教育部正在探索建立大学教育质量分类体系，推动不同层次、不同类型、不同区域的高校，根据国家教育指南和办学定位，提升办学质量和人才培养规格，自主确定学分、学时，力争做到大学英语教学与各学科英语教学相衔接。

关于具体改进大学英语的教学方法，刘向虹认为，应该强化教师和学生的互动，强化信息技术的应用，强化实践平台的建设，强化示范作用，增强大学英语的实效性和吸引力。教育高教司正在建设优质教学资源共享体系，以此鼓励建立英语教育联盟，同时鼓励高校大学英语教学开放合作，健全用好现有基于网络和课堂的软件系统。

二、大学英语教师角色转变

所谓教师角色，是指处在教育系统中的教师所表现出来的，由其特殊地位决定的符合社会对教师期望的行为模式。分析教师角色，明确教师自己的角色身份，对教师充分地扮演好并转变传统的教师角色具有积极的意义。

在我国，外语教学长期以来重视书面表达，对学生各方面综合能力培养重视不够。此外，全国各大专院校共同存在的一个问题是每个教学班人数偏多，在管理和组织上不可避免地存在一定的问题。大学英语教学走上一条模式化道路，受制于统考的应试教学，片面注重学生阅读理解能力和语法、词汇能力，形成了以“满堂灌”为主要授课方式。教师将大量时间和精力花费到了单词意义的解释和句子结构的分析上，学生被动接受，毫无自己的思想与逻辑。教师一直是课堂的核心，是整个教学过程的主体，是唯一的信息来源；而学生只是被动地吸收信息的客体，没有参与到课堂教学中。面对这种情况，我们认为大学英语教师的角色已经到了必须改变的时候了，教师应成为学生学习的心理指导者、各种创新课堂活动的组织者、材料的组织者和引导者和先进国外文化和优秀传统文化的宣扬者。

1. 学生学习的心理指导者

曾经，我们的英语教学走入了语法的误区，今天，很多新英语教材正推出以听说和掌握实用性语言为基点的新体系，英语教材的编写者们开始重视从培养学生口语表达能力的角度来组织教材，也出现了很多优秀的教材。然而，无论教材编写得如何完美，终究无法替代教师对学生心理辅导方面的重要作用。教师能够利用课堂有限的时间调动学生的学习兴趣，循序渐进地训练和培养学生语言表达能力，同时学生又能得到排除心理障碍的心理素质教育。学生在课堂上能否语言表达自如，自愿地融于课堂的语言学习氛围之中，取决于学生是否愿意与教师达成一种默契，这是一种正常人的心理状态。这种心理反应是影响语言教学和学习的重要因素，应该引起教师们足够的重视。教师要在与学生接触的最初阶段特别注意与学生进行心理沟通、情感的交流，这样就会在他的头脑中建立一个愿意向你表述的积极意念，是激发学习积极性和培养学生表达能力的好方法。

此外，教师个人的幽默、智慧、乐于分享等良好品质，也能够成为吸引学生热爱课堂、热爱英语的一块魔力磁石。因此，提高专业素养的同时，如何塑造个人形象和风采，建立强大温暖的内心，是教师应该不断努力的目标之一。

2. 各种创新课堂活动的组织者

在科技发达的今天，字典、教辅、相关辅导材料、视频、软件非常丰富，就连学生认为较为艰难的翻译，也往往能够通过网络的帮助较为轻松地完成。那么，学生一周专门抽出 4 课时集中上课的意义何在呢？这就要回归到语言的本质—交流，人与人之间的交流。自习 1 小时可以轻易完成阅读、写作、翻译的练习，但是人与人的交谈、公众演讲、讨论对话的能力，只有在人群中，在不断的反馈中才能得到提高锻炼。因此，教师要充分利用每周宝贵的 1～2 小时时间，以听、说为主，组织各项有益于学生未来成长、工作的相关英语练习活动，让每个学生在老师创造的语言环境中尽可能多地去参与听和说的实践，完成理论知识向应用能力的转化。把精读和泛读部分内容分散到课下由学生独立去完成，但是，具体执行起来亦有困难：

目前艺术类高校普遍面临这课程繁重、人手不足的情况，相应大班教学情况普遍，往往一个班少则 30 人，多则 60～70 人。课堂上时间极其有限。这就对教师的组织能力、策划能力即监督管理能力提出了很高的要求。教师可以通过分组、互评、口语书面结合以及录音、摄像作业等方式相结合，在学生之间有目的地进行听、说训练，一是保证学生定量完成听、说实践；二是保证每个学生有更多的机会参与交流，这种方法比较科学。

3. 材料的组织者和引导者

时至今日，我们必须承认，一本教材、一本教辅、一本备课本的天下已经一去不复返。学生手持手机、电脑，上网搜索，随时可以掌握比教师个体更全面、深刻的知识信息。教师作为信息相对唯一、正确、密集来源的地位受到了极大的挑战。

信息爆炸，人脑容量却不会跟着扩张，教师的经验和积累更不可能日进千里。试问：无论哪个教师多么优秀、多么自信、多么勤奋，面临窃窃私语、出言挑战的学生能不心虚？

怎么办？观看国外知名高校的公开课，经常看到非常动人的一个场面：打铃上课，教师推着一个小车走进教室，上面堆着数十本薄厚不一的书籍。教师尽兴发挥，又时而拿起其中一本为学生朗读一二行精华内容。可以想见，上课之前，教师必定广泛阅读过很多相关内容，关键时刻才能够旁征博引，左右逢源。这给我们一个启示：我们可以变劣势为优势。学生缺乏时间、缺乏系统的眼光、缺乏目标性，而这恰恰是教师指导的优势。

因此，作为教师，即使有成熟的教材、完善的教案，也应当经常关注相关的书籍、教材、节目、考试等，不再做移动的书架、Mr. /Ms. Reading、旧知识的“守财奴”，为学生提供专业、新颖而系统的帮助。

4. 先进国外文化和优秀传统文化的宣扬者

语言学家拉多（Lado，1957）说：“语言是文化的一部分，因此，不懂得文化的模式和准则，就不可能真正学到语言。”语言是思维的工具，是文化的载体，对目的语（target language）的文化背景知识没有相应的了解就难以透彻准确地理解一篇文章。它是不能脱离文化而存在的，也不能脱离社会而继承下来的，它决定了我们生活性质的各种风俗和习惯的总体。

英语中包含了大量代表其历史文化传统的习语、成语、传说和典故等，其中有的可追溯到希腊、罗马神话或《圣经》故事。如成语 under the rose（秘密的）来自罗马神话，神话中说爱神丘比特给沉默的神哈波克雷特一朵玫瑰花，要他为维纳斯女神保守秘密，因此古罗马人用玫瑰来做保持沉默的标志。再如西方旧俗吃饭时餐桌上摆一份盐，家长和贵宾坐在盐罐的上方，晚辈和地位较低的坐在其下方，所以英语成语 sit above or below the salt 有地位尊卑、待遇高低的区别。

在大学英语课堂教学中，教师根据具体的英语教学内容，理论联系实际，为学生创造一个学习英语的良好的情景语境，使其在学好语言的同时，充分了解英美等西方国家的社会生活、文化传统、风土人情等，从而达到"文化教学的最高目标是培养学生具有在目的语社会中得体地行事并与其人民交际所需的文化理解力、态度和交际技能"（Seelye，1993）。教师主要注重培养学生对语言的文化意识（culture awareness）或文化敏感性（culture sensitivity），进而培养学生的文化交际能力（culture communicative competence），所以教师自然而然就成了东西方文化的传播者，也自然而然地转变了自己的教师角色。

2013 年 12 月起，大学英语四级翻译题目加入中国传统文化、历史、政治、社会和经济等内容，这充分说明大学英语教育增添了一项新的重要目标。4 月 19 日，教育部高教司文科处处长刘向虹强调，要重视大学英语文化传承的功能，把文化传承贯穿到大学英语的各个环节。英语教师们在今后的教学过程中，在充分介绍英语国家优秀成果的同时，适度增加反映中国国情、历史、文学方面的案例，引导大学生在课程学习中树立文化自觉和文化自信。

三、结语

美国学者波斯纳认为教师的成长=经验+反思。在大学英语课堂教学中，教师应该通过"经验+反思"来实现教师角色的转变。

也就是说，所有教师在新课程改革的新形势下，在教学过程中一定要转变自己的角色。那种教师高高在上、张口金科玉律；学生正襟危坐，仰脸洗耳恭听，唯师是道、唯师是尊的教学模式已经不适合"培养应用型人才"的需要了。教师和学生都要以真实的、完整的人格亲临"现场"，以真诚的、开放的心态对待彼此。这一切，唯有教师放下"尊贵"的架子，坦然面对来自学生的挑战以及自身存在的不足，才有可能实现教师角色的转变。

当然，这一过程由于种种原因是十分艰辛的，不过我们要有信心有决心，并且让世人拭目以待。苏霍姆林斯基（1984）说过："如果你想让教师的劳动能够给教师带来乐趣，使天天上课不至于变成一种单调乏味的义务，那你就应当引导每一位教师走上从事研究（教师角色的转变）这条幸福的道路上来。"

参考文献

1. Lado Robert. Linguistics Across Cultures: Applied Linguistics for Language Teachers. University of Michigan Press, Michigan, 1957

2. Seelye H.Ned:1993, 99. Teaching Culture, Strategies for Intercultural Communication NTC Publishing Group U.S. 3rd Revised edition.

3. 杜丽霞．研究性教学论与高校英语专业英美文学教学研究[J]．安阳师范学院学报，2011（4）

4. 柯应根．回顾与前瞻:多媒体英语教育发展[J]．巢湖学院学报，2010（5）

5. 柳宏，杨福．大学英语课堂教学乏力的归因研究[J]．长春师范学院学报（人文社会科学版），2008（9）

6. 刘润清．高校英语教学改革笔谈．外语教学与研究，2004（3）

7. 李洁，黄跃华，吕传红．基于新模式的大学英语听说教学及其教学效果探究——南开大学英语听说教学新模式纪实[J]．中国大学教学，2006（10）

8. 潘帅英．建构主义学习理论指导下的大学英语教学设计[J]．长春教育学院学报，2010（3）

9. 邱志华．边疆地区复合型英语人才培养模式研究——以云南省保山学院为例[J]．保山学院学报，2012（3）

10. 陶继芬．大学英语课堂人文素质的培养[J]．长春师范学院学报，2005（10）

11. 沈燕琼．论多媒体教学与传统课堂教学模式在大学英语教学中的优势互补[J]．玉林师范学院学报，2006（10）

12. 沈军斌．一部积极型英语口语词典——评《中学生英语口语词典》[J]．当代经理人，2006（3）

13. 王晶，谭东峰，黎漫辉．从逆向思维的角度分析磨蚀对外语教学的启示[J]．长春理工大学学报（社会科学版），2010（6）

14. 王媛媛．自主学习过程中教师的中介作用[J]．河南财政税务高等专科学校学报，2008（6）

15. 王智玲．听说训练在大学体验英语中的融入[J]．大家，2011（10）

16. 王懿．大学英语教学改革要有的放矢——从“聋哑英语”谈起[J]．2004（6）

17. 杨晓春．20世纪外语教学法的回顾暨人文主义思想对我国大学英语教学改革的启示[J]．南京理工大学学报（社会科学版），2005（4）

18. 俞微．学习者的认知风格与英语专业教学[J]．教育与教学研究，2011（3）

19. 曾郁林，蒋三三．从香港语言教学经验看英语跨文化教学缺陷[J]．江西师范大学学报（哲学社会科学版），2005（4）

20. 苏霍姆林斯基．给教师的建议．北京：教育科学出版社，1984

作者联系方式：

何星莹，北京市昌平区宏福中路 4 号中央戏剧学院基础教学部

邮箱：singing_12@163.com

艺术类院校进行英语教学改革的几点思考

夏 炜

（中央戏剧学院）

摘要：众所周知，英语是一门极其重要的学科，但由于种种原因，导致艺术院校学生学习英语积极性不高、水平较低，英语教学改革迫在眉睫。本文提出关于艺术院校英语教学的几点想法，以期改变当前不利的状况。

关键词：艺术院校　英语教学改革

Abstract: As we all know, English is a very important subject. Due to all kinds of reasons, the art students have no strong motive in English learning which leads to their comparatively lower level of English proficiency. Reform of college English teaching is an urgent task for the time being. This article aims at seeking new approaches to train art students to improve the present situation.

Key words：Art college　Reform of college English teaching

一、艺术类院校英语教学改革的背景

不容否认，艺术类院校的英语教学质量比过去十年有了很大提高；同样不容否认的是，艺术院校的大学英语教学还存在着比较严重的问题。正如李岚清同志在某讲话中所指出的，“……很多学生经过 8 到 12 年的外语学习，然而大多数学生却不能较熟练地阅读外文原版书籍，尤其是听不懂、讲不出，难以与外国人直接交流，这说明我国的外语教学效果不理想，还不能适应国家经济和社会发展，特别是改革开放和扩大对外交往的需要。因此应当重视外语教学方法的研究和改进工作”。李岚清同志的话一针见血，值得我们大学英语教学工作者们认真思考。事实上，我国的外语教学长期以来远不能满足国家发展的需要。

在教育部高教司的直接指导下，全国各高校纷纷进行英语教学改革，教学研究者和一线教师积极参与到关于对教学方法的改变、教学模式的探索和课程设置的设想的讨论中来，艺术院校也不例外。艺术类专业的学生英语水平低，教学难度大，这是一个不争的事实！艺术类院校的大学英语教学如何改革？这是广大一线英语教学者不容回避的一个新课题。新形势要求我们在课程设计和课堂教学中突出艺术类专业学生的特长与特点，积极探索具有针对艺术类院校特点的英语教学方法，以取得良好的教学效果！

二、艺术类院校英语教学面临的问题

艺术院校具有较强的专业特殊性，招生时以专业课成绩为主，文化课录取分数明显低于其他高校，某种程度上导致了考生重专业、轻文化的心理。文化课中英语成绩又往往是所有科目中最糟糕的，所以到了大学，他们的英语基础普遍比其他非艺术类学生差很多。英语课堂教学一直存在着学生学习积极性不高、课堂秩序难管理、教学效果不理想等诸多问题，具体表现为以下几个方面。

1. 艺术类院校学生英语水平相对较低、基础较差

艺术类院校的学生英语水平参差不齐且基础普遍不扎实。艺术类学生，通常必须从少年甚至幼年时期就开始接受严格的专业训练，大部分时间和精力都投入专业学习，而无暇学习文化课程（朝鲁门，2010）。加之部分专业的特殊性，招收的学生年龄偏小，如京剧系招收的学生最小只有 14 岁，这就造成了学生入学时英语水平相对较差且学生之间水平相差异常悬殊的窘况。从严格意义上讲，在英语方面他们并不符合大学生的入学要求。

2. 艺术类院校学生英语学习重视度低、内在动力不足

大多数英语基础差、对英语学习热情不高的学生进入艺术院校学习，抱着“破罐子破摔”的态度对待英语学习。据调查显示（郭迎春，2006），艺术院校的学生大都将英语学习当作一种外在的挑战，他们的动机也都是外在的，即被迫的，很多人是为了考试、考学、找工作才不得不学习英语。有些学生甚至片面地认为，英语学而无用，不如不学；有些学生虽然认为英语很重要，但缺乏信心和恒心。这种动机与学习需求的矛盾导致学生将学习英语作为一项负担，学习积极性不高。

3. 艺术类院校学生性格迥异个性十足、组织纪律性差

当前艺术类院校的英语老师师资严重不足也是个不争的事实，一个教师要带好几个班级的课程。经常是一堂英语课好几个班合上，人数多达七八十人以上，如此

庞大的课堂严重影响了教学效果（周慧慧，2011）。学生在英语课堂上不专心听讲和从事专业学习的现象比比皆是，毫无纪律性可言。经常是老师在前面讲得津津有味，学生在底下却心不在焉，完全不知所云。事实上，老师们能将课堂维持下来已属不易。倘若老师讲授的课程再不能吸引学生的注意，上课的声音就完全淹没在了人海之中了。

三、艺术类院校英语教学改革的内容

艺术类院校在英语教学方面存在的问题要求英语教学必须作出相应的改革，以适应当前的变化和发展。艺术类院校英语教学改革不仅要针对教学方法和教学模式，还要对教育理念进行改革，着重提高学生的英语实际交际能力，培养学生的人文素养，提高课堂的教学质量。

1. 教学方法的改革

教学方法是教师把知识传授给学生的表现形式，教学方法的好坏直接影响到学生对知识的吸收和消化能力。多年来，艺术院校的教学方法一直是以教师为中心的单向知识传授方法。其实学生才应该是学习的中心，大学英语要充分发挥学生在教学过程中的主导地位，大力推行以任务型教学为主导的英语教学方法，调动学生学习英语的兴趣，激发他们对英语学习的热情，从而产生强烈的求知欲望，由被动学习变为主动学习。具体做法如下：

（1）开展生动有趣的课堂活动。艺术类高校学生生性活泼好动，被动接受的授课方式不受学生欢迎。教学中可采取灵活多样的教学方式，设计趣味性强且又保证大部分学生能够参与其中的课堂活动，为学生营造出一个既轻松又活泼的学习氛围。例如，对于英语程度较好的戏剧文学系，在课堂上可采用互动式、讨论式教学。由老师根据课文事先公布讨论题，学生们在课下准备讨论内容，然后在课堂上围绕论点用英语展开辩论。再如，对于表演和音乐剧专业的学生来说，选择一些浅显易懂而又经典的电影对白让学生跟读和模仿，之后进行配音或角色扮演，也是非常受欢迎的一种形式。总之，对于英语满怀自信与兴趣的学生才是课堂真正的主人。

（2）开展形式多样的课外活动。尽管课堂是学习英语知识的重要场所，但是要想熟练掌握并运用好英语这门语言，就必须多用多练，因而除了课堂教学，课外学习同样很重要（孙晓燕，2010）。第二课堂就是“在课堂教学任务以外有目的、有计划、有组织地对学生进行多种多样的教育活动”，在英语课堂之外组织丰富多彩的第二课堂活动可以使学生的兴趣有增无减，是“英语教学不可缺少的辅助形式，是整个英语教学过程的有机组成部分”。以英语竞赛为例，根据专业特点可以设计出不同类型的英语竞赛，这些富有趣味性、挑战性的英语竞赛，可提高学生学习英语的积极性。如英语话剧比赛可以彰显表演系学生的表演才能；英语歌曲大赛则会受到音乐剧和歌剧系学生的热捧；英语诗歌朗诵比赛更能展现播音主持专业学生的风采；英语创意广告大赛能使舞台美术学生充分发挥专业特长。当然，每一类比赛并不是只面向某个专业的学生，比赛可分为专业组和非专业组，以此扩大参与面和影响力。

2. 教学模式的改革

传统的英语教学模式和手段比较单一，教师主要采用朗读和板书的形式向学生灌输知识，这种环境下，学生获取信息的方式比较单调，整个课堂缺乏深入的互动交流。教师机械地讲，学生被动地听，毫无生机与活力可言。枯燥的英语教学模式极大地扼杀了学生学习英语的兴趣，直接后果就是导致学生厌学。要改变现状，可以利用多媒体技术开展交互式教学，充分调动学生的积极性，变“以教师为中心”的教学模式为“以学生为中心”的教学模式，从而提高学生英语实际应用能力（崔玲，2004）。与此同时，多媒体技术的推广实现了将教学从课堂延伸到课外，使教与学在时间和空间上都得到了极大的延展。

（1）运用多媒体技术优化课堂教学。利用各种教学媒体，激“活”教科书。依靠声音、图像、视频等多种信息输入方式有效结合，创造出一种真实、有趣的教学环境，让课堂教学“活”起来，让学生充满激情，真正成为学习的主人。如讲授《新视野大学英语》（第二版）第一册第 3 单元 A Good Heart to Learn on（可依赖的“好心”）这一课时，利用多媒体播放电影《西雅图不眠夜》中的片段来导入该课的主题“父爱”，展现父爱的伟大。接着播放《阿甘正传》中“阿甘妈妈临终前告诉阿甘生活是巧克力”的片段，并开展讨论，让学生体会母爱的深厚。这样的讲授比直接进入课文的学习更能引起学生的兴趣。再如《新视野大学英语》（第二版）第三册第 4 单元 Five Famous Symbols of American Culture（美国五大文化特征）一文谈及的是美国的文化和象征，讲授时可以通过多媒体向学生演示大量的象征美国本土文化的图片（马炎、王慧君，2010），并让学生自行找到相应的英语表达方式，以竞赛的形式分组进行，表达方式正确率最高的组获胜。引入竞争机制的课堂自然可以给学生留下深刻而生动的印象。

（2）利用多媒体技术拓展第二课堂。现代多媒体技术的应用和推广为第二课堂的拓展提供了绝好的机会。现代媒体辅助教学可以不受时空限制，真正实现“网络学习+课堂教学+第二课堂”的课程模式（韩荣，2010）。例如，校园无线电台作为英语课堂之外覆盖面最大的辅助设施，在学生学习英语方面具有重要地位。在校园广播中可以尝试增设英语栏目，栏目可以邀请教师、学生或者留学生做客或是探讨英语学习，或是访谈外籍导演，或是鉴赏英美经典戏剧，或是介绍异国他乡的风土人情，或是欣赏英语歌曲等。校园广播也可定时转播电台的英语节目，如中央人民广播电台经济之声的《空中英语》节目。此举是为了让学生时刻处于英语学习的氛围中。

3. 加强艺术英语教材建设

教材是落实教学改革的具体体现，必须通过教材展现教学改革的个性化与多样化。目前各种版本的大学英语教材做到了趣味性、时代性和前瞻性的有机结合，题材广泛，内容丰富多样，但是与艺术各专业相关的内容几乎没有。所以，对于艺术院校来说，有能够发挥艺术类学生专业特长的特色类英语教材，是艺术类英语改革需要解决的一个实际问题。应当尽快让学生接触艺术英语，让他们尽早建立起专门用途英语的词汇体系，掌握这些文体的语言特点和表达规律，真正做到学有所用、学以致用。

（1）编写与艺术专业相关的教材。艺术院校学生在表演、音乐、舞蹈等方面有很高的天分和造诣，如果在英语教学中能导入与艺术相关的知识，将语言与艺术紧密联系起来，学生就能在浓厚的兴趣中学习英语，动力足自然领悟快。因此编写与选用适合艺术类院校学生使用的英语教材是十分必要的。事实上，艺术院校的老师也正在朝着这个方向努力。如尝试将一些著名音乐剧片段编成教材引入音乐剧专业的英语课堂，帮助学生从语言的角度更好地把握唱词；与此同时，选取一些片段进行排练和表演，通过研究对白，纠正发音，体会人物心理活动和情感，锻炼学生的口语表达能力，激发他们的学习热情，从而提高学生的专业水平，可谓是一举多得。

（2）提高英语老师的艺术专业知识。开设与艺术专业知识相关的英语课程，这对英语老师就提出了更高的要求。当然，一名优秀的英语教师除了要有扎实的英语功底外，还应有广泛的知识面。具体到艺术类院校的英语教师，对音乐、舞蹈、美术、戏剧、制片等专业的知识都要有所了解。例如在给舞台美术系学生上课时，可以给绘景专业学生谈论一下不同画家的流派；给舞台设计专业的学生讲授舞台布景相关的词汇；给服装设计专业的学生聊聊各种时尚秀。在给歌剧系学生上课时不妨讨论一下当下名家的歌唱风格，等等。总之，共同关心的话题有助于拉近师生之间的距离，并把学生的专业知识和英语联系到一起。当然，要达到这个目标并不容易实现。一方面，需要英语教师不断地自我学习，扩充自己艺术专业知识，从而提高自身的业务能力；另一方面，学校也要予以支持，建立教师终身培训体系，让老师有时间（课程安排上予以支持）和机会（提供国内外相关培训）充电。

四、结语

本文分析了艺术类院校学生英语教学中的一些问题，并针对这些问题，对艺术类院校学生英语教学提出了一些改革的建议。当然，英语教学改革是一项长久的系统工程，不管改革之路有多艰辛，我们始终要以培养高素质的应用型艺术人才为己任。除了上述几个方面外，改革考试制度、改革教学体制、建设语言环境等方面的配套系列改革都是迫在眉睫的课题，还需要我们每个教育工作者的共同努力和探索。

参考文献

1. 李岚清. 改进外语教学方法 提高外语教学水平[N]. 文汇报，1996-9-7

2. 朝鲁门. 谈艺术院校英语教学思考[J]. 语文学刊（外语教育教学），2010（12）：156～157

3. 郭迎春. 艺术专业学生英语学习动机微探[J]. 大学英语（学术版），2006（3）：456～460

4. 周慧慧. 艺术类院校英语教学改革中的问题与建议探讨[J]. 太原城市职业技术学院学报，2011（3）：30～31

5. 孙晓燕. 拓宽大学英语第二课堂提升艺术院校学生语言综合素养[J]. 语文学刊（外语教育教学），2010（9）：149～151

6. 崔玲. 多媒体投影式大学英语课堂教学模式：学生角色探析[J]. 外语界，2004（2）：14～21

7. 马炎，王慧君. 对艺术类大学生实施个性化英语教学的途径[J]. 山西师大学报（社会科学版），2010（37）：128～130

8. 韩荣. 构建艺术类院校大学英语教学模式的几点思路[J]. 西安邮电学院学报，2010

作者联系方式：

夏炜，北京市东城区广渠门北里 55 号金桥国际公寓 B1011

邮编：100062

电话：18618202911

艺体类院校特色英语教学改革初探

陈　曦

（中央戏剧学院）

摘要：本文通过探讨目前艺体类院校学生学习英语的状况、问题和原因，指出对这类院校采取特色英语教学改革的必要性，并针对学生特点，结合实际教学情况，从教师、学生和艺体类院校三个方面，对如何开展特色英语教学提出建议，初步探讨如何应用特色教学的方式更好地在艺术类院校开展英语教学，切实让师生及院校都获得特色英语教学的效益，达到三赢的目的。

关键词：艺体类院校　英语教学　改革

Abstract: Through discussing students' present English study situation, problems and reasons in Art and Physical Culture colleges, the paper points out the necessity of English teaching revolution. Combining students' characteristics and practical teaching situations, the paper makes proposals of how to develop English teaching revolution from the angles of students, teachers and the colleges. The paper also explores creative ways of teaching of English for Specific Purposes to benefit students, teachers and the colleges themselves.

Key words: Art and Physical Culture colleges　English teaching　revolution

进入21世纪以来，我国的高校大学基础英语教学经历了一段与众不同的发展轨迹。2003年，我国教育部正式对大学英语教学启动改革，提出了四项核心内容：第一，将大学英语教学目标确定为培养学生的英语综合应用能力，特别是听、说能力；第二，实施基于计算机和课堂的大学英语新教学模式；第三，将形成性评估和终结性评估相结合；第四，注重发展学生的自主学习能力。事实证明，在十几年的大学英语改革过程中，教育部提出的方向是正确务实的，并取得了显著成效。而在各高等院校大学英语教学改革的队伍当中，有一类院校是要额外获得关注的，即艺术、体育类院校。艺体类院校的学生在英语学习方面的现状及成因不容回避，相应的英语教学也应展现出不同于综合类院校的特色。因此，与其他综合类院校相比，其英语教学的质量和效果一直以来是个难题，而对于艺体类院校英语教师的挑战也是不容忽视的。

一、艺体类院校学生英语学习的现状

1. 艺体类学生自身的英语基础

我国高等院校的艺体类招生条件将专业课和文化课的入学成绩划分开来，对于文化课的录取分数明显低于专业科目，并且还存在经过职业高中毕业提前录取或者是单独考试以及特别招生等情况。生源大多来自职业高中、中专，只有较少数学生来自非艺术类普通高中。

不仅如此，大部分学生在年幼时便已经开始了对绘画、音乐、舞蹈及各体育专项等专业技能的训练，轻视对文化课的学习。在求学之路上，很多学生没有掌握较完整的语法体系，不仅不能说出或写出完整的句子，有的学生甚至连基本的单词都无法正确读出。在招生条件的鼓励下，学生在进入艺体类学校之前，已分清“孰轻孰重”，愿意花大量的时间和精力在练习专业内容及训练方面，轻视包括英语在内的各项文化基础课程，导致艺体类学生的英语基础普遍存在底子薄的严重现象。

2. 艺体类学生鲜明的个性及态度

由于所学专业的培养和需求，造就了艺体类学生自身独特的个性和态度。他们个性特点主要彰显在思维活跃、肢体语言丰富、喜好自我展示，以及易于沉浸在正在练习的某个文艺作品或体育项目当中。相应地，艺体类学生对于需要坐在课堂当中完成的学习感到枯燥，而语言学习是需要大量运用逻辑思维，并通过日常一点一滴的积累来达到一定学习目的的，这就使得他们对于语言学习及需要进行逻辑思维的科目感到困惑甚至厌烦。

除此之外，很多艺体类学生对于学习英语的目的十分模糊，态度不够端正，认为学习英语就是一门强加在他们身上的普通课程，对于他们今后的专业方向发展没有多大的帮助。尤其在经历了一些英语学习过程中的难处，如背单词、读音、了解语法知识等之后，更是觉得英语是“吃力不讨好”的科目，进而失去学习英语的信心和动力。在他们看来，只要能通过考试、不耽误毕业的文凭学位就可以了，鲜有想要英语成绩好或说出一口流利英文的需求。因此，部分艺体类学生好动张扬的个性以及消极的学习态度，使得英文课程的开展举步维艰。

3. 艺体类院校课程设置的影响

在进入艺体类高等院校后，专业科目及英语等公共科目的设置安排也使得英语学习的效果不尽人意。艺体类的专业课程常常涉及对学生体力的高度需求，例如，有些艺术专业的学生需要学习形体课，在形体课上，在形体教师的带领和曼妙音乐的伴奏配合下，学生们感到兴奋，在排练室里进行大幅度的运动与训练。而在英语课堂上，一般采取的是课堂教学，学生们需要端坐在教室中，拿起书本，面向讲台上的英语老师，大多时间里是由教师一人在唱独角戏。如果院校安排形体课过后是英语课，那么学生们就更无法集中精力，体力上的消耗会使他们需要更大的毅力来坚持上完一节外语教学课，而在前文所述的部分学生本身对英语学习不抱太大希望的态度下就会使得他们昏睡一片，任凭教师的英文句子讲得多么流利、发音多么纯正，对于学生而言，也只不过是梦中的一小段插曲。

许多艺术类专业课程的期中和期末的考查形式是汇报演出，需要学生们集体利用课下时间去排练，而对于课下时间，大多数学生都会选择晚上，因为晚上的时间既没有课程的限制，也没有排演教室安排的紧张，但是，一旦排练起来，学生对时间的控制就是个未知数，热爱文艺的学生可以不分昼夜，喜好体育项目的运动类学生也是乐此不疲，有的甚至凌晨三四点才能完成练习回到寝室休息，那么对于第二天早上八点半开始的英文课，又将造成迟到、睡觉乃至旷课的不良影响。

针对以上艺体类院校学生学习英语出现的种种状况和问题，可以看出，英语教学改革已经迫在眉睫。我国高等院校的大学英语课程大致可以分为三个类别：普通英语或通用英语（English for General Purposes）、专门用途英语（English for Specific Purposes）、通识教育类英语（English for General Education）。要想切实有力地将英语教学在艺体类院校开展得顺畅有效，就需要针对艺体类学生的特点，有的放矢地进行特色英语改革，采用专门用途英语（ESP）的大学英语教学方式为主、其他两种教学方式为辅的教学方法。

二、艺体类院校特色英语改革提议

进行ESP特色英语教学改革，要从三方面着手，即教师、学生及院校的课程设置与支撑。

1. 对艺体类英语教师的新要求

作为对英语课程的主导及特色英语教学改革的直接实施者，英语教师提出了更高更强的要求。艺体类学生的基本需求和标准的多样化，对每一位老师而言既是挑战，也是一次难得的机遇。首先，任课教师需要拓宽自身的知识结构，适应学生的各种需求，也就是除英语语言本身之外，教师需要加强对学生所学专业的了解和认识，要有能力提供多种多样与学生艺体类相关的课程资源。开展学生感兴趣的英语教学将会大大提高学生对英语的关注度。其次，除了在课程开设方面添加与学生专业相关的英文知识以外，在教学方式上，英语教师也应该大胆摆脱课堂教学的局限性，可以针对学生感兴趣的某一主题进行讨论、互动以及研究，从而加强学生的参与性和创新性；也可以走出课堂，带领学生游览校园或其他学校附近安全的场所，在户外告知实际物品的英文标示，让学生切实感受到英语不是硬生生的26个字母，而是鲜活地存在于他们日常生活中的生动的语言。最后，改变“教”英语的模式，在开设艺体类专业相关英语课程中，关于专业知识的内容上学生比英语老师要更加明了清晰，所以在这样的课堂上，不再存在谁是老师谁是学生的问题，英语老师要成为学生的益友，彻底改变原先主角的地位，与学生们共同对艺体类的内容进行探讨，可以说英语教师最终会转变成半个艺体类专业教师，带领学生去识别基层的艺体类英文，对于专业的词汇和理解，可以请学生们去做解释和说明，如此一来，学生对于英文课就会产生责任感，对英语的掌握和需求也就相应增加了。

2. 对艺体类学生英语学习态度的再塑造

作为英语特色改革的受众和利益获得者，艺体类学生需要从各方面主动去意识和感受自身的收益。首先，在思想意识方面，学生需要认识到他们不是为了及格或者毕业才去学习英语的，他们是为了将来在相应专业领域中有更广阔的发展而学习英语这门全球化语言的。通过院校开展的国际化活动，学生会感到交流上的困难。其次，在英语与专业科目挂钩之后，学生会呈现“爱屋及乌”的表现，既然有些同学可以为了排练或者训练废寝忘食，那么当英文变成了他们排练或者训练中一部分的时候，学生对英语的态度一定会得到转变。最重要的一点就是，学生以自身所学专业为基础，真正去应用英语，在课堂上和老师用英语探讨专业词汇，在国内外能与相关学者和同行进行日常交流，乃至能用英文作为媒介进行演出或作品展示说明，这也正是大学英语教学的根本目的所在。

3. 对艺体类院校课程安排的再协调

艺体类院校身处英语教学的大环境，应该给具有特色英语的教学改革提供强有力的支持。首先，艺体类院校能够借此机会加强自身课程教学梯队建设，整合教师资源，增加进修和培训，包括英语教师出国学习，定期参加国内培训班和不定期的校际观摩、调研、学习与考察等，以及给英语教师提供专业科目的基础培训，以便教师能够更有目的地进行艺体类英语备课。此外，在课程设置方面，应避免运动量大的课程安排在英语课程前面。在期末汇报演出之时，可调整行课安排，让英语课程先行修完或推后学习，避免学生精力不足难以集中的难题。针对部分基础好的学生和部分底子薄的学生，还可以尝试英语教学考查方式的改革。（1）实行听力单考制，无论是基础型还是提高型的学生，都必须参加英语听力A和英语听力B的区分考试。听力A和听力B各占学分，听力考试不及格者须重修，直到通过为止。（2）实行口语必考制，无论是基础型还是提高型的学生，每学期都必须参加口语考试。学生的口语考试成绩按一定比例记入期末考试成绩。（3）实行选修课制，将重点进行转移，突出听、说交际应用能力的提高。部分学生第三、四学期每人可选修一门课程，适当采用艺术类英语教材，以满足学校提出的实用性、针对性的要求。学生通过选修课程考试后，方能获得学分。如未通过考试，学生可重修该门课程或改修其他选修课，直到修满该学分为止。（4）在课余活动方面，院校可开展形式多样的课外英语学习活动，重点是以提高学生口语水平和实际应用能力为突破口，多引导国际化艺体类交流会议及观摩的开展，在校园内部也可以开设晨读、知识讲座、主题英语角、学校英语广播电台、大学生英语演讲比赛、大学生英语情景剧比赛、英语广播专栏等英语学习训练活动，并将依托各系分别开展大学生英语竞赛、英语四六级经验交流会和模拟考试、考研经验交流会、英语词汇知识竞赛等活动，尽可能地开展学生所关心的和感兴趣的英文应用活动。

三、小结

特色英语教学改革的目标是提高学生对英语的实际应用能力，即在新形势下满足能以英语为工具顺利进行国际交流的人才的需求。要优化校园英语学习环境，使学生有更多接触英语的机会，以弥补英语课堂的不足。既要照顾起点较低的学生，又要给基础较好的学生有发展的空间；既要使学生打下扎实的语言基础，又要培养他们较强的实际应用能力；既要保证学生在大学期间英语水平的提高，又要有利于学生个性化的学习，以满足他们专业发展需要及达到学生语言交际能力的提高。将选择性课程等多种新的尝试纳入发展目标，拟创立基础综合类课程（读写课程、听说课程）及专项英语课程（影视欣赏、口语、艺体类英语等）。

为学生创设良好的英语学习环境，艺体类院校和英语教师要给学生提供语言实践和交际的机会，调动学生在学习英语过程中的主动性和创造性，拓宽其知识视野，全面提高学生的综合素质。通过对英语教学内容精选、特色英语教学方法改革、强化实际应用教学、加强学习方法指导、改革考核评价体系等方式，提高学生学习热情，培养学生实际能力和从业素质，增强在艺体类院校当中的英语教学效果。

参考文献

1. 杜欣．高校艺术类英语教学的思考与实践[J]．科学教育家，2008（4）

2. 郭文安等．教育学基础知识[M]．潜江：湖北人民出版社，1984（1）

3. 教育部高等教育司．教学质量：高等学校的生命线[C]．合肥：安徽人民出版社，2002

4. 彭兰，李水红．高职院校艺术类英语课堂改革探究[J]．现代教育装备，2010（17）：145～146

5. 王焕武，郝世昌．教师工作问答[M]．四平：吉林人民出版社，1982（9）

6. 王守仁，王海啸．我国高校大学英语教学现状调查及大学英语教学改革与发展方向[J]．中国外语，2011（9）：4～17

7. 严元章．中国教育思想源流[M]．北京：生活·读书·新知三联书店，1993（11）

8. 张健．教育改革必须从国情出发[M]．上海：上海教育出版社，1984（11）

作者简介：
陈曦，中央戏剧学院基础教学部外语教研室，讲师
电子邮箱：orever@gmail.com
地址：北京市昌平区宏福中路 4 号
邮编：102209

浅谈体育院校英语教学中的德育渗透

曹现芳

（北京体育大学）

摘要： 教书育人是全体教师的职责，所有的教师都应自觉地将育人的宗旨渗透到专业课程之中。如何切实提高德育在体育院校英语教学中渗透的有效性，培养德才兼备的新型人才，需要广大英语教师结合体育院校的实际，加强德育的育人意识，言传身教，身体力行，采用多种途径寓德育教育于语言教育之中，潜移默化地引导学生树立正确的世界观、人生观和价值观，培养他们高尚的情操修养和正确的理想信念。

关键词： 体育院校　英语教学　德育　渗透　途径

Abstract: All teachers undertake two duties: teaching and educating. They should consciously penetrate educating in courses teaching. How to effectively penetrate moral education in sport college English teaching？English teachers in sport colleges need to pay attention to moral education and teach by precepts and examples. They should penetrate moral education gradually in English teaching by the diversity of teaching methods to help students establish correct world outlook, outlook on life and values, and to foster students' noble moral sentiment and correct ideal faith.

Key words: sport college　English teaching　moral education　penetration　approach

一、前言

德国教育家赫尔巴特说："教学如果没有进行道德教育，只是一种没有目的的手段；道德教育如果离开教学，则是一种失去了手段的目的。"（张焕庭，1979）这说明除了用系统的德育手段外，还必须在各学科中进行德育渗透。如何充分利用英语课程特征和竞技体育运动的特点，在传授英语知识、培养学生的竞技能力的同时，发挥英语学科教学的德育渗透功能，既教书又育人，实现智育和德育以及体育的有机结合，这值得体育院校的每位英语教师不断地探索和实践。

二、体育院校英语教学中德育渗透的必要性

随着高校扩招和市场经济大环境的影响，体育院校德育工作中存在的不足日益明显，理论陈旧单一，仅是简单地照本宣科，没有紧跟时代步伐，脱离学生实际生活。体育院校在教学过程中过于强调以专项技能训练为主的专项教育，忽视综合素质的培养，对学科教学关注度不够。有的院校即使重视大学英语教学，重视其在各类考试中的地位和作用，却不重视教学过程中的德育问题。而目前大多体育院校实行的大班教学也导致英语教学模式还是传统教学方式，也容易忽视德育的渗透。另一方面，很多教师片面理解教师职责，认为他们的任务只是进行知识的传授或仅是帮助学生掌握动作技巧，而不对学生进行德育教育，认为这是辅导员和学校领导的事，与自身无关。即便有些教师能根据教学内容渗透一些良好的思想，但只是轻描淡写一语带过，没有达到真正的教育效果。当前经济飞速发展，国际间体育交流日益频繁，西方文化思潮通过各种渠道大量涌入，导致一些大学生开始盲目崇拜西方文化及其生活方式。在大学英语教学过程中涉及的西方宗教信仰、政治制度、价值观念等也不可避免地给学生带来一些困惑，一部分学生的人生观、价值观发生了动摇，他们往往强调自我价值，忽视奉献精神，把人生追求和功利思想捆绑在一起，对中华民族传承下来的优秀文化了解不深，公民道德、公共纪律、爱国主义、集体观念逐渐淡漠。

因此，在英语教学过程中进行德育渗透是十分必要的，是培养新时期高素质综合人才所必不可少的一条途径，也是构建社会主义和谐文化、弘扬优秀民族文化的必然要求。

三、体育院校英语教学中德育渗透的策略与途径

体育院校学生由于个人经历、专项、成长环境及所受教育等方面的差异显现出一些特点，如文化知识水平较低，组织纪律观念淡薄，但又具有较强的竞争意识和拼搏精神。如何在这一特殊群体里渗透德育教育，通过长期的英语教学实践，笔者认为在体育院校大学英语教学中进行德育渗透要多渠道考虑，结合体育院校的实际

情况，可以从以下几个方面进行。

1. 转变理念，重视德育渗透

德育，居于教育的首位，是教育工作的核心和灵魂。德育教育能够使学生正确认识与评价自己，处理好各种人际关系，有效地促进学生的全面发展。体育院校英语教师要转变教学观念，摒弃只抓智育、忽视德育的旧观念，要从纯语言教学逐步转移到重视德育教育，提倡德、智、体、美诸方面共同发展。教师在教学中不仅要向学生传授系统的英语语言知识和技能，还要有目的、有计划地对学生进行正确的世界观、人生观和价值观的教育。英语教学不单单是英语语言与应用、知识技能的传授，还要涉及大学生情感、态度、品质培养、综合文化素养提高等多方面的德育内容（刘云霞，2010）。

2. 为人师表，言传身教

外语教学的特殊性使得教师所面对的不仅仅是语言，而且要接触不同的文化。不同的文化导致了不同民族间的人生观、价值观、道德观等存在着一定的差异。因此在外语教学中，教师正确的是非观念、思想修养及道德风貌都会对学生的世界观、人生观等产生重大影响（吴亚萍，2007）。教师具有较高的道德修养及较强的道德意识是学科教学中实施德育教育的前提，对于正处于思想意识逐渐成熟，世界观、人生观日趋成型的大学生，言传身教是提高其思想道德修养的一种有效手段。教师的情感、品行以及教态都会对学生产生示范效应，所以教师要加强自身修养，时刻注意自己的言谈举止；要整合知识结构，提高教学理论水平和教学能力，为学生树立榜样，以高尚的人格魅力和渊博的知识去感染学生、影响学生，使教与学的关系更融洽、更和谐，做到既教好书又育好人。作为体育院校的一名教师，应该在业余多熟悉一些运动项目，掌握一定的运动技能，不求精通，但须知一二，这样在授课过程中能更好地结合专项知识，挖掘德育思想再逐步过渡到英语的内容讲授上，学生自然而然地容易接受。

3. 钻研教材，自然渗透

英语教材是英语教学内容的一个重要组成部分，它不仅是英语语言知识的载体，也是社会规范、价值取向等道德内容的载体。如果只是指导学生学习语言知识，而不注重挖掘教材的思想性，那么学生只能对教材产生表面的感性认识，这样既不利于学生的发展，又失去教材本身思想道德教育的意义。但德育的渗透绝不能单纯为了渗透而进行空洞的说教，必须严格遵循英语教学规律，循序渐进地自然渗透。大学英语教师应认真钻研教材，充分挖掘文章中丰富的德育因素，在教学过程中强化其感染力，使学生在学习语言的同时思想也受到熏陶和启发。以《大学体育英语》（College English for Sports Major）为例，这本教材取材新颖，具有时代性、知识性和思想性，贴近学生的生活和专业学习，可满足学生在认知、情感、意志、人格等方面发展的需要，使学生在感受英语语言文化知识的同时，学会做人，形成积极的人生观和价值观。例如第一册第八课体育精神（Sportsmanship），文章首先提出问题：什么是体育精神？然后列举了一些体育现象，从中得出结论 The core of sportsmanship is playing fairly and cleanly as well as handling both victory and defeat with respect and dignity，加强了体育道德和奥林匹克精神的教育，第十二课 Burning Desire to Achieve a Purpose，讲述每个人成功的前提——强烈的渴望，激发学生精神饱满地投身到学习中去。第二册第七课 Life's Struggle，讲述的是破茧而出的飞蛾的故事，以及第九课 Betty Robinson，一个奥运会历史上第一位女子 100 米赛跑冠军的故事，激励学生在面对挫折、困难时，要有不屈不挠、积极向上、勇往直前的奋斗精神。

4. 改进课堂，将德育目标渗透其中

在课堂教学过程中，教师既要巩固学生的基础知识，强化交际应用能力，全面提高学生素质与知识层面，更要注重将德育贯穿于英语课堂教学始终。例如在单词、短语的讲解中，教师可以多选正面的有关德育教育的例句，还可选择对学生素质培养有帮助的谚语及格言，这些都有利于德育渗透，让学生在学习语言文化中感悟人生和生活的哲理，实现真正意义上的学习。在进行新课的导入时也可以渗透德育教育，以《大学体育英语》第一册第三课 The Sydney Olympic Opening Ceremony 为例，在进行新课导入时，教师在给出几届奥运会开幕式致辞的视频后，又给出 2008 年北京奥运会的致辞，让学生模仿，这样既教授了知识，也对学生进行了爱国主义教育，激发了他们的民族自豪感和自尊心。其他形式的课堂活动，如教师引入新闻时事或热点话题，可调动学生的学习积极性，让学生在思考、交流中提高思辨能力，思考问题、看待问题更为全面、客观，从而进一步端正学习态度，奋发向上。课上也可以设置一些环节，如同学不会回答教师的问题时，可以使用一些礼貌用语向其他同学寻求帮助，如：Excuse me, Can you help me? My pleasure, Thank you 等，不但可激发学生学习英语的兴趣，而且帮助学生自觉摒弃日常生活中不文明的语言，提高自身的语言修养以及个人交往的水平和能力。

5. 搞好课外活动，优化德育渗透

丰富多彩的英语课外活动，不但可以激发学生学习英语的热情，同时还能让学生受到良好的思想品德教育。教师可以向学生推荐有益的英文书籍、网站等，促进学生人文素养的提升，还可以推荐或组织学生观看积极健康的英文影片进行德育渗透。例如针对竞技体育学院篮球班的学生，电影 Coach Carter 就是一部很好的体育励志片，影片讲述了一位高中篮球教练带领自己的校队拼搏的故事，该片使学生在观赏激烈的篮球比赛的同时，也深深地为影片中的人物、内涵所打动，如卡特教练的坚持、信念，他所提倡的纪律和团队精神。这样不仅加强了学生的听力水平，提高了学生的语言素质，同时还让他们学习到了一种积极向上的拼搏精神。教师应鼓励学生多组织和参与一些英语活动，如英语角、英语晚会、英语配音比赛、全国大学生英语竞赛等，既丰富学生的业余生活，又让学生在准备、参与的过程中扩大视野，锻炼心理素质，进而提高认识自我、评价自我的能力，为今后步入社会奠定良好的基础。

6. 加强沟通，合力渗透德育

学生的全面发展不是个别教师就能做到的，而是教师群体作用的结果。德育教育必须充分调动各种资源使其发挥作用，密切配合。辅导员工作在大学生德育教育的第一线，工作内容涉及学生工作的方方面面；专项课老师与学生接触时间长，与学生联系密切，他们的思想观念和价值取向，会不自觉地影响着学生的思想观念和价值取向，在大学生德育教育中起到重要的作用。与这些教师随时交流思想，共同探讨，相互配合，齐抓共管，可以深入了解体育院校学生的群体特性，及时解决学生的思想问题和困惑，这样才能够使体育院校大学英语德育渗透的内容更加贴近学生的实际生活，更加切合大学生的实际需求，才能不断优化体育院校大学英语德育渗透的方法，提高大学英语的吸引力。

四、结语

教育的最终目的是要促进受教育者的个性全面发展，培养出德才兼备的人才，这需要挖掘教学中的德育因素，陶冶学生的情操，提高学生的道德素养。为了我国体育事业的蓬勃发展，体育院校的英语教师既要从思想上转变观念，把德育当作自己的责任和义务，又要善于依据学生身心发展规律，灵活运用多种教学方法，通过课堂内外等多种途径对学生进行潜移默化的德育渗透，使学生既学到专业知识和技能，又受到德育教育，从而更加适应我国体育事业的发展和国际间体育文化交流的需要。

参考文献

1. 张焕庭．西方资产阶级教育论著选．北京：人民教育出版社，1979

2. 刘云霞．如何寓德育教育于大学英语教学之中——浅析《新时代交互英语——读写译》（全新版）中的德育教育[J]．外语教学与研究（考试周刊），2010（28）：89～90

3. 吴亚萍．德育在大学英语课文教学中的渗透[J]．辽宁行政学院学报，2007，9（8）：124～126

4. 兰岚，张晓菲．试论如何在体育院校英语教学中做好育人工作[J]．黑龙江教育学院学报，2013，32（4）：171～172

5. 刘丽玉，申波．论大学英语教学中的德育渗透[J]．中山大学学报论丛，2007，27（5）：43～45

6. 田慧．大学体育英语[M]．北京：高等教育出版社，2009

作者联系方式：

曹现芳，北京体育大学外语系

邮编：100084

电话：18511757065

邮箱：debbier@163. com

首都体育学院凤凰岭校区大学英语第二课堂建设策略研究①

刘　伟

（首都体育学院管理与传播学院）

摘要：利用课堂访谈，对首都体育学院凤凰岭校区学生英语学习需求进行了解；同时与教研室教师进行教学交流，探讨开设英语第二课堂的可行性和应用性。随着英语教学的深入化、多样性和网络流行性，大学生英语教学不再局限于课堂面对面交流，而是要从细节入手，让英语渗透到学生的日常生活中。结果显示：英语第二课堂也可以成为生活英语课堂，教师宜采用学生感兴趣的方式，利用好空隙时间，随时随地进行英语交流。大型活动如：英语文化艺术节、留学生交流；小型活动如：英语晨读、英语角等。

关键词：大学英语　第二课堂　策略　分校区

研究目的：第二课堂是对第一课堂的补充，当学生对第一课堂感到生硬和无趣的时候，他们会寻找另一种方式增进自己对英语学习的热情，或者找到一条他们认定的捷径，尽快通过必要的英语考试。这些都将是英语教师无法在第一课堂上向学生们所传授的，观察并了解学生的需求，让第二课堂内容随时随地地改变是重点。第二课堂未在首都体育学院凤凰岭校区充分开展的原因可能是校区偏远，教学硬、软件无法及时跟上，教师不能有充分的时间辅导学生，形成习惯和规模等。本研究试图探讨在凤凰岭校区开设第二课堂的可行性和应用性及其有效方式，并将之逐步推广，在教师的引导下，让学生自行开拓新的英语学习路线。

研究方法：文献资料法，研究主要查阅了教育学、第二课堂学习理论的专著和论文；访谈法，利用课堂面对面的时间，了解学生对英语的需求和未满足的地方；

① 本论文为北京市教委北京高校青年英才计划立项项目“实用体育英语网络平台建设研究”（编号 YETP1705）的阶段性成果。

数据统计法，将近两年学生考试分数进行整理，将高分学生和低分学生平时课堂学习状态进行对比，并了解他们课余学习英语的情况；试验法，研究进行了第二课堂的教学实验，对2012级社会体育专业的学生进行了教学；观察法，研究重点观察了2012级学生的学习特点，为第二课堂的建设做好基础。

一、凤凰岭校区英语教学概况

目前凤凰岭大学英语教学主要采用传统的教师授课、学生听课的教学模式。大一新生英语学习基础薄弱，英语学习能力较差。从2014年第一学期开始，学生要统一更换教材，教材配备了适合学生自学的相关内容，但是教材在英语知识学习的完整性和时效性上依然有欠缺，这需要教师在课下及时地补充学习内容。

近年通过对我校学生大学英语四、六级的通过率进行分析发现，学生总体的成绩没有明显变化，大学英语四、六级仍然是中国衡量大学生英语水平的一个指标，但是从凤凰岭校区大一新生在准备四级考试时，学生反映比较吃力的情况逐渐增多，面临的困难更多。

当今社会对人才的培养提出了更高的要求，不但要具备扎实的专业知识，还要能在日常生活与专业领域用英语进行交流沟通，这就需要大学英语教师在第一课堂之外对学生进行辅导。

第二课堂是整个教学体系中非常重要的一个组成部分，对大学英语这门实践为主的学科，第二课堂显得尤其重要。学者克拉申把语言学习过程分为输入（Input）和输出（Output）两部分，这两部分同等重要。在实际大学英语教学中，课堂教学的学时有限，而且大多都是用来进行输入，至于同等重要的输出部分却无暇顾及，这就对大学英语教学的第二课堂提出了更高的要求。

大学英语第二课堂的重要性同样也可以从国家教育部2004年颁发的《大学英语课程教学要求（试行）》中得到印证。《要求》指出："大学英语的教学目标是培养学生英语综合应用能力，特别是听、说能力，使他们在今后工作和社会交往中能用英语有效地进行口头和书面的信息交流，同时增强其自主学习能力、提高综合文化素养，以适应我国经济发展和国际交流的需要。"《要求》对学生英语综合应用能力的重视、对听说能力的强调以及对自主学习能力的倡导引领着我国大学英语教学进入了一个新的时代。综合应用能力从何而来？听说能力如何提高？自主学习能力怎样培养？仅仅是靠每周4个学时的课堂教学是远远不够的，这就迫使我们不得不加强第二课堂的投入力度和管理力度，给大学生创造良好的英语学习环境，创造更多的运用英语的机会，从而提高英语综合应用能力。

胡壮麟教授认为，“在中国外语环境下，谁能在模拟或建构接触和使用外语的环境（即第二课堂）上下功夫，谁就将获得好的教学效果”。林立教授认为，学习和提高外语能力的一个重要方面是充分利用课外时间进行应用性的实践练习，课堂内教学与课堂外实践练习的比例至少应该为1:4。

第二课堂活动借助于活动任务，以学生为中心，在传授一般的语言知识与技能的同时，更注重培养学生的语言运用能力和自主学习能力。第二课堂教学活动要尽量创设真实的英语语言环境，让学生在尽可能接近自然的语言环境中学习，以取得最佳效果。第二课堂活动是英语课堂教学的有效补充和延伸，为学生提供了更广阔的范围锻炼自己的语言能力；第二课堂活动以学生为中心，丰富英语教学，激发了学生的学习兴趣。此外，第二课堂活动在课堂教学之外，创造了英语语言环境，使学生能够熟悉与课堂教学有关的语言知识与技能，并亲身体验和锻炼英语交际能力。

二、凤凰岭校区第二课堂开设可行性分析

1. 学生资源分析

凤凰岭校区的学生有两个特点，即全部是大一新生、全部是体育专业学生。这两点很好地说明了在凤凰岭校区开设第二课堂的重要性。首先，大一新生要重点培养他们的英语学习习惯和能力，当他们在这一年的学习中形成了良好的模式，回到学校本部的时候，可以有一个良性循环，而不是回到学校再进行纠正。其次，体育专业学生在英语学习方面落后于其他专业学生，能否以更具吸引力的课堂引领他们进行英语学习是重中之重。最后，新生具有较强的交流愿望，抓住学生的交流能力，与教师交流、与校区交流、与校本部交流，是第二课堂开设的关键。

2. 教师资源分析

凤凰岭校区较为偏远，教师到校区进行教学，不能长时间逗留为学生辅导，一般是课程结束后就回到本校，这并不利于第二课堂的展开。但同时，在凤凰岭校区引导学生学习的重要师资力量是辅导员，英语教师应该和辅导员进行合作，在英语教师不能在校区的时候，由辅导员进行第二课堂的创建和管理。同时，校方也应该适时调整英语教师工作，安排每周一位英语教师在凤凰岭校区值班，对学生英语进行辅导。

3. 硬件设施资源分析

凤凰岭校区较大，紧邻凤凰岭风景区，可以说校内、校外硬件资源丰富。在校

内，由于学生少，可以组织全体英语活动，空间充裕。在校外，有风景区，教师可以组织学生在风景区进行寓教于乐的活动，对教师和学生都是一种促进。

三、凤凰岭校区第二课堂开设应用性分析

笔者认为，如下的第二课堂形式是有效可行的大学英语第二课堂活动模式。

1. 英语文化节

为了活跃英语学习的氛围，激发学生学习英语的热情，提高大一新生的英语综合能力，每学期举行一次英语文化节活动，围绕听、说、读、写来展开。冬季英语节，包括圣诞节、元旦等节日，可以进行英语歌曲创作改编或者英语诗朗诵的活动。例如，英语创作改编比赛，可以让学生对不同的英文歌曲进行创编，个唱、合唱同时进行。夏季英语节，可以进行英语书法比赛、演讲比赛等。例如，英语书法比赛，可以让学生比拼英语书写字体，学生可以创作自己的字体，也可以进行临摹。

实践证明，凤凰岭校区每年举办一次英语文化节，具体活动内容包括英语英语歌曲演唱大赛、英语话剧表演比赛、英语书法比赛等活动，文化节为大一学生提供了一个展现自我的平台，改善了学生英语学习的现状，取得了良好的效果。

2. 英语晨读和听力训练（英语晨听问答）

出早操，是我校的特色之一，除了锻炼身体以外，是否可以让学生的英语能力进行提高。将身体锻炼和英语锻炼穿插进行，以身体锻炼为主、英语锻炼为辅。每周选取 1～2 天的时间，组织学生观看英文体育新闻报道，并对学生进行提问。体育学生对体育知识了解很多，尽管英语体育新闻他们不能听懂，但可能他们知道比赛的种种细节，同时也会吸引他们认真收听或者观看英文版的新闻。

3. 英语角

英语角是以提高英语口语为目的的，主要通过英语对话等形式，学生进行的沟通活动。英语角的举办时间多数在周一至周四晚上，举办场地在室外。英语角可以为学生提供语言练习的机会，突破了大学英语第一课堂的局限性。英语教师制定每周的英语角谈话内容的主题，往往与学生生活有关，学生可以事前进行资料的查阅及准备。英语角营造了良好的语言环境并激发了学生强烈的交流愿望，提高了学生学英语的积极性。同时，可以与本校的留学生进行互动，可以每周请一位留学生到凤凰岭校区组织大家进行英语角活动。

4. 讲座

英语教师邀请外籍教师和英语教学专家与学者每月定期开展英语讲座，介绍英

语学习方法、前沿信息、国外风土人情、名人轶事等内容。外籍教师和英语教学专家与学者专业的讲解，使广大同学更加能够熟悉有关国外的相关知识，开拓全院学生的知识面，扩大学生的视野，增加了他们学习英语的兴趣，受到了广大学生的一致好评。

5. 自主学习，充分利用网络资源

新媒体的兴起及普及为大学英语的学习提供了新的途径。新媒体的使用摆脱了时间、空间的限制。英语教师可以建立多媒体英语学习网站，建设凤凰岭校区学生英语学习QQ群、微博互动、微信互动等，教师及时在网络平台上发布信息，包括：活动、任务、通知、知识技巧、考试等信息，让学生参与评论、讨论，提出疑难问题或者建议，增强与教师的互动，弥补距离产生的问题。如此，学生将课堂上学习的知识与课外实践紧密结合起来，通过网络英语在线以及各种网络资源不断学习，提高学习效果。网络课外英语自主学习使视觉和听觉等同时作用于学生的感官，对学生的感官进行多方面刺激，使教学内容更加形象化，表现形式多样化，创设一种逼真的、丰富的学生喜爱的教学氛围，提高学生学习的动机和兴趣。

四、研究结论与建议

大学英语第二课堂与第一课堂相比，语言环境更为自然、丰富。教师在第一课堂教学时，有针对性地安排与第二课堂教学内容同步的第二课堂学习任务，实现了英语教学的优化。学生不仅拓展了知识面，提高了综合应用英语语言的能力，而且培养了学习兴趣，提高了综合素质。第二课堂是第一课堂的延续与补充途径。

在凤凰岭校区大学英语第二课堂的建设中，还存在一些问题，例如，英语教师如何正确处理好第一课堂教学与第二课堂活动之间的关系；英语教师在第二课堂活动上的时间和精力如何分配，指导水平与经验的欠缺；教师在第二课堂的工作量如何计算；大一学生的课余时间与活动经费以及场地等问题。

学校和凤凰岭校区管理层宜加大大学英语第二课堂的支持力度，尽可能地改善硬件设施，提供固定的活动场地及更多的经费支持，以确保第二课堂的顺利开展。

参考文献

1. 胡壮麟．论中国的双语教育[J]．中国外语，2004（2）：4～8．
2. 林立．第二语言习得——理论与实践[M]．北京：高等教育出版社，2007

3. 安永军. 第二课堂对强化大学英语持续性学习的必要性[J]. 西北民族大学学报，2012（3）: 176～181

4. 宁见红. 网络环境下大学英语第二课堂的建设——网络第二课堂与传统第二课堂的结合[J]. 贵阳学院学报，2013，8（2）: 56～59

5. Krashen S. & T.Terrell. *The Natural Approach: Language Acquisition in the Classroom*[M]. Oxford: Pergamon, 1983

作者简介：

刘伟，1979 年生人，籍贯河北，汉族，硕士研究生学历。首都体育学院管理与传播学院外语教研室，讲师，研究方向：英美文学及英语教学法

作者联系方式：

地址：北京市海淀区北三环西路 11 号首都体育学院

邮编：100191

电话：13141226761

邮箱：bonniebeijing@163.com

College English Teachers as Learners

马　岩

（北京舞蹈学院）

Abstract: As intercultural communications are more popular than ever before. College English teachers in China have great responsibilities to cultivate responsible citizens while teaching language and culture.Therefore, teachers need to be lifelong learners to achieve professional development and meet global challenges.In this paper, having discussed the current situation of college English teaching in China and the challenges for college English teachers, the author provides the possible ways to professional development.

Key word: language　culture　challenges　professional development

Introduction

As China's economy has been boomed since 1980s, people's living standards have been greatly improved. Many people, especially those in big cities, pay more attention to education, thus people not only need an access to education, but also have demands for good quality of education. Meanwhile, the competition is more intense in the knowledge society and the good education is a necessity for workplaces. As the White Paper Australia's Language: The Australian Language and Literacy Policy (Department of Employment, Education and Training) (DEET 1991) indicates, "However, as new demands emerge for higher levels of literacy competence for the mass of the population, we can no longer be satisfied with the standards of the past." Undoubtedly, many things have been done in recent years to meet the needs in terms of infrastructure improvement of schools, curriculum reforms, but it is not enough to fundamentally improve the quality of education in China.As a matter of fact, it is the teacher that plays the most important role in education. Teachers need appropriate means of professional development, and it is vital for them to be learners in order to develop their full potential so that they would satisfy the demands of the changing environment. As a college English teacher myself, this paper is concerned with the following issues: why college English teachers should be learners in order to cultivate global citizens in China and how will they become learners?

By exploring the role of college English teachers as learners from social-cultural perspective, I will: 1) Raise awareness of the importance of college English teachers as learners, hence promote the practice of the teachers' learning and ultimately realize their sustainable development. 2) Examine the authentic pictures of college English teachers' teaching and learning so as to provide some useful resources to policymakers and researchers, if possible. 3) Regard the research as a means of my self-reflection and improvement.

Current situation of college English teaching in China

Teachers are sometimes easy to overlook learning due to busy schedules. As far as I am concerned, when I began to teach college English in early 2000s, I was very excited that I finally became a teacher after being a student for years. As for me, English was a gift bestowed by me who considered me knowledgeable upon students whom I considered to know nothing (Freire, 2001). Therefore, when doing classroom instructions, I taught students the same way as my teachers had taught me and I thought the more completely I fill the receptacles, the better a teacher I am (Freire, 2001). Later, I found despite my endeavor, some students complained that they could not follow me. I was at a loss. However, upon my reflection, I found learning a second language is a long and complex undertaking. Total commitment, total involvement, a total physical, intellectual and emotional response is necessary to successfully send and receive messages in a second language (Brown, 2000).

Meanwhilc, the current situation of college English teachers is not very optimistic. A report (Xia, 2002) based on questionnaire study especially designed for in-service college English teachers who are the backbones in teaching from 600 universities and colleges across China found that there are 30% to 40% of 476 participants who have never learned applied linguistics or second language acquisition theories, and when they are asked why some students become "exam-machines", 58% of them think that the educational system should be criticized while 43% think students should be blamed. "We therefore end up with an implicit 'blame the victim' idea whereby academic non-achievement is attributed to individual laziness, unwillingness, or lack of ability" (Wedham et al, 2007).

Another survey (Zhou, 2002) investigated 900 in-service college English teachers from 48 universities and colleges across China showed that 82.8% of participants think they can teach college English well as long as their English proficiency are good, and 70.9% assume that college English teaching is not so difficult. If teachers are constantly learning, the statistics would be more satisfied and the situation is gradually getting better.

Challenges for college English teachers in the globalized era

Globalization not only influence the development of nations, but also has great effects on individuals. The world becomes smaller because of modern technologies. As a result, people around the world have more access to communicate. As for school education in China, almost every student learns English and some other foreign languages. "The report says that much of the growth in English will come from China which has recently boosted its teaching in primary schools" (Kyodo, 2006). Consequently, many students spend much time learning it. There are many English training schools and various English tests in China. Many young people wear western brand clothes, try to speak like native speakers of English and begin to celebrate Christmas, Valentine's Day and other western festivals. They are sometimes confused of their own identities, because those students just superficially understand the meaning of culture and what they know is just the tip of the cultural iceberg. Meanwhile, culture hegemony slowly appears in modern China. Hegemony means "the domination of one group over another by consent and ideas rather than force or physical coercion" (Wedham et al ,2007). It is dangerous because it is gradually and silently penetrating into Chinese culture. As a result, some students learn English today and they expect to be westerners when they wake up the next morning. The question is how we solve this problem.

College English teachers play a very important role in doing this. As Stanford

Professor Darling-Hammond indicates that in the last ten years there's been a lot of research done about what makes a difference for student achievement, and it's now clear that the single most important determinant of what students learn is what their teachers know. Teacher qualifications, teacher's knowledge and skills, make more difference for student learning than any other single factor (Darling-Hammond, 2002). Language is just as the skin of a pineapple and we cannot peel off the skin without any meat. Teachers not only just teach the language but also the culture. Therefore, teachers should be lifelong learners in this changing global world.

"The higher aim of language teaching is sociocultural competence and self-actualization. Sociocultural competence includes linguistic competence, communicative competence and critical competence" (Gao, 2001). As teachers, we need to help students learn the language well in terms of listening, speaking, reading and writing skills. We also need to create opportunities for students to communicate as much as possible so that they not only know the language but also know when, where and how to use it properly. Meanwhile, teachers need to help students exercise critical skills on cultural issues.

Possible ways to professional development

1. Teachers as reflective practitioners

1.1 Enriched reflection (Ur, 2000)

There are four modes of teacher learning: 1) concrete experience ("something happened to me in the classroom", observation, anecdotes…); 2) reflective observation ("let me step back and look at what took place" and other people's observations); 3) abstract conceptualization ("what principle or concept can I formulate?" and input from professional research); 4) active experimentation ("let me try to implement this idea in practice" and other people's experiments)

1.2 A pragmatic idea

The world is changing and students are changing constantly, so the teacher has to develop in time. And the best way to do this is to equally communicate with students in diverse situations. "The teacher is not in the school to impose certain ideas or to form certain habits in the child, but is there as a member of the community to select the influences which shall affect the child and to assist him in properly responding to these influences. The teacher's business is simply to determine on the basis of larger experience and riper wisdom, how the discipline of life shall come to the child" (Dewey, 1897).

2. A constructivist idea

The development of teachers is based on their previous experience. However, "no two teachers and no two teaching situations are ever the same. The need, therefore, is for teachers to become more self-aware with regard to their beliefs and the ways in which they make sense of the world. At the same time, they need to be aware also that they themselves are being constructed by their learners" (William & Burden, 2000).

All in all, the intercultural communications are more popular than ever before. College English teachers have great responsibilities to cultivate responsible citizens while teaching language and culture. It is not easy since the context is advancing from time to time. However, if teachers keep abreast with times and never give up learning, they would meet the challenges and the students would be understandable, tolerant and ready to communicate with people from different cultures.

参考文献

1. Allwright, D. & Sailey KM. Focus on the language classroom: an introduction to classroom research for language teachers. New York: Cambridge University Press, 1991.

2. Brown, D. Teaching by Principles: An Interactive Approach to Language Pedagogy. Beijing: Foreign Language Teaching and Research Press, 2000.

3. Brown, H. D. Principles of Language Learning and Teaching. Fourth Edition.New York: Pearson Education, 2000.

4. Cook, V. Second Language Learning and Language Teaching. Beijing: Foreign Language Teaching and Research Press, 2000

5. Darling-Hammond, L. Thoughts on Teacher Preparation. [EB/OL]. http://www.edutopia.org/linda-darling-hammond- teacher-preparation#graph5

6. Department of Employment, Education and Training (DEET) Australia's Language: The Australian Language and Literacy Policy. Vol. 1. Canberra: Australian Government Printing Service, 1999.

7. Dewey, J. My Pedagogic Creed. [EB/OL]. http://www.rjgeib.com/biography/credo/dewey.html

8. Eichelberger, R.T. Disciplined Inquiry Understanding and Doing Educational Research. New York & London: Longman, 1989.

9. Freire, P. Pedagogy of the Oppressed. Shanghai: East China Normal University Press, 2001.

10. Gao, Y. H. 1+1>2 Foreign Language Learning Mode. Beijing: Peking University Press, 2001.

11. Reid, J.M. Learning Styles in the EFL Classroom. Beijing: Foreign Language Teaching and Research Press, 2000.

12. Ur, P. A Course in Language Teaching: Practice and Theory. Beijing: Foreign Language Teaching and Research Press, 2000.

13. Wadham, B., Pudsey, J., & Boyd, R. *Culture and education*. Pearson Education, 2007.

14. Wang, Q. Action Research for EFL Teachers. Beijing: Foreign Language Teaching and Research Press, 2002.

15. Wen, Q. F. Applied Linguistics: Research methods and Thesis Writing. Beijing: Foreign Language Teaching and Research Press, 2001.

16. William, M. & Burden, R. L. Psychology for language Teachers. Beijing: Foreign Language Teaching and Research Press, 2000.

17. Xia, J. M. A Survey Report on College English Teachers' educational background, beliefs, self-perceptions of capabilities and research situations. Foreign Language World, 2002(5) :35-41.

18. Zhou, Y. The Training of EFL Teachers Should be Emphasized. Foreign Language Teaching and Research, 2002(6):408-409.

作者简介：

马岩，北京舞蹈学院公共基础部英语教研室教师

电子邮件：mamike211@hotmail.com

戏曲表演专业英语教学特色研究

程　艳

（中国戏曲学院）

摘要：本文以戏曲表演专业班级为研究对象，面临大环境下的教学困境，如何在艺术院校的英语教学中找到适合学生的教学方法和内容，进行包括分级教学、外籍教师教学等尝试，以及如何将英语融入到学生的实际学习需求中等问题进行了探索式的研究。

关键词：教学困境　特色教学　外籍教师

Abstract: In this paper, the author targets at the Chinese traditional theater performance students as the object, studying the special English teaching methods, including the involvement of foreign teachers in class, and the contents which is more suitable under the teaching difficulties, trying to find the way to meet the need of students'actual demand.

Key words: teaching difficulties　special teaching　foreign teachers

中国戏曲学院作为中国戏曲教育的最高学府，一直致力于培养戏曲艺术专门高级人才，自建校以来，培养的毕业生很多都已成为戏曲行业的中坚力量。学院长期以来始终贯彻“育人为本、特色立足、质量立校”的办学理念，以继承弘扬民族优秀传统文化为己任，以培养德智体美全面发展的戏曲高级专门人才为目标，保持戏曲教育的领先地位。本科生教育一直是学院教育的主体，自 2009 年起，我院将多剧种本科人才培养纳入到了本科生培养体系之中，开始面向全国招收多剧种表演专业学生，截至 2012 年已经招收了豫剧、晋剧、昆曲、越剧和黄梅戏等剧种专业的学生。多剧种教学成为学院本科生培养的又一亮点。

随着我院对多剧种表演与器乐高级人才培养的进一步重视与加强，各界人士和学者都在各自的专业领域探讨地方戏曲人才的培养模式。而大学英语课程在课程定位、课程设置、教学模式、评价体系的建立及优质教育资源开发与共享等方面需要配合学院的“优化结构、强化特色、注重创新、走以质量提升为核心的内涵式发展道路”的发展方针，为新型戏曲人才培养质量的全面提升作出新的努力与尝试[①]。同时，在此过程中，我们面临并体会着这一新趋势带来的困难和挑战。

《大学英语》作为我院涉及学生人数最多、教学周期最长、教学层次最为复杂的一门课程，其教学模式的优劣与教学质量的高低直接关系到学生的基本素质和应用能力，同时也是衡量学校教育质量和办学水平的一项重要指标。

在我院传统的教学模式中，由于不同专业学生的英语水平参差不齐，甚至还会出现天壤之别的现象，导致为了进行正常教学，教师只能选择适用于多数人的教学内容和方式，这样无疑会出现“优生吃不饱、差生吃不了”的结果。这既对学生的学习积极性有严重影响，也加大了教师授课的难度，同时教学质量也难以提高。而戏曲表演专业的学生，尤其是多剧种表演专业的学生更是一个特殊的群体，与其他专业学生有着鲜明独特的个性特征和学习特征，如年龄偏大，大多数具有一定的工作经历，英语学习机会极少等。这些特征使他们在英语学习中遇到了很多阻碍，举步维艰。而普通的英语教学也因不能完全适合他们的学习特点，满足他们特殊的学习需求而不能达到预期的目标、取得有效的成果。为了更好地配合我院“传播中华戏曲文化”的学院发展战略，顺应我院多剧种专业教学的展开及发展，培养戏曲文化交流方面更适用的人才，我们必须着手解决当前戏曲表演专业英语教学中亟待解决的问题，如在心理层面如何保护或重建学生学习英语自信心、教材难易程度的调整、教学方法和手段是否丰富有效等问题，力图在总结前几年教学经验的基础上，继续探索多剧种英语特色教学，为这一新生专业量身定做课程方案，以满足他们的特殊需要。

在对其中一个多剧种表演专业的学生授课时，由于其人员构成不同于一般班级，班内 22 名学生中一半以上在剧团担任演出工作，而后考入中国戏曲学院继续学习。这些学生具有非常鲜明的特点，比如在性格上，普遍热情开朗；在英语学习方面，普遍程度不高；在文化知识及通识知识方面，普遍低于一般同年级或同龄的学生。同时，我也发现，这些学生表现出极强的地方特色，比如在方言的使用以及地域文化的表现方面（之所以有这样的体会是因为之前本人也教授过其他剧种的学生，可以比较清晰地感觉到不同的地域文化在学生身上所反映出的不同表现）。

针对这样的情况，在大的教学目标不变的前提下，我给学生设定了比较灵活的小目标，包括课上和课下两部分。同时，针对学生之间英语及文化水平的差异，给

① 覃爱东，程艳．大学英语分级分类教学深入探索．沈阳师范大学学报（社会科学版），2012

每个人设计了不同的细分目标，比如对于程度高一点的学生，会分配较难的学习任务，为了鼓励及督促这些学生，还会安排时间在全班同学面前展示，这样既做到了因材施教，又大大鼓励了学生的学习热情，同时有效地督促了其他学生的学习。在这当中，还会自觉或不自觉（有时太过刻意的安排反而不利于小组的形成，需要在轻松、和谐的氛围中自然而然地形成）地安排学生形成互助、互动小组。实践证明，这样的小组在长期的共同学习和交流互动中，形成了良好的学习氛围，带动了彼此的学习热情，有效激发了学习积极性。

除了在教学方法上作出的很多尝试外，我也根据学生的特点在英语知识的教授中不断摸索，比如利用其方言发音的规律学习英语音标，虽然这是一种笨方法，甚至可以说是一种不科学的方法，但是我发现学生接受起来则比较容易，并且如果指导得当的话，效果还是比较令人满意的。同时，为了引起学生的兴趣，我将很多教学内容中融入与学生相关的实际情况，比如在词汇和语法的讲解中，结合一些与表演行为有关的例子。例如，原文中：

Sophie is a salesgirl. She works in a department store. She sells clothes.

将其改为：

Taylor is an actor. He works at a YueJu Troup. He acts on the stage.

再例如，使用 Would you please 等表示请求的句式时，选用与学生演出工作相关的内容，如：

Is that Ok if I get to the theater at 5:00 this afternoon?

Would you mind letting me use your cosmetics?

Could you please send some pictures of your performance?

再有，要创造性地布置课外作业。学生在课堂上曾经表示过，“因为作业太麻烦，所以没做”。这个答案使我反思在当前信息化如此发达的时代，作业于学生到底是什么，学生与作业又有什么样的关系。我们曾经在2012年3月对2011级全体本科生随堂进行了一次问卷调查，问卷中的第六个问题是针对课外作业，多数学生选择了“不情愿但还是认真做，之后发现还是有收获的”和“老师就应该布置作业”，这样的态度有些出乎我们的意料，它提示我们，英语教师可以适当地布置作业，但必须是经过精心设计，旨在强化学习效果的有效作业，不应该布置花费时间而无助于英语习得的机械的甚或无效的作业。同时，在布置作业的时候需要考虑其可行性，对学习有效的作业是好的作业。我们要尽量避免以往传统英语作业中背单词、写作文等容易使学生感觉乏味又不易完成的作业，多联系与学生相关的、感兴趣的内容作为结合点。我在昆曲表演专业的班级曾经布置过一次英语口语作业，让每个学生与校内的或校外的留学生或外国人进行一次不少于三分钟的英文交流，并以图片、视频、音频等形式记录下来，在上课的时候做一次报告。这份作业极大地激励了同学们的热情，因为学习表演的学生本身就善于交流、表现，并且他们经常有与留学生一起学习、演出的机会，所以在趣味性和可行性方面都很强，学生自然乐意完成。

还有很多例子在此不一一赘述，总之，教学内容的小小改变，作业的精心设计，十分有效地提升了学生的学习兴趣，同时也加强了学生使用英语的实际能力。

之所以采用了很多以上所述的教学方法以及教学内容，是基于一种教学理念，我认为，在外语学习的过程中，应以知识与兴趣并重出发点，所以我会最大限度地保护学生学习的信心和热情，这样才能逐步使学生进入学习的良性循环阶段。

同时，在戏曲表演专业的英语课堂上聘用外籍教师，获得了不错的效果。近两年来，我系利用外教教学的方法为提高大学英语教学做了一些卓有成效的尝试。我院的外教大部分是外国留学生，分别来自美国、加拿大等英语为母语的国家。虽然他们在教学上经验有限，但是他们用轻松活泼的教学方法、地道流利的英语口语教会学生最标准的发音。他们教学形式不拘一格，课堂以学生为主体，重视体验参与，重视语言运用；正视个体差异，倡导过程激励。由于外教的介入，课堂上语言的真实性增强了，在此过程中，学生的学习兴趣被最大限度地激活，非智力因素促使智力因素的发展，在“乐学”中学会“会学”。

表演专业的学生本身就活泼好动，他们好奇，喜欢模仿，更勇于表现自己。比起同年级其他英语程度较好的专业的学生，他们更喜欢提问，参与课堂讨论，完全没有口语焦虑与不愿交际倾向，有很高的语言课堂冒险倾向。因此，外教在针对这样的学生进行教学时，更能激发、保持彼此的热情，使学生在较为真实的语言环境中开口交际，使得知识得以实践与升华，从而培养了学生自我学习、自我发展、自我完善、自我创造的能力。如果外籍教师教学管理方面能够更加稳定、系统、有持续性，将对表演学生的英语能力提高有很大帮助。

此外，分级教学也是面对戏曲表演学生进行英语教学时所必需的。为不同层次的学生制定了不同的教学目标，教学方法也不尽相同，这样各层次的学生都能在各自的起点上，在相对放松的环境中，以较为愉悦的状态更好地融入所学知识当中。学生们在不同的教学班中使用不同的教材，教师讲授不同的教学内容，并结合学生专业特点，补充课外相关知识，执行不同的教学进度，非常有利于不同程度的同学更快地提高自己。根据以上情况和这些年对分级教学的探索，我们将全院英语学习分为两个培养方向，应用能力培养和综合能力培养，分别针对表演系、京剧系、导演系、音乐系和戏文系、舞美系、新媒体系的学生。分别使用《新概念英语》第一册、第二册和《新视界大学英语综合教程》第一册、第二册、第三册。考试级别分为应用能力一、二、三、四级和综合能力一、二、三、四级。多剧种专业的学生则纳入到应用能力培养的系列中，着重培养学生英语的应用能力，特别是听说能力，经过学习，使学生能够达到运用英语进行个人自我情况介绍，对所从事的专业进行较浅层次的介绍，并能进行简单的英语阅读。同时将评价体系中原有的期末总评成绩的三七分成调整为五五分成，即平时成绩和期末考试成绩各占总评成绩的50%。如此一来，教师在课堂上对学生的评价力度大大加强了，促使学生更注重平时知识的积累与提高，注重学习过程，更有效地提高学生自学能力。通过实践，我们发现这种评价制度更有利于督促、鼓励学生在平时进行自主学习。

此外，在教学中，我发现表演专业有一部分同学的英语程度还是比较高的，所以为了优化班级构成，也为了使教学更有针对性，在下半学期将原来的班级一分为二，组成了高级和普通两个英语学习班。通过下半学期的教学，发现分班确实更便于课堂学习目标的达成，也更利于提高学生学习英语的自信心和积极性，效果非常显著。

从多方面的调查结果表明，教师和学生对分级教学都表现出了较大的热情和支持。同时，英语分级教学符合当前二语习得的教学理论，充分考虑到了学生的个体发展和个性特征。因此，分级教学是符合我院实际情况的，尤其是戏曲表演专业学生，从实践效果来看，也是相当可行的。

中国戏曲学院是中国戏曲教育的最高学府，戏曲表演专业教学的开展是中国高等戏曲人才培养的总方向，为了促使专业教学的开展，培养更为高素质的高等戏曲人才，需要对戏曲表演专业英语教学进行探索，经过一些新的尝试和创新，能够真正找出一些内在规律，更好地服务于学生，使我们的英语教学更加顺应高等戏曲教育未来的发展趋势，更加符合时代对戏曲艺术人才培养的要求。

参考文献

1. Elis Rod. Understanding second Language Acquisition[M]. 上海外语教育出版社，1994

2. Krashen, S. D. Second Language Acquisition and Second Language Learning[M]. 北京，外语教育与研究出版社，1981

3. 张小红．当代大学生学习动机现状与原因分析[J]．成都信息工程学院学报，2006（5）

4. 吴玉梅．高校英语教师的作用及素质[J]．安徽工业大学学报（社会科学版），2003（6）

5. 邓昕．博客在大学英语教学中的实践与应用[J]. 科技信息（学术研究），2008（21）

6. 石欣莉．"互动式"教学法在大学英语教学中的应用[J]. 科技信息．2010（26）

7. 钱颖，徐嘉佳．大学英语分层差异教学研究[J]．中国科技信息，2009（2）

8. 强兆红．隐性分层教学在大学英语教学中的应用与研究[J]．科技信息，2011（22）

9. 石磊．大学英语教学中的元认知策略应用[J]．科技资讯，2008（15）

10. 郝翠屏，付继林．大学英语分级教学中的个体因素与策略研究[J]．教学研究，2011（4）

作者联系方式：

程艳，13911993388

信息时代高校教师面临的挑战

张雪梅

（解放军艺术学院）

摘要：本文首先从技术层面、学习方式、学习心理等角度分析了信息时代对“学习”活动的影响，探讨了信息时代高校教师面临的挑战，提出高校老师应不断更新信息技术知识，提高自身的信息素养，革新教学方式，利用“翻转课堂”的理念提高课堂授课效果，合理利用微课、慕课（MOOC）等形式，搭建更广阔的教学平台等建议。

随着信息时代的到来，我们一下子进入了一个变化无处不在，新思维、新产品层出不穷的世界，我们刚刚熟练并喜欢上使用WindowsXP操作系统，它却退役了，被更新、更强大的Win7、Win8代替；我们刚刚用PPT做好了一学期的教学课件，却出现了网络课程的授课模式，于是我们又忙着录视频、做动画，构建网络课程；我们刚刚做好了网络课程，却出现以MOOC为代表的短小精悍的微课程，迅速传播。

高科技产品、互联网、移动互联，现代信息技术使我们置身于一个无时无刻不在发生着变革的时代。作为一名教育工作者，该如何应对呢？

一、信息时代对“学习”这一活动的影响

1. 技术层面

首先，正如前文所述，这个时代是新技术、新产品层出不穷的时代。同样，新的学习技术、学习产品也在不断更新。以往我们制作网络课程或课件，需要大量的人力物力支持，需要录像设备（通常不只一台）、录音设备、提示屏、专业录播室等，录好后还需要做大量的后期编辑工作。而现在，这一切都可以用一种更简单、更高效的方法解决了。例如东芝电脑马上推出的叫作“玲珑”的微课制作系统，它改造

了笔记本电脑的光驱，接入折梯状摄像仪，可以同时录制教师影像、实景演示、电脑课件三个画面，并根据需要进行任意单个或多个的组合，从而将微课制作系统浓缩于一个小小的笔记本电脑之中。它更能一键上传至预定义的服务器，实现多平台的即时分享。

其次，移动互联的特点使得打造一个“人人皆学、处处可学、时时能学”的学习型社会成为可能。因为有了移动互联技术，我们不仅可以随时随地上网学习，而且还可以随时随地与教师、与其他学习者进行交流。

最后，专门型学习技术或产品与其他功能技术或产品的跨界共享。这方面最典型的例子是社交平台的综合应用。如中国的微信、美国的 Facebook 等。我们可以在微信上建立群，聊生活，也聊学习，可以提问、答疑、上传授课资料、布置作业等。我们还可以做得更专业一些，建立一个公众账号，然后就可以制作出简单意义上的微课程发布。可以说，社交产品为其使用者提供的不仅是一个学习平台，更是一个与生活无缝链接的平台：学习者以一种生活化的、感兴趣的方式在进行学习。目前已有一些专业公司致力于在微信平台上开发课程，这样的公司一定前景无限。

2. 学习方式

首先，学习者更喜欢接受以视频为代表的富媒体学习方式，这一点在语言学习方面尤甚。看原著的人少了，看电影的人多了；看报纸的人基本没有了，大家都去看手机推送的有图有声音、有视频的腾讯新闻了；大学传统课堂上让学生认真听讲变得越发地难办：据一位清华的老师讲，清华的学生上英语课时全都是带着其他书籍或手机进教室的。吸引学生的是他们感兴趣的手机上形式多样的各种讯息。

其次，学习者更接受以微信、微课为代表的碎片化学习方式。专家测试的数据表明，人在学习新知识时有一个“注意力十分钟法则”，即人一般只能就某一事物集中精力关注 10 分钟，之后需要休息或找一个新关注点。微信、微课正是这样一种短小精悍的资讯和知识呈现形式。因此，从某种意义上来说，我们不能说学生变得越来越懒了，而是他们越来越以自然天性的方式在学习了。

3. 学习心理

首先，学习者学习的驱动更多地是从兴趣出发。从某种程度上讲，现在的学生更不“听话”了。他们有更强烈的个性，有更独立的想法。而社会也比以往更包容，更鼓励学生有自我独到的地方，鼓励不同与创新。因此，“兴趣”成为他们选择学习什么和是否用心学习的起决定性作用的因素。

其次，学习者更追求立竿见影的学习效果。他们希望学了就能用，用了就能感觉良好，就能跟朋友分享。这是时代的快节奏催生的必然现象。

最后，学习者大都渴望将学习心得与他人分享。自有了移动互联，人与人通过虚拟的空间联系在了一起，连失散多年的童年好友都可以找到。是什么把大家拉进了这个“其乐融融”的虚拟大家庭里？是分享。所以微信的“朋友圈”才会刷屏这么快，所以有很多人睡觉前的最后一件事、起床后的第一件事甚至半夜醒了要做的一件事都是刷“朋友圈”。

因此，这是一个大家快快乐乐、和和美美、忙忙碌碌、亲亲密密的时代。

处在这样一个时代，面对这样的学习者，高校教师又面临着怎样的挑战呢？

二、信息时代高校教师面临的挑战

1. 如何不断更新知识，特别是信息技术知识

首先，掌握层出不穷的新知识是件不容易的事情。作为一名教育工作者，我们学习新知识，特别是新的信息技术知识，不仅是为了满足个人兴趣，更是为了应用到教学中去。这就使得新知识的学习要上升到“信息技术应用能力”甚至是“信息素养”的层面上来，更加大了学习的难度。

其次，互联网精神强烈地冲击着我们原有的理念。我们发现，无论哪家互联网公司，不管它是卖东西的、查东西的、学东西的，这家公司要想做得好、做成功，只有一个法宝，那就是一切从用户需求出发，时时关注用户体验，并根据用户的使用习惯和期待对自己的产品进行持续的打磨和改进。这种“用户唯一、用户至上”的精神正是互联网的精神。与此相对照，传统的高校、传统的教师一直是一种“高大上”的形象，是“象牙塔”、“学府”，是“工程师”、“园丁”，总之，是崇高、权威、责任的象征。虽然我们一直在提倡“以学生为主体”，但我们深层的教学理念还是没有从学生的需求出发，没有以学生的期望作为我们唯一的期望。因此，在这个互联网的时代，我们应更关注学生的学习需求、学习体验，不断调整自己的课程，讲出学生欢迎、有实效的课程。

2. 如何让学生喜欢上一门课

信息时代，吸引学生的东西太多。仅仅一个手机，里面就藏着无数的讯息，这些讯息可以随时携带，随时都在更新，这些数量、能力都是作为“普通人”的教师所无法企及的。在这样一个学习环境里，来自教师方面的，能够调动学生学习积极性的手段变得不太有效果。我想各位都有在课堂上不管使出多少招数来，仍有学生睡觉、玩手机的经历吧。那么怎么办？我给大家提供一个思路，就是翻转课堂。

翻转课堂最早是美国人提出来的，意思是将传统的课堂翻转过来，把原来课上做的要求学生课下做，课下做的改为课上做。也就是学生首先通过学习各种材料，如传统教材、音视频材料、网络课程等，自主学习新的知识点（这一学习过程在传

统的课堂上是由老师上课讲解），之后来到课堂上，在老师的指导下进行练习，使得新学的知识得到有效的“内化”（这一做练习的环节在传统的课堂上是学生课下自己做）。可以说是把原来课上要学的新知识课下学了，原来课下做的练习课上做了，因此叫作“翻转课堂”。

当然，“翻转课堂”有它的局限性，例如要求学生课下有大量自主学习时间，有良好的自主学习硬件、软件环境，有较强的自主学习意识和较好的自主学习习惯等。但我想说的是，作为教师，我们在课堂上已经做到近乎极致时还不能吸引学生的话，可能我们要考虑改变的就不只是课堂教学技巧的问题了，而是更深层面的，如教学理念、教学模式等的改变。

3. 如何应对越来越普及的网络课程，特别是以慕课课程（MOOC）为代表的微课程

互联网使得网络课程应运而生，而移动互联使得更加短小精悍的微课程如鱼得水，深入广大学子之心。目前，慕课课程早已替代名校公开课，成为受学习者追捧的新型课程。MOOC是Massive Open Online Courses的缩写，即大规模公开在线课程。它云集了世界高校的精华资源，将大的课程体系拆分成小的课程模块，每个课程行课2～8周，每周有多段时长10分钟以内的课程视频为主要学习材料，同时还设有提问、讨论、练习、互评作业等互动和检测环节，还可以进行认证、获取课程结业证书，实现跨校选课、承认学分等。可以说，慕课实现了学术性与应用性的有机统一、科学性与生动性的相互渗透。目前世界上MOOC有三大平台：Udocity、Coursera、edX，同时还有几十个其他平台。

在这三个平台上，世界知名高校已发布了大量课程，中国一流高校，如北大、清华、复旦等尽数积极参与其中。除此之外，中国高校也在搭建自主慕课平台。如国防科大2013年8月面向全军官兵推出了“梦课学习平台”，截止到2014年3月12日，注册人数已超过4.5万人，平均每天上线人数约3000人，有1.2万人已经完成部分课程的学习，并在考核后拿到了课程结业证书；再如上海高校课程中心开办的“好大学在线”，目前已经分别由复旦大学、上海交大、华东师大、华东政法、上海师大等15所高校推出的30门MOOC课程，供上海市学生共享互选。我们来看看他们的广告语：“你可以兴趣为导向，在线跨校选修通识课，跨校辅修专业，通过视频、面授、网络教学等多种方式，实现各联盟学校学分互认；你可以选择你最喜爱的课程、你最感兴趣的专业、你最欣赏的老师，你的兴趣，由你作主！”多么吸引人啊！

同时，据美国专业机构统计，2013年美国在线教育注册用户已达710万人，占全美高校学生数的33%，并且66%的各校教育专家赞同在线教育对学校和机构的发展有重要影响，74.1%的专家认为在线教育的成效能够媲美甚至超过面授，90%的专

家认为在未来5年内将有大量的大学生加入在线学习领域。

可以说这种大规模、开放性的教学模式，低成本、易获取的学习方式，以及重需求、分众化的教学内容已经在引导未来学习的趋势。

这一趋势让高校更透明、更市场化。以往我们评价一个院校更多的是以行政为导向，如今各高校最好的课程都放在网上共享共选了，用户评课数据一目了然，用户的评价最能说明办学质量的好坏。因此可以看到，清华不再跟北大争谁是中国第一牛的大学了，大家都已踏上MOOC的战场，对手也早已变为斯坦福、牛津、哈佛等世界顶尖高校。正如万科总裁郁亮说的那样："可能未来对手不是我们现在所谓的对手，也可能是完全不知道的人在做我们的对手。"不管高校有没有看清MOOC这件事，也不论高校是否真的看好MOOC，现在的形势都逼得大家不得不选择先上战场，抢占地盘再说。

同时，MOOC的传播使得我们应该思考并重新定义对教师的评价体系问题。以往，各高校评教时基本上都是要求教师达到一定的课时量，并对论文、专著有一定标准的要求，因此总体来说评教更关注的是教师的研究而非教学。而MOOC的到来，给了教师另一种选择，教师可以在一个更广阔的平台展现自己，在一个更公开、透明的平台评价自己。

学校要转变、评教要转变，那么教师的教学应该怎么变呢？我认为MOOC虽然很热，但不适合所有的老师和所有的课程，MOOC上开发的课程应该是有广大受众的精品课程。各院校应从本校的强势专业出发，开发有专业特色的、有中国特色的课程，才能有优势、打得响。

然而，不论做法如何、结果如何，互联网时代是我们不能绕过的一个时代。我们可以怀念田园牧歌式的慢节奏生活，但我们必须生活在当今的快世界。因此，我想，作为一名教育工作者，能做的首先应该是认请形势、学习技能，然后要勇于割舍一些既得利益、放弃一些舒适的生活，去改变，去创新。正如腾讯老总马化腾所说："与其等待别人来挑战我们，不如我们来创造颠覆性创新。"在此与各位共勉。

作者简介：

张雪梅，解放军艺术学院训练部文化基础教研室主任，副教授

作者联系方式：

地址：海淀区中关村南大街18号解放军艺术学院训练部

电话：13801210106

邮编：100081

南开大学出版社网址：http://www.nkup.com.cn

投稿电话及邮箱：　022-23504636　QQ：1760493289
QQ：2046170045(对外合作)
邮购部：　022-23507092
发行部：　022-23508339　Fax：022-23508542